ISBN 978-1-334-52758-6
PIBN 10769725

This book is a reproduction of an important historical work. Forgotten Books uses
state-of-the-art technology to digitally reconstruct the work, preserving the original format
whilst repairing imperfections present in the aged copy. In rare cases, an imperfection in
the original, such as a blemish or missing page, may be replicated in our edition. We do,
however, repair the vast majority of imperfections successfully; any imperfections that
remain are intentionally left to preserve the state of such historical works.

1 MONTH OF
FREE
READING

at

www.ForgottenBooks.com

By purchasing this book you are eligible for one month membership to ForgottenBooks.com, giving you unlimited access to our entire collection of over 700,000 titles via our web site and mobile apps.

To claim your free month visit:
www.forgottenbooks.com/free769725

English
Français
Deutsche
Italiano
Español
Português

www.forgottenbooks.com

Mythology Photography **Fiction**
Fishing Christianity **Art** Cooking
Essays Buddhism Freemasonry
Medicine **Biology** Music **Ancient**
Egypt Evolution Carpentry Physics
Dance Geology **Mathematics** Fitness
Shakespeare **Folklore** Yoga Marketing
Confidence Immortality Biographies
Poetry **Psychology** Witchcraft
Electronics Chemistry History **Law**
Accounting **Philosophy** Anthropology
Alchemy Drama Quantum Mechanics
Atheism Sexual Health **Ancient History**
Entrepreneurship Languages Sport
Paleontology Needlework Islam
Metaphysics Investment Archaeology
Parenting Statistics Criminology
Motivational

Die Eisenbahnen im tropischen Afrika.

Eine kolonialwirtschaftliche Studie

von

Prof. Dr. Hans Meyer.

Mit einer Eisenbahnkarte von Afrika.

Leipzig,
Verlag von Duncker & Humblot.
1902.

Vorwort.

Wenige koloniale Themata sind in Deutschland so viel besprochen worden und werden es noch, wie das des Eisenbahnbaues. Während die Extremen der einen Richtung allen Fortschritt der Kolonien vom Eisenbahnbau und nur von diesem erwarten und möglichst viele und große Bahnen fordern, spricht die entgegengesetzte Partei den Eisenbahnen die Fähigkeit, der stagnierenden Entwicklung einer Kolonie neues, frisches Leben zu geben, schlechtweg ab. Das große Publikum steht zwischen den Streitenden, hört eine Reihe von immer wiederkehrenden Schlagworten, wie „Erschließung des Innern", „Zeitalter des Verkehrs", „Eröffnung neuer Absatzgebiete", „Kulturmission des Dampfes", „Schaffung billiger Transportmittel", „Hebung der Produktion" u. s. w. auf der einen Seite, und „Kolonialsport", „Eisenbahnrummel", „Nichtsnutzigkeit der Kolonien", „Verkauf auf Abbruch" u. s. w. auf der andern Seite, und weiß nicht, wer recht hat, neigt aber mehr der ersteren Auffassung zu.

Die große Unklarheit in dieser Frage hat einen guten Grund: Es gibt über die Eisenbahnen in den afrikanischen Kolonien, die uns doch zunächst angehen, kein zusammenfassendes literarisches Auskunfts- und Orientierungsmittel, weder in der deutschen noch in der ausländischen Literatur. Das wäre bei der Wichtigkeit des Gegenstandes zu verwundern, wenn man nicht wüßte, wie ungeheuer weit verstreut und oft sehr versteckt die Angaben und Nachrichten sind, die über diese in steter Bewegung befindliche Materie Zuverlässiges aussagen, und wie schwer es ist, einen so schnell veränderlichen Stoff in seiner neuesten Gestalt zusammenfassend festzuhalten. Nur drei ganz kurze Versuche sind bisher in Deutschland gemacht worden, über die Eisenbahnen der afrikanischen Tropenländer das Wichtigste zusammenzustellen: der eine, vom Ober-

leutnant a. D. Kürchhoff, bietet eine Übersicht aller Bahnen in
Afrika (Geograph. Zeitschrift, 1901), der andre, vom Oberst a. D.
Fleck (in einer kleinen Broschüre mit Karte, 1901) gibt vorwiegend technische Daten des damaligen Standes der afrikanischen
Eisenbahnen; der dritte, von Dr. Paul Mohr (im „Export", 1902,
Nr. 15—18) beschränkt sich auf die afrikanischen Tropenbahnen.
beleuchtet aber neben der technischen auch die wirtschaftliche
Seite der Frage in trefflicher Weise.   Aber diese Arbeiten sind zu
klein, als daſs sie zur Bildung eines sicheren Urteils über die
afrikanischen Kolonialbahnen verhelfen könnten, und natürlich auch
schon groſsenteils veraltet.

Ich habe deshalb, erfüllt von dem Wunsch, mehr Klarheit in
die Frage des afrikanischen Bahnbaues zu bringen und dem deutschen Kolonisationswerk zu nützen, indem ich es vor einer, meines
Erachtens falschen und unserer kolonialen Entwicklung höchst ge-
fährlichen Eisenbahnpolitik warne, den Versuch gemacht, den gegenwärtigen Stand aller Eisenbahnen des tropischen Afrika, dem
ja unsere für Bahnbau in Aussicht genommenen Kolonien angehören,
in einem übersichtlichen, jedermann verständlichen Abriſs darzu-
stellen und dabei überall auf den Zusammenhang des Bahnbaues
mit den wirtschaftlichen Verhältnissen des betreffenden Landes hin-
zuweisen.

Wollte ich die Quellen aufzählen, aus denen meine Arbeit ge-
schöpft hat, ich müſste nicht nur die wichtigsten kolonialen Buch-
werke und Broschüren der neuesten Zeit, sondern auch fast alle
periodischen Erscheinungen und Tageblätter der kolonialen Literatur namhaft machen.   Zur kritischen Sichtung des groſsen
Materials sei nur bemerkt, daſs die französischen Quellen im allgemeinen viel reiner flieſsen als die englischen (auch die englischen
offiziellen) und namentlich als die belgischen und portugiesischen.

Die Abschnitte über die Bahnprojekte in Deutsch-Südwestafrika,
über die Nyassa-Bahnen und über die deutsch-ostafrikanische
Zentralbahn hat bereits die „Tägliche Rundschau" abgedruckt; sie
erscheinen aber hier in neuer Gestalt.

Meine Arbeit ist jedoch nicht bloſs Schreibtischarbeit.   Es liegt
ihr ein gut Teil eigner Anschauung und Erfahrung zu
Grunde.   Seitdem ich 1880 zum ersten Male in die Weite nach Süd-
und Ostasien zog, habe ich Tropenbahnen in allen Erdteilen, ausgenommen in Australien, kennen gelernt, und zahllose auſser-
tropische in überseeischen Ländern dazu.   Ich bin auf den Bahnen
von Nord- und Südindien, von Ceylon und Java gefahren, habe die

ersten Schienenwege in den Philippinen und in Süd-Japan ent-
stehen sehen, bin mit der Pacificbahn durch den nordamerikanischen
Kontinent und kreuz und quer durch die östlichen Vereinigten
Staaten hinab nach Florida gereist, ich habe die Plantagenbahnen
auf Cuba und die Bergbahnen in Mexiko kennen gelernt, in
Südafrika die Bahnen der Kapkolonie, Transvaals und Natals, in
Ostafrika die Usambarabahn und die Ugandabahn, in Eritrea die
Massauabahn, in Nordafrika die Nilbahn bis Oberägypten und andre
mehr befahren und bin überall bemüht gewesen, den Ursachen für
das Dasein und die Art der Bahnen nachzugehen. So stützt sich
mein Urteil über die afrikanischen Tropenbahnen auf ein grofses,
durch Autopsie gewonnenes Vergleichsmaterial. Dafs ich aber im
vorliegenden Buch die aufserafrikanischen Tropenbahnen nur ver-
einzelt zum Vergleich genannt habe, erklärt sich bei dem gemein-
verständlichen Zweck und deshalb notwendigerweise beschränkten
Umfang des Buches von selbst.

Noch ein Wort über die dem Buch beigeheftete K a r t e. Im
Gegensatz zu den bisher erschienenen wenigen Eisenbahnkarten
von Afrika, auf denen nicht die vorhandenen und im Bau befindlichen Linien, sondern die sensationellen Riesenprojekte der Kap-
Kairo-Bahn und der einander vielfach kreuzenden, ebenfalls den
ganzen Kontinent durchziehenden Saharabahnen die Hauptrolle
spielen, habe ich mich in meiner Zeichnung auf die Eisenbahnen
beschränkt, die bereits gebaut oder im Bau sind, und auf die Projekte, deren Ausführung aus wirtschaftlichen und finanziellen
Gründen sehr wahrscheinlich ist. Die nähere Motivierung hierfür
ist im Text des Buches angegeben.

Möge das Buch als der erste Versuch seiner Art freundlich
vom Leser aufgenommen werden und in weiten Kreisen die Über-
zeugung befestigen helfen, dafs Bahnen in unseren Kolonien gebaut werden müssen, dafs aber dem Bahnbau in Tropenländern
engere Grenzen gesteckt sind als in aufsertropischen, besonders in
Afrika. Der Zweck des Buches ist erfüllt, wenn es unseren
Kolonien einigen Nutzen bringt.

L e i p z i g, Mitte September 1902.

Hans Meyer.

Inhaltsverzeichnis.

Seite

Einleitung.

Verkehrswege in den Kolonien. Naturbedingungen des kolonialen Eisenbahnbaues. Ausbeutungsbahnen, Erschliefsungsbahnen, Stichbahnen. Tropisches und aufsertropisches Afrika. Strafsenbau im tropischen Afrika. Wasserstrafsen. Eisenbahnen zu Umgehungen von Stromschnellen. Selbständige Bahnen im tropischen Afrika. Übersicht der afrikanischen Tropenbahnen . . . . 1—8

I. Die Bahnen in Ober-Guinea und dem Niger-becken.

1. Die französischen Kolonien.

a) Die Transsaharabahn. Entstehung des Projektes. Tarifkalkulation. Transportaussichten. Konkurrenz mit den Sudanbahnen. Politischer Wert 9 13

b) Senegambien. Bahnlinie Dakar—St. Louis. Kosten. Ausführung. Rentabilität. Einflufs auf Produktion. Andere Projekte Senegambiens . . . . 13—15

c) Französischer Sudan. Bahnlinie Kayes—Tulimandio (Kulikoro). Anlafs des Baues. Kosten und Bauzeit. Art der Ausführung. Einnahmen. Bedeutung der Senegal—Nigerroute. Wirtschaftliches. Tarife . . . . 15—18

d) Französisch-Guinea. Linie Konakry—Kardamania (Kurussa). Wirtschaftliche Lage der Kolonie. Zweck der Bahn. Baukosten und Bauart. Ausführung durch Konzessionsgesellschaft. Erfolgreiche Kulturpolitik . . . . 18—20

e) Elfenbeinküste. Linie Grand Bassam—Kong. Ziel der Bahn. Voranschläge. Wirtschaftliche Lage. Goldminen . . . . 20—21

f) Dahome. Linie Kotonu—Tschauru. Zweck und Ziel. Entwicklung Dahomes. Baukosten der Bahn. Konzessionsgesellschaft Borelli. Inhalt der Konzession. Mitarbeit des Gouvernements. Tarife. Tochtergesellschaften. Wirkung der Bahn. Arbeitermaterial. Aussichten . . . . 21—25

2. Die englischen Kolonien.

Seite

a) Sierra Leone. Linie Freetown—Songotown—Bô. Art und Verlauf der Bahn. Kosten und Ausführung. Wirtschaftliches der Kolonie. Belastung der Staatsfinanzen. Kulturpolitik der Kolonie. Hüttensteuer. Arbeitermaterial . . . . 26—29

b) Goldküste. Linie Sekondi—Kumassi. Aschantiland. Anlaß des Bahnbaues. Ausführung und Kosten. Goldminenbezirke. Spekulation. Arbeiterfrage. Wirtschaftliche Lage der Kolonie 29—32

c) Lagos. Linie Lagos—Ibadan. Schiffbarkeit des unteren Niger. Zweck der Bahn. Ausführung und Kosten. Betrieb. Handelsverhältnisse der Kolonie. Krisis. Goldminen. Anbau von Baumwolle. Eingeborenenkulturen. Weitere Bahnprojekte. Nord-Nigeria . . . . 32—37

3. Die deutschen Kolonien.

a) Togo. Landungsverhältnisse. Küstenbahn Lome—Kleinpopo. Straßenbau. Entwicklung der Kolonie. Arbeitskräfte. Baumwollenkultur. Bahn Lome—Misahöhe . . . . 37—41

b) Kamerun. Bahnprojekt Kriegsschiffhafen—Mundame. Konzessionsgesellschaft. Andere Projekte. Plantagenbau. Pflanzerbahn Viktoria—Meanja. [Aussichten. Lage in Adamaua. Benuë-Wasserstraße. Bahn nach Adamaua. Handel der Tschadseeländer . . . . 41—47

II. Die Bahnen des Kongobeckens.

1. Der Kongostaat.

Anfänge des Bahnunternehmens. Linie Matadi—Léopoldville. Nebenbahn Boma—Tschiloango. Bauart der Hauptlinie. Tarife. Einnahmen. Baukosten. Wasserstraßen des Kongosystems. Plantagenbau. Finanzlage. Geschichte des Kongostaates. Übergang zur Monopolwirtschaft. Naturalsteuern. Konzessionsgesellschaften. Handel des Staates. Elfenbein und Kautschuk. Vergewaltigung der Eingeborenen. Dividenden. Beginnender Rückschlag. Erweiterung der Ausbeutungsgebiete. Bahnen am oberen Kongo. Konzessionsgesellschaft. Tarife. Bahnprojekt im Katangagebiet. Kap—Kairo-Bahn. Aussichten für Deutschland . . . . 48—64

2. Französisch-Kongo.

Projekt Loango—Brazzaville. Verhältnis zur Kongobahn. Projekt Franceville—Alima. Projekt Gabun—Sangha. Handelsbewegung. Fiasko der Konzessionspolitik. Aufstand der Eingeborenen. Neue Ziele . . . . 64—68

III. Die Bahnen in Südwestafrika.

1. Angola.

Linie Loanda—Ambaca. Art des Bahnbaues. Betriebskosten. Tarife. Wirtschaftliche Wirkung. Bahnfortsetzung Ambaca—Malandje.

Seite

Baukosten. Linie Benguella—Catumbella. Finanzlage und
Handelsbewegung der Kolonie. Das Kontraktsystem. Auf-
lehnung der Eingeborenen. Andere Bahnprojekte. Linie Porto
Alexandre—Humbe . . . .   69—73

2. Deutsch-Südwestafrika.

Linie Swakopmund—Windhoek. Anlaß zum Bau. Bauzeit und Bau-
kosten. Kostenschätzungen. Bauausführung. Betriebsweise.
Verkehrsverhältnisse. Tarife. Aussichten. Minenindustrie. Otavi-
distrikt. Damaraland-Konzession der South West Africa Co.
Otavi-Minen- und Eisenbahngesellschaft. Bahnproject Porto
Alexandre—Otavi (Tsumeb). Fortsetzung von Otavi nach Trans-
vaal. Bahnkonzessionen. Bedeutung des Projektes für Deutsch-
Südwestafrika. Deutsche Anschlußbahn an die transafrikanische
Linie . . . .   73—86

IV. Die Bahnen in Rhodesia.

Linie Beira—Salisbury. Konzessionen. Tarife. Linie Bulawayo—
Salisbury. Fortsetzung nach Wankie und zum Sambesi. Ursache
und Ziel der Bahn. Entwicklung Rhodesiens. Imperial British
South Africa Co. Aktienausgaben. Zweck der Chartered Company. Mißliche Lage. Aushilfsmittel Kap—Kairo-Bahn. Verhältnisse der Goldminen . . . .   87—93

V. Die Bahnen zum Nyassa- und Tanganyikasee.

1. Nyassagebiet.

a) Die englischen und portugiesischen Projekte.
Schiffbarkeit des Sambesi. Die Schire—Sambesi-Route. Trans-
portkosten. Zugang zum Nyassa und Tanganyika. Hafen
Chinde. Umladungen. Englische Bahn Chiromo—Nyassa.
Wirtschaftliche Aussichten. Plantagenbau im Schire-Hoch-
land. Handelsbewegung. Portugiesische Linie Pembabucht—
Nyassa. Berechnungen. Frachtenmengen. Andere Projekte.   94—101

b) Die deutsch-ostafrikanische Südbahn. Vorgeschichte
des Projektes. Überlegenheit einer Südbahn über die anderen
Seenbahnen. Kürze der Linie. Schnelligkeit der Beförderung. Baukosten. Frachtkosten. Transitverkehrsgebiet. Erschließung des Zwischenlandes. Produktion in Ungoni. Eingeborenenkulturen. Export. Plantagenbau. Kohlenlager am
Nyassa. Traceführung Kilwa Kissiwani—Songea—Wiedhafen.
Ausschluß von Mikindani. Bauweise. Zwischenseenbahn
Nyassa—Tanganyika. Dringlichkeit des Baues der Südbahn . 102 108

2. Die deutsch-ostafrikanische Zentralbahn.

Entstehung des Bahnprojektes. Pläne Oechelhäusers und der Deutsch-
ostafrikanischen Gesellschaft. Usambarabahn. Projekt Tanga—
Spekegolf. Projekt Dar es Salam—Victoriasee und Tanganyika.

Seite

Vorarbeiten und Voranschläge. Beabsichtigte Bauausführung.
Frachten- und Baukostenkalkulation. Wandlungen des Projektes.
Annahme durch Regierung. Vorlagen vor dem Reichstag. Kon-
zessionsgesellschaft. Inhalt der Konzession. Anfechtbare Punkte.
Die Stichbahn Dar es Salam—Mrogoro. Aussichten. Kritik des
grofsen Zentralbahnprojektes. Gründe des Bahnbaues. Wirtschaft-
liche Beurteilung des Landes. Gewinngrenzen der Produkte.
Transportkosten. Massenprodukte. Mineralien. Gold. Plantagen-
wirtschaft. Die Überlandbahnen in Indien, Nordamerika, Sibirien.
Schiefes Urteil Carl Peters'. Kap—Kairo-Bahn. Gefährdung
Deutsch-Ostafrikas durch die Nachbarbahnen. Quintessenz unserer
ostafrikanischen Verkehrspolitik . . . . 109—129

VI. Die Bahnen zum Victoriasee.

1. Die Usambarabahn.

Nordlinie zum Victoriasee. Usambara-Bahngesellschaft. Kaffeebau
in Usambara. Inhalt der Bahnkonzession. Vorarbeiten. Verlauf
der Bahnlinie. Technische Ausführung. Unterbrechungen. Übernahme durch das Reich. Weiterbau nach Korogwe. Kosten des
Baues. Betriebseinnahmen. Tarife. Fortsetzung nach Mombo,
West-Usambara. Möglichkeit der Fortsetzung zum Kilimandjaro
oder nach Irangi . . . . 130—139

º Die Ugandabahn.

Die Imperial British East Africa Co. Der Sansibarvertrag. Anlafs
zum Bahnprojekt. Tracierung und Bauplan. Ausführung durch
England. Indische Arbeiter. Organisation der Bauarbeiten. Bau-
fortschritte. Baukosten. Betriebsweise. Stationen. Tarife. Ein-
und Ausfuhr. Einnahmen der Bahn. Rentabilitätsaussichten.
Zweck und Ziele der Ugandabahn. Englands Nilpolitik. Beziehung Indiens zur Ugandabahn 140 152

VII. Die Bahnen im mittleren Nilgebiet und Abessinien.

1. Ägyptischer Sudan.

Linie Wadi Halfa—Chartum. Anlafs zum Bahnbau. Zweiglinie
nach Dongola. Seitenbahn Berber—Suakim. Das Kap—Kairo-
Projekt. Handelsbedeutung der Sudanbahn. Bauausführung.
Betrieb . . . . 153—156

2. Französisch-Somaliland und Abessinien.

Linie Djibuti—Adis Harar. Zweck und Bauweise. Fortsetzungen.
Betrieb. Schwierigkeiten mit England. Französische Staatssubvention. Kosten. Englisches Projekt Berbera—Harar. Abessiniens Wirtschaftslage . . . . 156—159

8. Eritrea.

Linie Massaua—Saati. Italien in Nord-Abessinien. Bahnfortsetzung
nach Asmara. Bauweise und Kosten. Aussichten. Handel . . 159—160

Seite

VIII. Die Eisenbahnen der ostafrikanischen Inseln.

1. Madagaskar.

Bahnpläne. Linie Tamatave—Aniverano—Antananarivo. Bauausführung. Kosten. Wirtschaftliche Aussichten. Madagaskars
Handel . . . . 161—163

2. Réunion.

Beschaffenheit Réunions. Küstenbahn St. Pierre—St. Denis. Bauart. Kosten. Betrieb. Staatssubvention. Linie St. Denis—St.
Benoît. Plantagenwirtschaft. Handel . . . . 163—164

3. Mauritius.

Beschaffenheit der Insel. Plantagenbau. Handel. Bahnlinien Port
Louis—Mahébourg und andere. Betrieb . . . . 164—165

Schlufs.

Haupteigenschaften der tropisch-afrikanischen Bahnen. Längen der
Bahnen. Baukosten. Rentabilität. Wirtschaftliche Wirkungen.
Gewinngrenzen. Bahnfrage ist Tariffrage. Tarife der afrikanischen
Tropenbahnen. Festsetzung von Tarifen. Wo sollen in Tropisch-
Afrika Bahnen gebaut werden? Politische Bahnen. Bahnen als
Ergänzung von Wasserstrafsen. Ausbeutungsbahnen. Er-
schliefsungsbahnen. Wie soll gebaut werden? Spurweiten. Vor-
züge der 75 cm-Spur. Art des rollenden Materiales. Keine
Schwebebahnen. Wer soll bauen? Bau durch den Staat. Bau
durch die Kolonie. Bahnbau durch Gesellschaften. Zinsgarantien
oder Subventionen. Landkonzessionen. Anteil der Bahngesellschaften mit Landkonzessionen an der Kolonieentwicklung. Landkonzessionen mit Zinsgarantien. Französische Konzessionspraxis.
Wie ist die Arbeit zu organisieren? Anwerbung der Arbeiter.
Unterstützung der Gesellschaften durch die Kolonie. Ausführung
der Erdarbeiten durch die Kolonie. „Dahome-Methode." Anwendung von Arbeitszwang für öffentliche Arbeiten. Bezahlte
Zwangsarbeit. Zwang der Männer. Kapitalbildung der Eingeborenen und Kaufkraft. Erziehlicher Einflufs des Bahnbaues.
Mittel zur Verselbständigung der Kolonien. Kolonisation als Geschäft. Lehren der fremden Kolonien . . . . 166—183
Am Schlufs: Tabelle „Übersicht über die Eisenbahnen
im tropischen Afrika (1902)" . . . . 184—185
Nachtrag 186

Einleitung.

Für jedes koloniale Neuland ist die Frage der Verkehrswege eine Lebensfrage. Mag ein Gebiet noch so reich an Naturschätzen sein, es wird die über den eigenen Verbrauch hinausgehende Produktenmenge nicht verwerten können ohne Verkehrswege, und nur in dem Maſs, wie die Produkte vermittels der Verkehrswege schnell und billig an den Konsumenten gebracht werden können, haben sie Wert für das erzeugende Land. Je reicher ein Land an Naturschätzen ist, je höher diese Landeserzeugnisse auf dem Weltmarkt von Käufer und Konsumenten bewertet werden, desto kostspieliger können auch die Verkehrsmittel und Verkehrswege sein; je ärmer ein Land an Produkten ist, und je geringeren Wert sie auf dem Weltmarkt haben, desto billiger muſs auch der Verkehr seine Mittel und Wege gestalten.

Für den Verkehr in Kolonialgebieten, der über das primitive Mittel der Karawanenpfade hinauskommen will, kommen Straſsenbauten, die Nutzung und Herrichtung von Wasserläufen für Schifffahrt oder der Bau von Eisenbahnen in Betracht. Straſsenbauten sind in Kolonialländern überall dort am Platz, wo das Terrain nicht sehr schwierig ist, wo der Verkehr keine Eile hat, wo es viele und billige Zugtiere gibt, wo die den Verkehr führenden Menschen nicht unter einer widrigen Natur zu leiden haben, wo der Straſsenbau nicht von zerstörenden Naturkräften übermäſsig geschädigt wird. Binnenländische Wasserwege sind allerwärts für den Verkehr brauchbar, wo es gleichfalls nicht auf schnelle Beförderung ankommt, wo jederzeit genügend Wasser für Schiffahrt vorhanden ist, und wo keine schweren Hindernisse den Wasserweg unterbrechen. Eisenbahnen aber sind in einem Neuland überall da ' das richtige Verkehrsmittel, wo der Verkehr Schnelligkeit, Stetigkeit, Sicherheit und Bequemlichkeit erfordert, oder wo es sich darum handelt, rasch in ein Gebiet einzudringen, um dessen schlummernde Kräfte zu wecken.

Selbstverständlich setzt dies voraus, daſs ein Neuland, für welches ein Schienenweg in Aussicht genommen wird, entweder bereits Produkte hat, die einen Bahnbau lohnen, oder mit Sicherheit so reiche produktive Kräfte nachweisen kann, daſs es nur eines Bahnbaues bedarf, um sie zu einer das erzeugende Inland und das konsumierende Ausland befriedigenden Entfaltung zu bringen. Und ebenso selbstverständlich ist es, daſs ein Bahnbau nicht genügt, um ein mit Produkten oder mit latenten Produktionskräften versehenes Neuland alsbald auf eine hohe Stufe der Entwicklung und Zivilisation zu bringen. Nur unter ausnahmsweise günstigen Verhältnissen wird auch da der Erfolg der Arbeit und Kapitalaufwendung unmittelbar zu erkennen sein. „Die Eisenbahnen," sagt Albert Lapparent (Le siècle de fer, 1890), „sind wunderbare Werkzeuge, aber so auſserordentlich auch ein Werkzeug sein mag, seine Anwendung ist nur verständig, wenn eine Kraft da ist, die genützt werden kann, und ein Stoff, der zu bearbeiten ist. Es hängt nicht von den Eisenbahnen ab, durch ihren eignen Wert die Werte entstehen zu lassen, wo es keine Keime gibt." Sehr lesenswert ist auch, was C. Guy hierüber in seinem trefflichen Buch „La mise en valeur de notre domaine colonial" (Paris, 1900) schreibt.

Ob Bahnbau oder nicht, hängt also ganz von der Naturbeschaffenheit des Landes selbst ab. Bahnen, die aus politischen, militärischen oder administrativen Gründen gebaut werden, gehen uns hier zunächst nichts an, wo wir den Bahnbau als eine wirtschaftliche Einrichtung zu betrachten haben. Aber auch wo man sich für den Bahnbau zu entscheiden hat, hat sich die Art des Bahnbaues ganz nach der Art des Landes zu richten. In produktenreichen, starkbevölkerten neuen Kolonialländern, die entweder schon lebhaften Verkehr haben oder ihn mit Bestimmtheit voraussehen lassen, wird man Bahnen von ähnlicher Beschaffenheit wie bei uns oder wie in entwickelten alten Kolonialgebieten bauen. In allen andern jungen Kolonialländern jedoch, deren Produktionskräfte noch latent, aber mit Sicherheit nachgewiesen sind, wo also erst eine wirtschaftliche Eroberung ausgeführt werden soll, da wird man mit dem einfachsten, billigsten Bahnbau eindringen. Dort soll die Bahn nicht schon vorhandene Transportmengen sammeln, sondern sie erst schaffen helfen. Diese Art von Bahnen sind nicht Ausbeutungsbahnen, sondern Erschlieſsungsbahnen, Pionier-

bahnen; sie leiten die wirtschaftliche Eroberung ein, während jene
ihr folgen. Sind die Erschliefsungsbahnen kurz, werden also mit
ihnen gleichsam nur Stichproben in das Neuland hinein gemacht,
so kann man sie Stichbahnen nennen.

Besonders für diese Erschliefsungsbahnen gilt der Satz, dafs
man zu einer Arbeitsleistung nicht mehr Arbeitskraft und keine
gröfseren Arbeitsmittel (Werkzeuge, Maschinen, Kapitalien etc.)
anwendet, als zur Bewältigung der Arbeit gerade nötig sind. Alles,
was darüber hinausgeht, ist Verschwendung. „Eine Eisenbahn,"
sagt J. Ch. Mackay (Light Railways, 1896), „ist einfach eine
Maschine, die einem bestimmten Zwecke dient, und je näher diese
Maschine der Arbeit angepafst ist, die sie zu leisten hat, desto
billiger wird die Arbeit geleistet werden, und desto besser wird
sich das angelegte Kapital verzinsen. Man wendet gewöhnlich
nicht einen Lastwagen und ein Paar Pferde an, um eine Arbeit
zu verrichten, die leicht mit einem Schubkarren getan werden
kann."

Demnach kommen für Ausbeutungsbahnen im obigen
Sinne die breitspurige Anlage, schwere Maschinen, grofse Wagen
in Betracht, für Erschliefsungsbahnen dagegen die schmalspurige Anlage, leichte Wagen und Maschinen. Das betont auch
grundsätzlich ein so vorzüglicher Kenner kolonialen Bahnbaues
wie der belgische Oberst Thys (Congrès colonial international de
Bruxelles 1897): „Man mufs so viel wie möglich, und falls keine
besonderen Umstände vorliegen, für die Kolonialbahnen die Spurweite anwenden, welche die geringsten Baukosten verursacht,
d. h. die Schmalspur; man mufs sorgfältig die Arbeitsbedingungen
studieren, sie durch zuverlässige Versuche zu bestimmen suchen
und, selbst nachdem man diese Vorsichtsmafsregeln getroffen hat,
klugerweise in den Voranschlägen einen bedeutenden Spielraum
für die Herstellung lassen, da die Organisation einer grofsen öffentlichen Arbeit in einem neuen Land immer langwierig und schwer
ist." Und ebenfalls Thys ist es, der für die kolonialen Erschliefsungsbahnen (chemins de fer de pénétration) das Wort ge-
prägt hat, dafs sie kein wirklicher Schienenweg (chemin de fer),
sondern ein einfacher Schienenpfad (sentier de fer) sein müfsten.
Aber, fügen wir hinzu, die Breite des „Pfades" mufs wenigstens
so grofs sein, dafs man sicher darauf gehen und eine ordentliche
Last darauf tragen kann. Allzu schmalspurige Anlagen sind in
neuen Ländern nicht widerstandsfähig genug, und ihre Unter-
haltungs- und Betriebskosten kommen zu hoch zu stehen im Ver-

hältnis zu den Gewichtsmengen, die darauf befördert werden
können. Und wie die Breite der Bahn so muſs auch ihre Länge
im richtigen Verhältnis zu ihrem zu erwartenden Verkehrsumfang
stehen. Ist sie zu lang, so bleibt sie unbenutzt und nutzlos.

Wenden wir diese allgemeinen Gesichtspunkte auf die Verkehrswege in den afrikanischen Kolonialländern an und untersuchen
wir, unter welchen Bedingungen dort die Entwicklung der Verkehrswege stattfindet, so haben wir vor allem das tropische
Afrika in unserer Betrachtung streng vom auſsertropischen
zu scheiden. Beide sind durch Klima, Naturausstattung, Bevölkerung, Lebensbedingungen für Europäer und andere wirtschaftliche Grundlagen von fundamentaler Verschiedenheit.

Straſsenbau und Straſsenverkehr sind im auſsertropischen
Afrika ziemlich gut entwickelt; im tropischen Afrika aber fehlen
sie fast ganz, weil die Tsetsefliege und endemische Rinder- und
Pferdeseuchen einen regelrechten Betrieb mit Zugtieren unmöglich
machen, weil der Neger, sich selbständig überlassen, mit Wagen-
gespannen nicht ordentlich umgeht, der Europäer aber diese Arbeit
im afrikanischen Tropenklima nicht leisten kann, und weil, wo
letzteres ausnahmsweise möglich sein sollte, auch da die jahres-
zeitlichen Tropenregen einen so soliden Straſsenbau erheischen,
daſs mit dem dazu nötigen Kapital meist ebensogut eine schmalspurige Eisenbahn gebaut werden kann.

Besser, aber keineswegs gut sieht es mit den Verkehrswegen
der Flüsse und Ströme aus. Da Afrika ein Tafelland ist mit
stufenförmigem Absetzen zum äuſseren Tiefland und Küstengebiet,
so haben die im Innern entspringenden Gewässer diesen Auſsen-
rand des Tafellandes mit zahlreichen Stromschnellen und Wasser-
fällen zu überwinden, die für die Schiffahrt ein absolutes Hindernis
sind. Jedoch auch oberhalb und unterhalb der Kataraktenstrecken
ist die Schiffahrt schwierig, weil der jahreszeitliche Wechsel von
Regenzeit und Trockenzeit, von unbändiger Wasserfülle und groſsem
Wassermangel unberechenbare Änderungen im Fluſslauf, in seinen
Schlamm- und Sandbänken herbeiführt und oft monatelang ein zu
seichtes, unfahrbares Wasser zurückläſst. Diesem Wechsel sind
aber alle gröſseren Wasserläufe Afrikas unterworfen, weil ihre
Hauptnetze in den Tropen liegen. So kommt es, daſs eine durchgehende Schiffahrt auf den afrikanischen Flüssen wegen der
Kataraktenstrecken unmöglich ist, auf den fahrbaren Strecken
aber ein regelmäſsiger Schiffsverkehr wegen der Wasserstands-
änderungen auſserordentlich schwer.

Teilweise schiffbar sind von den selbständigen Flußläufen ż. B. der Senegal, Gambia, Rio Grande, Mbam u. a., aber für großen Schiffsverkehr teilweise bedeutungsvoll sind nur der Nil, Niger, Kongo, Sambesi-Shire und natürlich die großen Wasserbecken der innerafrikanischen Seen, die aber sämtlich nicht unmittelbar zugänglich, sondern durch die Kataraktenregionen ihrer Abflüsse von der direkten Zufahrt abgeschnitten sind.

Diese großen Strom- und Seennetze in ihrer ganzen Ausdehnung für den Verkehr nutzbar zu machen, gibt es nur ein Mittel: die Überwindung ihrer Kataraktenstrecken durch sie umgehende Bahnbauten. Sehr richtig sagt F. Hahn („Afrika", 1901): „Katarakte und Wasserfälle sind in Afrika die wirksamsten Förderer des Eisenbahnbaues."

So ist zur Umgehung der Nilkatarakte die Bahn Wadi Halfa—Chartum, zur Umgehung der unteren Kongoschnellen die Linie Matadi—Léopoldville bereits gebaut, während die Shireschnellen-Bahn erst kürzlich begonnen worden ist, das Kataraktengebiet des mittleren Niger aber zu lang und zu fern ist, als daß sich dort eine verbindende Bahnstrecke lohnte; man sucht dem oberen Nigergebiet vielmehr in bequemerer Weise durch direkte Bahnlinien vom Senegal und von der Guineaküste her beizukommen. Die Bahnlinien aber, welche im oberen Kongogebiet unternommen werden sollen, um die dortige Stromschnellenregion zu umgehen und das Kongoflußnetz mit den großen Seen in leichtere, direkte Verkehrsverbindung zu setzen, sind nur in einem wirtschaftlichen Raubsystem denkbar, wie es im Kongostaat herrscht. Wir werden später darauf zurückkommen.

Alle die genannten Bahnstrecken sind keine selbständigen Bahnlinien. Sie sind gebaut, um mangelhafte Wasserstraßen zu vervollständigen und erst ordentlich nutzbar zu machen; sie würden zwecklos und tot sein, wenn etwa das Wasser plötzlich versiegte. Sie sind gewissermaßen nur Teile des Fluß- und Seensystems, mehr Kanäle als Bahnen.

Wenden wir uns der Betrachtung der selbständigen, nicht mit Wasserstraßen unmittelbar zusammenhängenden und von ihnen abhängigen Bahnen Afrikas zu, so müssen wir vor allem zwei große Gruppen unterscheiden: erstens die Bahnen des außertropischen Afrika, die durch großenteils von Europäern besiedelte oder doch besiedelbare und auf ziemlich hoher Kultur stehende Länder gehen, von Europäern betrieben werden und keinen klimatischen Extremen unterworfen sind; zweitens die Bahnen des tropischen Afrika, die durch **Negerländer** gehen, in ihrem wirtschaftlichen Gedeihen von Negerkultur und Negerarbeit abhängig sind, zum weitaus gröfsten Teil von **Negern** oder anderen Farbigen betrieben werden müssen und den gewaltigen tropischen Regengüssen und anderen tropischen Einflüssen ausgesetzt sind. Die nämliche Unterscheidung haben wir schon oben bei der Betrachtung der Strafsenbauten machen müssen; hier ist sie von noch viel gröfserer Bedeutung, weil eine **Bahn** ein viel komplizierterer Mechanismus ist als eine Strafse und dieser Mechanismus in seinen Funktionen noch viel mehr von den **Faktoren** beinflufst wird, die den Bau und Bestand einer Strafse bestimmen. Die ehedem im grofsen Publikum vorhandenen irrigen oder törichten Vorstellungen von der Gleichartigkeit des ungeheuren afrikanischen Kontinents sind glücklicherweise überwunden. Man erschöpft nicht mehr den Begriff „Afrika" mit der Vorstellung von **Wüstensand, Palmen, Löwen, Negern** und **Plantagen**; man unterscheidet auch da endlich zwischen dem tropischen und aufsertropischen Afrika, dem Negerund Europäer-Afrika und wirft nicht mehr Kameruner Verhältnisse mit kapländischen, deutsch-ostafrikanische mit ägyptischen durcheinander. Aber man vergifst immer noch, dafs auch innerhalb der afrikanischen **Tropen** die gröfsten Verschiedenheiten bezüglich des Klimas, der Bodenproduktivität, der Bevölkerungsqualität u. s. w. bestehen zwischen dem Osten und dem Westen, dem Küstengebiet und dem Innern, dem Flachland und den Gebirgsländern u. s. w. Immerhin hat im grofsen ganzen und gegenüber dem aufsertropischen Afrika das tropische **Afrika** in seinen verschiedenen Teilen doch so viele gemeinsame Züge, dafs wir Verhältnisse des einen tropischen Gebietes sehr wohl mit denen des anderen vergleichen können, und dafs wir Beobachtungen und Erfahrungen kultureller und wirtschaftlicher Art, die in dem einen Gebiet gemacht worden sind, mit Bedacht auf das andere anwenden dürfen.

Wir können daher aus unseren Beobachtungen der fremden Kolonien des tropischen Afrika viel für unsere eigenen Schutzgebiete lernen. Und so interessieren uns auch unter den selbständigen Bahnlinien Afrikas die im Tropengebiet gebauten am meisten, weil unsere Kolonien mit Ausnahme des grofsenteils subtropischen südwestafrikanischen Schutzgebietes in den Tropen, ja sogar in der Äquatorialzone zwischen ca. 12° südl. und 12° nördl. Breite liegen. Halten wir einmal Umschau, was für Bahnen die anderen kolonisierenden Nationen in ihren tropisch-afrikanischen

Kolonien bauen, warum und wie sie dieselben bauen, und welche Erfolge sie davon haben, so werden wir daraus sehr lehrreiche und nützliche Schlüsse für den Bahnbau in unseren afrikanischen Schutzgebieten ziehen können.

Im tropischen Afrika sind Bahnen gebaut oder zu bauen begonnen worden von den Franzosen in Französisch-Westafrika (Senegal, West-Sudan, Französisch-Guinea, Elfenbeinküste, Dahome), in Französisch-Somaliland und auf den französischen Inseln Madagaskar und Réunion, von den Belgiern am Kongo, von den Engländern in Englisch-Westafrika (Sierra Leone, Goldküste, Lagos), in Nord-Rhodesia (Schoschong—Bulawayo), in Britisch-Zentralafrika (Shire-Bahn), in Britisch-Ostafrika (Ugandabahn), im Ost-Sudan (Wadi Halfa—Chartum), von den Portugiesen in Angola (Loanda—Ambaca und Benguella—Catumbella) und in der Kolonie Moçambique (Beira—Salisbury), von den Deutschen in Deutsch-Südwestafrika (Swakopmund-Windhoek) und in Deutsch-Ostafrika (Usambarabahn), von den Italienern in Eritrea. Dazu kommt eine ganze Reihe von projektierten Bahnlinien, von denen wir aber nur die in Betracht ziehen, welche mehr sind als leicht auf das Papier geworfene Gedankenspiele.

Um einen das Verständnis aller dieser tropisch-afrikanischen Bahnbauten erleichternden Übersichtsstandpunkt zu gewinnen, werden wir am besten tun, wenn wir sie nach grofsen geographischen Provinzen gruppieren, innerhalb deren jeder Gruppe eine durch die natürliche Beschaffenheit des Landes und durch die Eigenart seiner menschlichen Bewohner bedingte gewisse Gemeinsamkeit der Ursachen, Ziele und technischen Ausführung aller dieser Gruppe angehörenden Einzelbahnen aufgeprägt ist. Wir werden also erst die grofse westafrikanische Provinz abgliedern, in der sich alle Bahnen um das riesige Nigerbecken gruppieren, und innerhalb dieser Provinz von Westen her zuerst die französischen, dann die englischen, darauf die deutschen Bahnen betrachten. Zweitens werden wir die belgischen und französischen Bahnen behandeln, die das ungeheure Becken des Kongo und seiner Zuflüsse zum Ziel haben. Drittens sondern wir die südwestafrikanische Provinz ab, in der wir die portugiesischen, deutschen und englischen Bahnlinien zu einer Gruppe zusammenfassen. Als vierte Gruppe betrachten wir die südostafrikanischen Bahnen in Rhodesien. Fünftens werden wir das grofse hydrographische Gebiet der ostafrikanischen Seengruppe mit seinen portugiesischen, englischen und deutschen

Bahnbauten abgliedern, ausschliefslich der Ugandabahn die wir sechstens als die Bahn des zum Nilsystem gehörenden Victoriasees allein betrachten. Ihr schliefsen sich als siebente Gruppe die Bahnen des mittleren Nilgebietes mit ihren Zugängen vom Roten Meer her an. Und achtens werden zum Schlufs die Bahnen der tropisch-afrikanischen Inseln Madagaskar, Réunion, Mauritius behandelt.

I. Die Bahnen in Ober-Guinea und dem Nigerbecken.

1. Die französischen Kolonien.

Die französischen Bahnbauten Westafrikas haben ein gemeinsames großes Hauptziel: die Erschließung des westlichen Sudan nach Westen und zwar nach den französischen Küstenplätzen Westafrikas hin. Drei von diesen Bahnlinien erstreben dieses Ziel durch Anschluß an die fahrbaren Wasserstraßen des Senegal und des oberen Niger: es sind die Linien Dakar—St. Louis in der Kolonie Senegambien, Kayes—Kulikoro im französischen West-Sudan und Konakry—Kurussa in der Kolonie Französisch-Guinea; die zwei übrigen Linien des französichen Westafrika erstreben das genannte Ziel durch Vordringen gegen die Gebiete am mittleren Niger, ohne es auf unmittelbaren Anschluß an das Flußnetz abgesehen zu haben: es sind dies die Linien Grand Bassam—Kong (die erst vermessen ist) in der Kolonie Elfenbeinküste und die Linie Kotonu—Tschauru in der Kolonie Dahome.

Bevor wir aber diese Linien im einzelnen betrachten, befassen wir uns kurz mit dem großen französischen, ebenfalls teilweise den Tropen angehörenden Bahnprojekt, das wie die französischen westafrikanischen Bahnen auf die Erschließung des französischen Sudan abzielt, aber ihn nicht wie jene nach Westen, sondern nach Norden hin öffnen will: die Transsaharabahn.

a) Die Transsaharabahn.

Dieses Projekt interessiert uns deshalb, weil es häufig bei den Erörterungen über die deutsch-ostafrikanische Zentralbahn zum Vergleich mit herangezogen worden ist, und weil für die Trans-

saharabahn wie für die deutsch-ostafrikanische Zentralbahn vielfach die nämlichen Argumente ihrer Rentabilität und Nützlichkeit
aus dem Vergleich mit den grossen amerikanischen und sibirischen
Transkontinentalbahnen vorgebracht worden sind.

Die Idee einer Transsaharabahn von Algier nach Timbuktu
spukt seit dem Jahre 1860 (Hanoteau), aber erst seit dem Ausbau
des französischen Kolonialreiches in Nordafrika und dem Sudan
ist von bekannten Politikern und Nationalökonomen ein trans-
saharischer Bahnbau mit Emphase gefordert, von anderen, ebenso bekannten aber mit gewichtigen Gründen abgewiesen worden. Nachdem Männer wie Duponchel, Georges Rolland, Pierre Leroy-Beaulieu,
Hanoteau ihre Stimme für eine Transsaharabahn erhoben haben,
hat neuerdings M a u r i c e   H o n o r é das Projekt nach allen Seiten
kritisch beleuchtet und die Dinge geschildert, wie sie sind, ohne
Überschwang patriotischer Gefühle, blind begeisterten Optimismus
und den Élan für eine riesenhafte Idee, mit denen in der Beurteilung wirtschaftlicher Realitäten weniger als nichts anzufangen
ist. Wir folgen seiner Darstellung ein Stück.

Möge die Transsaharabahn von Algerien nach dem Niger oder,
wie andere wollen, von Tripolis nach dem Tschadsee gehen, in
jedem Fall wird sie eine Länge von mindestens 2400 km haben.
Die Schätzungen der Baukosten schwanken zwischen 500 und
800 Millionen Frank. Der weitaus gröfsere Teil der Strecke führt
durch Wüste, die durch ihre Wasserlosigkeit und durch den in steter
Bewegung befindlichen Sand dem Bahnbau und Bahnbetrieb ungeheure Schwierigkeiten entgegensetzt. Da es in der Wüste einen
Lokalverkehr nicht geben kann, hat die Bahn ausschliefslich mit
Transitverkehr zwischen Mittelmeerküste und Sudan zu rechnen.
Demzufolge mufs im Transport der Preis für das Tonnenkilometer
hoch angesetzt werden. Ein Preis von 2 centimes pro Tonnen-
kilometer, wie ihn mit Hinweis auf amerikanische Bahnen einige
Berechner angenommen haben, um den Produktentransport im
Transit zu ermöglichen, ist ganz undenkbar; so niedrige Taxen
konnten nur Linien wie New York—Chicago und einige indische
Strecken einführen, die durch dichtbevölkerte, in intensivster
Kultur stehende Gebiete führen und deshalb einen aufserordentlich
lebhaften, reichlich zahlenden Lokalverkehr haben. Setzt man aber
einen bei der Schwierigkeit der Bahn ungemein niedrig bemessenen
Transportpreis von nur 10 centimes pro Tonnenkilometer Massenprodukte an, so ergibt das für Transitgüter auf der ganzen,
2400 km langen Linie 240 Frank Frachtkosten pro Tonne. Ja,

nehmen wir sogar nur 5 centimes Transportkosten pro Tonnenkilometer an, so stellt sich die Fracht pro Tonne Transitgut immer noch auf 120 Frank.

Welches Produkt des Sudan kann solche Transportspesen tragen? Vielleicht Gummi, Elfenbein, wertvolle Mineralien, aber sicherlich nicht die Massenprodukte, wie Salz, Datteln, Baumwolle etc., welche die Grundlage des transsaharischen Handels sind und allein einer Bahn genügende Transporte geben können. Wenn aber zur Hebung des nach den günstigsten Berechnungen immer noch äußerst gering anzuschlagenden Personenverkehrs allen Ernstes vorgeschlagen worden ist (Fock), an einer geschickt ausgewählten Stelle der Bahnlinie einen Wallfahrtsort mit einem gut bezahlten Marabu zu errichten, zu dem dann die Gläubigen in langen Zügen pilgern würden, so muß es wirklich schlecht um die Sache selbst stehen, die mit derartigen Argumenten verfochten werden muß. Ebenso hinfällig sind die von Goux oder von Rolland angestellten Berechnungen, daß allein der Salzhandel der Bahn jährlich ca. 1 ½ Mill. Frank Einnahmen sichern würde, nämlich: ca. 12 Mill. Einwohner à 2 Kilo Salzkonsum macht ca. 24 000 Tonnen à 60 Frank Fracht. In dieser Berechnung ist jede Zahl völlig willkürlich, und man vergißt, daß doch nur das von Europa kommende Salz die ganze Linie durchlaufen und bezahlen würde, während das in der Sahara gewonnene nur für kurze Strecken der Bahn in Betracht käme.

Das europäische Salz geht aber heute schon in großen Mengen von der atlantischen Küste Afrikas her auf kürzeren und billigeren Wegen nach dem Sudan. Und wie mit dem Salzimport von Westafrika nach dem Sudan, so steht es mit dem gesamten Handelsverkehr zwischen Europa und dem West-Sudan. Warum sollten die Eingeborenen und die Kolonisten des Sudan ihre Waren auf einer kostspieligen, 2400 km langen Transsaharabahn nach und von Algerien und Europa befördern, da ihnen die viel billigeren Flußwege nach der afrikanischen Westküste zur Verfügung stehen? Algerien ist die Nordfassade des großen französischen Sudanreiches, aber nicht sein Hafen. Die natürlichen Ein- und Ausgangspforten des französischen Sudan sind der Niger und Senegal, und für den französischen Handel die Plätze Dakar, Konakry, Grand Bassam, Kotonu; aber nicht die Oasen von Aïr oder Tafilet. Sehr richtig sagt Aug. Bernard von der französischen Erschließung des Sudan: „Wir sind gegenwärtig wie einer, der an den beiden Mundstücken eines Siphon saugt, da wir daran arbeiten, den Produkten

des Sudan einen Abfluſs nach Dakar, nach Konakry, nach Grand
Bassam zu schaffen. Die Sahara ist nicht allein leer, sondern sie
wird sich auch noch mehr entleeren in dem Maſse, wie wir uns
anstrengen, den Sudan und die Sahara selbst durch den Senegal
und den Niger zu drainieren."

Mit nicht geringerer Anstrengung arbeiten an der „Drainage"
des westlichen Sudan zum Atlantischen Ozean hin die englischen
und deutschen Plätze der Guineaküste.

Desgleichen stehen für den mittleren Sudan andere, kürzere,
bessere Zu- und Ausgangswege als die nördlichen zu Gebot. Jetzt
geht der Handel von dort noch gröſstenteils nach Tripolis, aber
die Eröffnung des sicheren und kürzeren Handelsweges nach dem
Golf von Guinea wird die Dinge ändern. Von Yola an bildet
der Benuë-Niger eine 6 Monate lang reichlich Wasser führende,
kataraktenfreie Verkehrsstraſse von 1140 km Länge. Nach und
vom Benuë muſs darum naturnotwendig der Handel der Tschad-
region, des zentralen Sudan ein- und ausgehen, solange nicht
etwa eine Bahn von Kamerun nach Adamaua geht. Die Engländer
wuſsten sehr wohl, warum sie bei der Festlegung der deutschen
Kamerungrenze Yola durch einen Zirkelschlag aus dem deutschen
Block herausschnitten.

Gegen die kürzere, billigere Verbindung nach Westen, die dem
westlichen und mittleren Sudan durch die Fluſsläufe gegeben ist,
kann eine Transsaharabahn nicht aufkommen. Für den östlichen
Sudan aber sind der Nil und vielleicht auch der Ubangi-Kongo
die natürlichen und konkurrenzlosen Verkehrsstraſsen, sobald ihre
Dampfer und Zwischenbahnen billigere Tarife einführen können.

Politisch wäre freilich eine Transsaharabahn unter Umständen
von gröſster Wichtigkeit für Frankreich und sein afrikanisches
Kolonialreich: In einem Krieg mit England könnte die Möglichkeit, schnell französische Truppen von Algier nach dem Sudan
oder vom Sudan nach Algier zu werfen, den Sieg entscheiden; nur
als ein ungeheures „Herrschaftsmittel" will sie auch ein so hervor-
ragender Kenner wie Foureau gelten lassen. Aber von diesem von
Strategen ausgestellten Wechsel auf eine ungewisse Zukunft kann
eine mit so ungeheuren technischen Schwierigkeiten verknüpfte
Riesenbahn nicht leben. Sie muſs ihre Nahrung aus dem Handel
ziehen; diese aber kann ihr der Sudanhandel, wie gezeigt, nicht
geben. H. Schirmer („Le Sahara") bemerkt hierüber treffend: „Es
gibt im mittleren Sudan keine Produkte, die sich nicht ebenso in
der einen oder anderen unserer afrikanischen Kolonien finden.

Man wird sie also nicht so weither holen, wenn man keinen Nutzen davon hat, wenn nicht ihr Verkaufspreis auch trotz des Weges, den sie zurückzulegen haben, noch Gewinn abwirft. Es ist also am Ende eine Transportfrage." Und diese Transportfrage ist eben für die Transsaharabahn im Gegensatz zu den Wasserstrafsen und zu den kleinen Bahnen Westafrikas verneinend zu beantworten.

b) Senegambien.

Überblicken wir nun diese kleinen westafrikanischen Bahnen nacheinander, und beginnen wir mit den französischen im Westen. Da ist zuerst in Senegambien die Bahn Dakar—St. Louis. Man hat sie gebaut, um St. Louis, den Endpunkt des schiffbaren Senegal und Sammelplatz der aus dem Innern kommenden Produkte, der aber einen sehr schlechten Hafen hat, mit dem nächsten guten Hafenplatz, das ist Dakar, zu verbinden. Der Bahnbau wurde 1882 von einer konzessionierten Gesellschaft begonnen mit einem Kapital von 5 Mill. Frank in 10000 Aktien à 500 Frank (Anfang August 1902 Kurs 760 Frank), und 1885 war die Bahn vollendet; ihre Gesamtlänge beträgt 264 km, ihre Spurweite 1 m. Die Totalkosten waren auf ca. 18 Mill. Frank veranschlagt, aber allein die Baukosten stellten sich auf rund 19400000, so dafs auf 1 km rund 74000 Frank entfallen; die Gesamtkosten inklusive des beweglichen Materials und der Kapitalverzinsung werden auf 100000 Frank pro Kilometer angegeben (Salesses).

Die Bahn läuft parallel der Küste durch das Küstengebiet und hatte nicht die mindesten technischen Schwierigkeiten. Nur mufsten künstliche Brunnen zur Wasserversorgung angelegt werden. Die Einnahmen betrugen 1898: 1690196 Frank, die Ausgaben 1497697 Frank, der Gewinn also 83612 Frank oder 1053 Frank pro Kilometer. Gegenüber der Belastung für Kapitalverzinsung und Betriebskosten war der Gewinn ungenügend; deshalb hat der französische Staat eine jährliche Subvention von 600000 Frank zur Garantie der Zinszahlung bewilligen müssen. Seitdem geht das Unternehmen viel besser vorwärts, im gleichen Mafse, wie es die kulturelle Entwicklung des Landes hebt. Die Einnahmen waren 1899 auf mehr als 2 Mill. Frank gestiegen, so dafs die Betriebsgesellschaft dem Staat 1 Mill. Frank zurückzahlen konnte.

Trotzdem freilich rentiert sich die Bahn an sich noch nicht, aber indirekt macht sich das Unternehmen durch seine Förderung der Landeskultivation bezahlt. Der von der Bahn durchschnittene

Küstenstrich, der vordem sehr dünn bewohnt war, ist jetzt eins der dichtestbesiedelten Gebiete Senegambiens. Der Grund liegt darin, daſs sich dieser Sandboden, wie sich übrigens schon lange vorher gezeigt hat, vortrefflich für den Anbau von Erdnüssen (Arachiden) eignet — aber auch nur für diesen —, und daſs die Erdnuſskultur durch die lebhafte Nachfrage der Exporthäuser Dakars einen starken Antrieb erhalten hat, nachdem der Bahnbau einen leichten und billigen Massentransport nach Dakar ermöglichte: 1886 belief sich die Erdnuſsproduktion auf 10 000 Tonnen, 1900 auf über 140 000 Tonnen. Und das ist der Kernpunkt der Sache und des Bahnerfolges, daſs die Bahn nur 264 km lang ist und den Frachtsatz seit 1897 auf 20 Frank pro Tonne, also ca. 8 centimes pro Tonnenkilometer ermäſsigt hat; vorher hatte er für Arachiden 12 ¹/₂ centimes betragen. Die Kamelfracht aber war früher auf das 10- bis 20fache zu stehen gekommen. 20 Frank Fracht pro Tonne kann ein Produkt wie Erdnüsse, das der eingeborene Händler mit 180—200 Frank pro Tonne verkauft, und das in Europa einen Marktwert von 270—300 Frank pro Tonne hat, sehr gut vertragen. Wäre die Bahn 1000 km lang, betrüge also die Fracht 80 Frank pro Tonne, so würde der Senegalhändler den Verkaufspreis dementsprechend erhöhen und der Kaufmann in Europa nach Zuschlag aller seiner Unkosten, der Seefracht, Arbeitsleistung, Zinsen u. s. w., nicht mehr auf seine Kosten kommen, da die Zufuhren aus anderen Produktionsländern den europäischen Marktpreis nicht in entsprechendem Maſs steigen lassen.

Die hohe Steigerung der Produktion und des Exporthandels zeigt sich in folgenden Zahlen: Während die Einfuhr von 50 Mill. Frank 1899 auf 46,6 Mill. Frank 1900 gesunken ist, hat sich die Ausfuhr von 23,2 Mill. 1899 auf 32,9 Mill. 1900 gehoben; und zwar sind an letzterer Zahl allein die Erdnüsse mit rund 12 Mill. beteiligt. Eine höchst beachtenswerte Mahnung für diese Kultur in den deutschen Ackerbaustrichen von Togo, Kamerun und Deutsch-Ostafrika! Pro 1901 wird sogar ein Gesamthandelsbetrag von 80,7 Mill. Frank (ohne die Münzeinfuhr) angegeben, wovon 54,2 Mill. auf den Import, 26,5 Mill. auf den Export entfallen. Die Zolleinnahmen sind von 3,8 Mill. 1900 auf 5,6 Mill. Frank 1901 gestiegen. 31 % der Einfuhr bestehen in Baumwollgeweben, nämlich für 16,8 Mill. Frank 1901 gegen 12,7 Mill. 1900. Die Ausfuhr von Landesprodukten ist von 28,7 Mill. 1900 auf 25,1 Mill. 1901 zurückgegangen: Erdnüsse von 141 000 Tons 1900 auf 123 000 Tons 1901 wegen Miſsernte infolge Regenmangels, Kautschuk von 440 Tons auf 361 Tons, aber dieser Export ist immer noch hoch über dem von 1892—1899, und die Ausfuhr von Gummi ist von 2500 Tons 1900 auf 3200 Tons 1901 gestiegen. Frankreich zahlt seit einigen Jahren keinen Zuschufs mehr an diese seine Lieblingskolonie aufser den Unkosten der Militärbesatzung; aber es ist auch klug genug, den ruhigen stetigen Entwicklungsgang Senegambiens nicht durch gewaltsame Eingriffe zu stören. Vor allem ist man neuerdings auf der Hut, dafs der „unheilvolle Einflufs des Souveräns des Kongostaates", die im Kongostaat geübte monopolistische Wirtschaftspolitik, die in Französisch-Kongo so arg Fiasko gemacht hat, und die langsam auch in die französische Elfenbeinküste und nach Dahome einzudringen begann, nicht auch im französischen Westsudan mit Senegambien Fufs fasse.

Der ursprüngliche Plan, die Dakar—St. Louis-Bahn bis nach Kayes am mittleren Senegal, dem Beginn der Sudanbahn Kayes— Bafulabe, fortzusetzen, scheiterte bisher an der Schwierigkeit und Kostspieligkeit eines ca. 800 km langen Bahnbaues durch gröfstenteils wasserlose, menschenleere Wüstenstriche (Ferlo), deren Lateritboden nicht kultivierbar ist wie das von der Dakar—St. Louis-Bahn durchzogene Sandland der Küstenregion. Und ebensowenig ist ein anderes Bahnprojekt in der Senegalkolonie, das der sog. Baolbahn, bis jetzt über die ersten Ermittlungen hinausgekommen, obwohl viel Propaganda dafür gemacht wird.

c) Französischer Sudan.

Die zweite im Bau begriffene und stückweise vollendete Bahn des französischen Westafrika ist die Sudanbahn. Die Idee, dafs der westliche Sudan nur dann erschlossen werden könnte, wenn er durch eine Bahnlinie mit dem schiffbaren Teil des Senegal, dem kürzesten Weg zum Ozean, verbunden würde, hatte schon Faidherbe beschäftigt. 1881 nahm die Kammer das Gesetz zum Bau der Strecke Kayes—Bafulabe mit Bewilligung von $8^{1}/_{2}$ Mill. Frank an. Aber erst 1885, nachdem man sehr viel und sehr teuer experimentiert hatte (156 500 Frank p. km), wurde der Bau einer Bahn von Kayes, dem Endpunkt der Senegalschiffahrt, nach Osten zum oberen Niger ernstlicher in Angriff genommen.

Erst hatte man Bammako am Niger als Endpunkt in Aussicht genommen; später bestimmte man aus technischen Gründen Tulimandio (bei Kulikoro) am Niger dazu. Die ganze Linie Kayes—Tulimandio (Kulikoro) wird 563 (resp. 577) km

lang werden, hat eine Spurweite von 1 m und war auf die Gesamtkosten von 46 100 000 Frank veranschlagt. Aber die erste,
innerhalb 10 Jahren (1888—1898) vollendete, 132 km lange Strecke
von Kayes nach Bafulabe hat einen Kostenaufwand von ca. 15 Mill.
Frank verursacht, also von 118 500 Frank pro Kilometer, so daſs
sich unter gleichbleibenden Bauverhältnissen der ganze, 563 (577) km
lange Bau schlieſslich auf 66 700 000 (68 400 000) Frank stellen
wird. Um den Bau nicht stocken zu lassen, hat die französische
Regierung einen jährlichen Zuschuſs von 2 567 000 Frank bewilligt und bestimmt, daſs der gesamte Anteil des Staates an den
Baukosten sich bis auf 12 Mill. Frank belaufen dürfe. Auſserdem
ist 1897 der damaligen Sudankolonie gestattet worden, eine Anleihe
aufzunehmen, deren 3 prozentige Zinsen die Senegalkolonie aus den
gemeinsamen Zolleinnahmen garantiert hat, während die Sudankolonie selbst jährlich 1/2 Million auf einen Zeitraum von höchstens
24 Jahren beisteuern soll. Die Einnahmen der Bahn waren von
ca. 130 000 Frank im Jahr 1891 auf 420 000 Frank 1898 gestiegen.
    Anfangs 1901, also 20 Jahre nach Beginn der Arbeiten, war
die Bahn 267 km weit, bis Badugu, vorgeschritten und hatte eine
Betriebseinnahme von rund 1/2 Million Frank zu verzeichnen, womit
aber die Ausgaben noch kaum zu decken sein werden. Der Bau
wird nun vom Ingenieurkorps der Armee ausgeführt. Stets ist
eine halbe Kompagnie Geniesoldaten an der Arbeit neben der Schar
von Senegalesen, den besten Arbeitern Westafrikas, die auch bei
der Kongobahn eine wichtige Rolle gespielt haben. Es ist zu erwarten, daſs man nicht noch einmal 20 Jahre braucht, um die
zweite Hälfte der Bahnlinie zu vollenden. Hätte man den Bahnbau beizeiten einer konzessionierten Gesellschaft übertragen, man
wäre höchstwahrscheinlich längst mit den Schienen am Niger und
hätte viele Millionen gespart.
    Am 1. Januar 1902 war der Unterbau bis km 305, Ende
April die Schienenlegung bis Kita (309 km) vorgeschritten, dem
Hauptplatz des ehemaligen Sudan, wo alle von Norden und Süden
kommenden Straſsen zusammenlaufen. Der Unterbau soll Baule
1903 und den Niger 1904 erreichen. Der Export auf der Bahn
nach dem Senegal hin nimmt stetig zu; er besteht hauptsächlich
aus Kopal, Kautschuk und Vieh. Die Voranschläge der Einnahmen 1899/1901 sind überholt worden; leider gibt der offizielle
Bericht nicht an, um wieviel, noch äuſsert er sich über die Ausgaben; das wird wohl gute Gründe haben. Für 1902 hat man die
Einnahmen auf 651 000 Frank veranschlagt. In das Staatsbudget

ist für 1902 ein Zuschufs von 668 000 Frank eingestellt und bewilligt worden.

Sobald die Bahn Tulimandio (Kulikoro) am Niger erreicht
haben wird, wird der obere schiffbare Niger mit dem unteren
schiffbaren Senegal verbunden sein und eine grofse, ca. 2350 km
lange, ununterbrochene Verkehrsstrafse von Gao und Timbuktu
bis nach dem Hafen Dakar (Dakar—St. Louis 264 km, St. Louis—
Kayes 700 km, Kayes—Tulimandio 563 km, Tulimandio—Kabara
[Timbuktu] 825 km) hergestellt sein, die den westlichen Sudan
in bequemer Weise nach dem Atlantischen Ozean öffnet. Auch
diese 563 km lange Bahnlinie ist als die Verbindung zweier Wasserstrafsen mehr ein Kanal als eine Eisenbahn und wird bei mäfsigen
Tarifen und bei der relativen Billigkeit der anschliefsenden Wasserwege auch minder wertvollen Produkten und Importwaren einen rentablen Transport erlauben. Bis Mitte 1902 kostete der Transport
von Frankreich nach Kayes ca. 80 Frank, von Kayes nach Bafulabe
ca. 50 Frank pro Tonne. Der Einfuhr von 10 730 000 Frank
stand 1898 eine Ausfuhr von nur 3 627 000 Frank gegenüber. Die
bis Ende Juni 1902 geltenden Tarife, die für alle Waren einen einheitlichen Satz von 0,50 Frank pro Tonnenkilometer für die Strecke von
Kayes nach dem Niger und 0,07 Frank vom Niger nach Kayes auf-
stellten, sollten das noch in den Anfängen steckende Unternehmen
erleichtern. Am 1. Juli 1902 aber sind auf Grund der bisherigen
Resultate Tarife eingeführt worden, die im richtigeren Verhältnis zu
den Betriebskosten und zum bestehenden wie zum erwarteten Verkehr stehen. Es zahlen:

			ü	
Reisende 1. Klasse				p. km
2.				
3.	·		·	
4.	·		·	
Gepäck u. Eilgut	·		-	- tkm
Frachtgut 1. Kategorie	-		·	
2.	·		·	
3.	·	·		
Rinder, Pferde, Maultiere	-	-		
Esel, Fohlen, Straufse	-	-	-	
Schafe, Schweine, Hunde	-	-		

In die 1. Kategorie der Frachtgüter gehören Elfenbein, Federn,
Stoffe; in die 2. Kategorie Kautschuk, Gummi, Kaffee, Lebensmittel,

Spirituosen, Maschinen, zugerichtete Baumaterialien; in die 3. Kategorie Erdnüsse, Reis, Hirse, Salz, rohe Baumaterialien, Steinkohlen. Ganze Wagenladungen (2 Tonnen Inhalt) von Hirse, Erdnüssen, Mais geniefsen 50% Ermäfsigung bei Beförderungen über 150 km.

d) Französisch-Guinea.

Die dritte französische Bahnlinie, welche den Sudan nach der Westküste hin öffnen will, ist die Strecke Konakry—Kardamania (Kurussa) in der Kolonie Französisch-Guinea. Sie verfolgt daneben das wichtige Ziel, die Guinea-Kolonie selbst, die eine dichte Bevölkerung hat, in guter Entwicklung begriffen ist und bedeutende Mengen von Kautschuk, Palmöl, Palmkernen, Erdnüssen, Sesam, Vieh produziert und ausführt, noch besser aufzuschliefsen und der im Bau begriffenen Bahn der englischen Nachbarkolonie Sierra Leone das Gegengewicht zu halten. Die Kolonie blüht so kräftig auf, dafs sie bereits keine Zuschüsse mehr vom Mutterland, aufser den Kosten der Militärbesatzung, erhält. Die Einfuhr war 1900: 14 275 000 Frank (inklus. Eisenbahnmaterial), die Ausfuhr 9 780 000 Frank. Nach den von den Ingenieuroffizieren Salesses, der noch den Bau leitet, und Naudé entworfenen Plänen soll die Bahn vom Hafenplatz Konakry nach Timbo und weiter nach Kardamania beim Markt Kurussa am oberen, aber dort noch nicht schiffbaren, Niger gehen und die ungemein fruchtbaren, bergigen Landstriche von Futa Djalon durchschneiden. Die ganze Linie war · auf ca. 550 km Länge geschätzt worden, mit 1 m Spurweite.

Um den Bau 1900 beginnen zu können, wurde die Kolonie autorisiert, eine vierprozentige Anleihe von 8 Mill. Frank auf ihre Zolleinnahmen aufzunehmen. Die Baukosten waren mit ca. 44 Mill., also 80 000 Frank pro Kilometer, in Anschlag gebracht; für Zinsen und Betriebskosten müfsten jährlich mindestens 3 1/2 Mill. Frank Gewinn gemacht werden, der auch nach dem bisherigen Handelsverkehr zu erwarten sei. Einige französische Sachkenner zweifelten freilich gleich an der Richtigkeit dieser Schätzung, aber man beruhigte sich mit dem Gedanken, dafs dabei die Kolonie durch die wirtschaftliche Entfaltung ihres Gebietes und durch die Sicherung ihrer politischen Interessen doch auf ihre Kosten kommen werde. Inzwischen hat sich herausgestellt, dafs die Bahn von Konakry bis Kurussa ca. 680 km lang werden und etwa 68 Mill. Frank kosten wird, also ca. 100 000 Frank pro Kilometer.

Ende 1900 hatte die Kolonie auf eigene Kosten 50 km gebaut, dann aber waren durch Übernahme seitens eines Unternehmers Stockungen eingetreten, die seit Lösung des Vertrages beseitigt sind. Jetzt baut die Kolonie in eigener Regie. Im Mai 1902 waren die Erdarbeiten bis Kindia (149 km) gefördert. Den Bau und Betrieb der weiteren Strecken wird eine Gesellschaft gegen Zinsgarantie und Landkonzessionen übernehmen. 1903 gedenkt man die 135 km lange Strecke Konakry—Frigiagbe, die die meisten Kunstbauten erfordert, zu eröffnen. Zur Fortsetzung darf die Kolonie eine Anleihe von 4 Mill. Frank aufnehmen. Die französische Staatskasse selbst trägt nichts dazu bei. Als Arbeiter werden aufser den Landeseingeborenen vorwiegend Senegalesen und Bambaras verwandt, die in Gruppen unter eingeborenen Werkführern arbeiten, mit welchen die Verwaltung akkordiert; also nach dem System des Kongobahnbaues: Die Anwerbung der Arbeiter und Ausführung der Arbeit in festgesetzter Zeit ist Sache der Werkführer, während die Bauverwaltung sie nur beaufsichtigt. Bis Frigiagbe folgt die Bahn der grossen Karawanenroute des Landes und wird dann die wichtigen Handelsplätze Kindia, Kebala, Demokulima, Banko, Kurussa miteinander verbinden.

Der hohe wirtschaftliche Aufschwung der Kolonie, welcher begann, als man in den letzten Jahren vom überwiegenden Kautschukraubbau auf die Schaffung von Eingeborenenkulturen (namentlich „lamy", Kerne von Pentadesma butyracea) überging, eröffnet der Bahn die besten Aussichten. Dem freien Handel sind keinerlei Schranken gezogen. Mit Leichtigkeit wurde dabei eine Kopfsteuer eingeführt, die 1900 bereits 1 940 000 Mk. einbrachte, ohne dafs ein Schufs gefallen wäre. Jetzt wird die Kopfsteuer in Produkten der lokalen Kulturen, Wachs in Futa Djalon, Kopal und Kaffee in Nunez, „lamy" an den Flüssen etc., erhoben. Die Mafsnahmen führt man durch, indem man durch die Häuptlinge herrscht und die Macht der Häuptlinge über ihre Stämme kräftigt, sie in ihrem Grundbesitz nicht stört und den Eingeborenen ihre Sitten und ihr Recht unverkürzt läfst. Im übrigen arbeitet die Regierung mit gröfster Sparsamkeit in allen Verwaltungszweigen, mit möglichster Beschränkung der Beamtenzahl und mit gänzlicher Unterlassung kostspieliger Militärexpeditionen; alles in allem eine höchst erfolgreiche und wie für die benachbarten englischen so auch für unsere west- und ostafrikanischen Kolonien vorbildliche Verwaltungsmethode.

e) Elfenbeinküste.

Haben wir es schon in Französisch-Guinea mit einer Bahn zu tun, die der Parallelbahn einer Nachbarkolonie (Sierra Leone) Konkurrenz machen will, so ist dies in noch höherem Maße bei den Bahnlinien am Guineagolf der Fall. Dort sind nicht weniger als 5 Parallelbahnen im Bau, in jeder Kolonie eine. Da alle diese Kolonien sich von Süden nach Norden in die Länge erstrecken, laufen auch die Bahnen südnördlich. Ziemlich nahe nebeneinander liegend beschränken sie natürlich einander das Operationsfeld. Über die relativ sehr engen Grenzen des eigenen Koloniegebietes hinaus wird keine recht wirken können. Nur die dem unteren Niger benachbartesten in Dahome und Lagos werden mit eventueller Erreichung des dort wieder schiffbaren unteren Nigerlaufes eine weitere Einflußsphäre gewinnen. Die drei anderen Linien (Côte d'Ivoire, Gold Coast und Togo) können den schiffbaren unteren Niger nicht erreichen und sind von vornherein als bloße Stichbahnen anzusehen. Als solche aber werden sie ihren Zweck, die Öffnung des verhältnismäßig nahen Berghinterlandes und die Entwicklung des eigenen kleinen Koloniegebietes, sehr wohl erreichen, wenn sie billig gebaut werden.

Die westlichste dieser südnördlichen Parallelbahnen ist die der französischen Elfenbeinküste. Der Plan ist vom Kommandanten Houdaille entworfen und soll bald in Angriff genommen werden. Die Geländearbeiten sind seit Frühjahr 1901 im Gange. Die Bahn wird eine Spurweite von 1 m haben und von Grand Bassam bis Kong eine Länge von ca. 550 km. Vom Hafenplatz Grand Bassam resp. von dem westlich benachbarten, an der Lagune gelegenen Ort Abidjean (Bingerville) aus soll die Bahn erst im Tal des Bandama nordwärts laufen und dann nach dem bedeutenden Platz Kong abbiegen, der im südlichen Westsudan dieselbe Rolle als Handelszentrum spielt wie Timbuktu im nördlichen. Die 187 km lange Strecke bis Tumodi wird zuerst fertiggestellt. Daß die Bahn anstatt mit Kohlenfeuerung mit Elektrizität betrieben werden kann, die die Unternehmer aus der Wasserkraft des Comoëflusses gewinnen wollen, begegnet mit Recht starken Zweifeln. Die Kosten der ersten 200 km werden auf 15 Mill., die der ganzen Anlage auf 40 Mill. Frank geschätzt, so daß ca. 80 000 Frank auf den Kilometer kämen. Aber in Anbetracht der außerordentlichen Hindernisse, welche hier das durch schwere Regengüsse ausgezeichnete tropische Klima, die zahllosen Flußläufe und der kolossale Waldwuchs einem Bahnbau bereiten, ist der Voranschlag offenbar viel zu niedrig.

Wie anfänglich für die obengenannte französische Guineabahn wollte man die Mittel zum Bahnbau durch eine Anleihe aufbringen, die von der Kolonie auf ihre eigenen Einnahmen aufgenommen werden sollte. Später aber entschied man sich für eine Konzessionsgesellschaft. Zur Ausführung beabsichtigt man die Konzessionierung einer Gesellschaft unter ähnlichen Bedingungen wie bei der Dahomebahn. Bei der günstigen wirtschaftlichen Entwicklung der Kolonie, deren Einfuhr von 6,4 Mill. 1899 auf 9,1 Mill. Frank 1900, und deren Ausfuhr von 5,8 Mill. 1899 auf 8,1 Mill. Frank 1900 gestiegen ist, wird das keine Schwierigkeiten haben.

Zudem kommt dem Bahnbau der Umstand sehr zu statten, daſs das Land ziemlich goldreich ist. Namentlich die Comoë-, Attië-, Kokombogebiete scheinen abbauwerte Goldlager zu haben. Da die Regierung dort noch groſse Landstrecken besitzt, wird sie mit der Erteilung von Land- und Minenkonzessionen wahrscheinlich den Bau der Schienenwege ganz oder doch groſsenteils bezahlen können. Bereits hat sie das eine Minengebiet, das von Attië und Baule, einer für den Bahnbau zu bildenden „Société du chemin de fer de Kong" zugeteilt, falls diese die Bahn ausführt, so daſs nur noch das zweite zwischen der englischen Goldcoast-Grenze und dem Unterlauf des Comoë gelegene Minengebiet, bekannt unter dem Namen der Sanwie- oder Indenië-Region, privaten Unternehmungen offensteht. Bis Mai 1902 waren dafür 8 Minengesellschaften ins Leben gerufen, die von der Regierung konzessioniert sind. Aber der Minenbetrieb in der Côte d'Ivoire ist schwierig, da das Klima schlecht ist, die schweren Regen die Anlagen schädigen, die Transporte durch die Eingeborenen umständlich und teuer sind. Und da auch das reiche Fluſsnetz des Landes wegen der in jedem Wasserlauf vorhandenen Schnellen ganz wertlos für die Schiffahrt ist, so hängt alle weitere Entwicklung von der in Angriff genommenen Stichbahn ab.

f) Dahome.

Die letzte französische Bahnlinie Westafrikas, die wir betrachten, ist die der Kolonie Dahome. Ihr Bau ist im Sommer 1900 nach der Tracierung des Kommandanten Guyon vom Ingenieurkorps der Armee begonnen worden. Guyon hat auch die Bauleitung be-

halten. Die Kolonie Dahome ist die schmalste im französischen
Westafrika; sie mifst nur 120 resp. 150 km in der Breite, aber
700 resp. 900 km in der Länge bis an den mittleren Niger, der
auf der Strecke zwischen den Katarakten von Bussa und Sinder
wieder schiffbar ist. Die Bahn, welche für die 700 km lange Strecke
von Kotonu bis Tschauru konzessioniert ist, wird also zunächst
das fruchtbare, dichtbevölkerte (ca. 32 Einwohner auf 1 qkm) und gut-
bebaute Dahomereich als alleinige Einflufssphäre haben und später,
eventuell an den Niger (bei Karimana) fortgesetzt, die ca. 1000 km
lange schiffbare Wasserstrafse des mittleren Niger sich angliedern,
dessen Unterlauf im Besitz der Engländer ist, theoretisch dem
internationalen Verkehr offensteht, aber praktisch wegen seiner
Stromschnellen unbrauchbar als Fahrstrafse ist, wie die Erfahrungen
des Capitaine Lenfant im Frühjahr 1902 trotz aller Beschönigung
des Lenfantschen Berichtes wieder gezeigt haben. Damit wäre
dann der beste Zugang in das Herz des grofsen französischen Sudanreiches geschaffen, denn weder von Algerien oder Tunis noch vom
Senegal noch von Französisch-Kongo her ist der Weg so kurz und
so bequem wie von einer am schiffbaren Mittelniger gelegenen Endstation der Dahomebahn. Gelingt der Bahn aber der Anschlufs
an den mittleren Niger etwa nicht, so wird sie auch als relativ
kurze Stichbahn in dem produktenreichen, küstennahen Dahome-
gebiet gute Wirkung und guten Erfolg haben.

Die Entwicklung Dahomes zeigt sich in folgenden Zahlen.
Einfuhr 1899: 12,35 Mill. Frank, 1900: 15,22'Mill., 1901: 15,75 Mill.;
Ausfuhr 1899: 12,72 Mill., 1900: 12,76 Mill., 1901: 10,48 Mill.;
Hauptexport Palmkerne 1901: 4,84 Mill. Frank, Palmöl: 4,74 Mill.
Die Einnahmen der Kolonie waren 1899: 2,7 Mill. Frank, 1900:
3,4 Mill., die Ausgaben 1899: 2,14 Mill., 1900: 2,99 Mill. Gegen
1900 ist 1901 die Ausfuhr um 2,28 Mill. Frank gesunken, die Einfuhr um 531 231 Frank gestiegen (37 % aus Deutschland); die Ausfuhr von Kautschuk und Kopra ist 1901 um 50 000 Frank zurückgegangen, von Palmkernen und Palmöl aber um 2,2 Mill. resp.
2,4 Mill. Frank gewachsen. Dazu kommen die Erträge der 1899
eingeführten Kopfsteuer, die mit erstaunlich viel Geschick gehandhabt wird und 1900 bereits 557 238 Frank eingetragen hat.

Die Baukosten dieser 700 km langen, einmeterspurigen, ein-
geleisigen Linie von Kotonu nach Tschauru sind auf 40 Mill. Frank
veranschlagt, also auf ca. 60 000 Frank pro Kilometer, was in Anbetracht der zahlreichen Flufspassagen und anderer Schwierigkeiten
offenbar viel zu niedrig geschätzt ist. Den Bau führt eine auf

75 Jahre konzessionierte Gesellschaft, „La Compagnie de chemins de fer du Dahomey", aus, die aufser anderen Sicherheiten auch Landkonzessionen erhalten hat. In 16 Jahren soll die Linie den Niger erreichen. Das Vorrecht zum Bau der Strecke von Tschauru zum Niger, der zwischen Karimana und Madekali berührt werden soll, hat der Konzessionär für 25 Jahre.

Die Kolonie hat 1900 mit der konzessionierten Firma Georges Borelli einen Vertrag abgeschlossen, wonach die Kolonie den Unterbau der Bahn fertigstellt, um ihn von 50 zu 50 km an die Konzessionsgesellschaft zu übergeben, welche dann den Oberbau ausführt und den Betrieb übernimmt. Die Kolonie hat der Gesellschaft eine Landkonzession von 295 000 ha und für 8 Jahre einen Zuschufs von 2000 Frank pro Kilometer Bahn bewilligt, ist aber auch am Reingewinn beteiligt, sobald die Bruttoeinnahmen mehr als 6000 Frank pro Kilometer betragen. Die Linie ist zunächst vom Hafenplatz Kotonu nach Weidah geführt und diese 40 km lange Strecke in 7 Monaten (Juni bis Dezember 1900) beendigt worden. Im Frühjahr 1901 begann man die Arbeit auf der Strecke Toffo—Kana—Atscheribe mit 25 000 Mann. Im Juni 1903 will die Kolonie den Unterbau der Strecke bis Pauignan an die Borellische Konzessionsgesellschaft übergeben.

Dafs die Regierung den Unterbau für die Konzessionsgesellschaft fertigstellt, hat seinen Grund in den Arbeiterverhältnissen. Ohne Veranlassung durch ihre Häuptlinge kommen die Eingeborenen nicht zur Arbeit; auf die Häuptlinge aber kann nur die Regierung genügend einwirken. Diese stellen nun für die Erdarbeiten die nötige Anzahl ihrer Leute, die durch das militärische Ingenieurkorps angelernt und in einem besonders organisierten Dienst kontrolliert und bezahlt werden. Der Tagelohn eines Erdarbeiters schwankt zwischen 0,75 und 1,25 Frank. Anfang 1902 war der Bahnkörper bis km 132 vollendet. Im Juli 1901 liefen die Lokomotiven bis km 70, obgleich durch Verzögerung der Schienenlieferungen die Herstellung des Oberbaues oft gehemmt war. Anfang 1903 sollen die ersten 100 km dem Verkehr übergeben werden. Die Einnahmen sind auf Grund der Zollerträge von 1899 veranschlagt, die aber 1901 bereits um 15 % gewachsen sind.

Die Frachtsätze pro Tonnenkilometer sind für Einfuhrgut und Elfenbein auf 1,50 Frank bis 125 km, 1,25 Frank bis 250 km und und 1 Frank über 250 km bestimmt; für Ausfuhrgüter, Landesprodukte, auf 1 Frank bis 125 km, 0,75 Frank bis 250 km, 0,50 Frank über 250 km; für minderwertige Massengüter auf

0,60, 0,40, 0,20 Frank in entsprechender Entfernungsbemessung.
Der Personentarif berechnet pro 1 km: I. Klasse 0,50 Frank bis
125 km, 0,40 Frank bis 250 km, 0,30 Frank über 250 km;
II. Klasse 0,25, 0,20, 0,15 Frank; III. Klasse 0,07, 0,06,
0,05 Frank.

Von den der Bahngesellschaft Borelli gewährten Land- und
Handelskonzessionen befürchten die übrigen Handelsfirmen des
Landes das Entstehen eines übermächtigen Monopols, denn natürlich wählt Borelli das beste Land aus, legt seine Faktoreien mit
den Bahnstationen zusammen, hält die Konkurrenz fern etc. Aber
ohne diese Konzessionen würde Dahome schwerlich eine grössere
Bahn bekommen.

Der Protest der sich beeinträchtigt fühlenden übrigen Handelshäuser der Kolonie gegen die den freien Handel des Landes ein-
zwängenden Monopole der Konzessionsgesellschaft, welche im Mai
1902 die Ausnutzung der Landkonzessionen an eine besondere,
mit 5 Mill. Frank gegründete „Dahome-Kolonialgesellschaft" übertragen hat, hat bereits zu diplomatischen Verhandlungen geführt,
aber bisher vergebens. Die Rücksichtslosigkeit und Klugheit, mit
der die konzessionierte Gesellschaft verfährt, erklärt sich, wenn
man erfährt, daſs an der Borellischen Compagnie auch der viel-
gewandte Colonel Thys, der Begründer der Kongobahn und
Teilhaber kolossaler Konzessionen im Kongostaat und anderwärts,
beteiligt ist. Wenn es dem Colonel Thys als dem spiritus rector der
Borellischen Gesellschaft gelingt — was er offenbar beabsichtigt —,
das Kolonisationssystem des Kongostaates (siehe S. 52) in Dahome
einzuführen, wird die Bahn als Ausbeutungsmittel wohl bald gebaut sein, aber die Kolonie selbst noch manche Gefahr laufen.
Indessen machen sich seit dem Zusammenbruch des monopolistischen
Konzessionssystems in der Kolonie Französisch-Kongo so viele ge-
wichtige Stimmen in Frankreich und den Kolonien gegen die weitere
Einrichtung und Ausdehnung von Landkonzessionsgesellschaften
belgischen Vorbildes geltend, daſs die französischen Kolonien wohl
fernerhin davon verschont bleiben werden.

Gelingt es der Kolonie, wie es allen Anschein hat, dieser
Gefahr monopolistischer Ausbeutung zu entgehen, so muſs das
von der Konzessionsgesellschaft im Verein mit der Kolonieregierung geschaffene Bahnwerk von gröſster, segensreicher
Wirkung nicht nur für die Dahomekolonie, sondern für das ganze
groſse Mittelgebiet des französischen Sudanreiches werden. Sie
schneidet auf ihrer 200 km langen Anfangsstrecke die reichsten

und dichtestbevölkerten Landschaften Dahomes mitten durch und
hat schon jetzt, wie vorhin gezeigt, einen mächtigen Einfluß auf
die Produktions- und Handelsvermehrung ausgeübt. Im ersten
Vierteljahr 1902 wurden allein an Palmöl und Palmkernen
3 700 000 kg mehr ausgeführt als im ersten Quartal 1901; im
ersten Dritteljahr 1902 betrug der Gesamtexport 1 405 919 Frank
mehr, der Import 222 360 Frank mehr als im ersten Trimester 1901,
obgleich die Bahnarbeiten einen stetigen Bestand von mindestens
5000 der besten Arbeiter dem Bodenbau und der Ernte entziehen.
Die Arbeitswilligkeit und Leistungsfähigkeit, welche die Eingeborenen hierbei wie beim Bahnbau selbst zeigen, ist gegenüber
den großen Schwierigkeiten, mit denen die Belgier im Kongostaat,
die Franzosen in Guinea, die Engländer in Sierra Leone und Lagos
bei ihren Eisenbahnbauten zu kämpfen hatten und vielfach noch haben,
von allergrößter Bedeutung für die Entwicklung der Dahome-Kolonie.
Es ist dasselbe vorzügliche Arbeitermaterial wie im benachbarten
deutschen Togo. Mit solchen Arbeitern, deren Behandlung übrigens
von seiten der französischen Ingenieure und Beamten meister- und
musterhaft ist, hat man es dahin gebracht, daß die Herstellungskosten des Unterbaues billiger sind als die unter gleich schwierigen
Bodenverhältnissen in Frankreich zu zahlenden. Auf 1 cbm Erd-
bewegung kommen 0,95 Frank im Norden, 1,0 Frank im Süden der
Bahnstrecke; in den bewaldeten Teilen kostet das Roden einer
1 km langen und 50 m breiten Fläche 6—700 Frank, je nach der
Waldesdichte. Die auf den ersten 80 km vorhandenen Kunstbauten
bei den schwierigen Übergängen über die zahlreichen Lagunen,
Sümpfe und sumpfigen Flußniederungen bei Kotonu, Weidah, Pahu,
der Lama u. s. w. sind ebenso viele Beispiele von tüchtiger Ein-
geborenenarbeit unter europäischer Leitung. Der erzieherische Einfluß auf die eingeborenen Dahomeleute und ihre Arbeitsweise, der
nicht sowohl in dem Bahnbau selbst als vielmehr in dem System
seiner von der Kolonieverwaltung gemeinsam mit der Konzessionsgesellschaft unternommenen Ausführung liegt, ist für die Entwicklung der Kolonie nicht hoch genug anzuschlagen. Und kaum
weniger wertvoll ist es, daß die Interessengemeinschaft von Kolonieverwaltung und Konzessionären am Bau der Bahn wie an der
Nutzbarmachung der mit dem vorschreitenden Bahnbau den Konzessionären zufallenden Landstrecken mit doppelter Energie auf die
Kolonieentwicklung hinarbeitet. Es wird aber, wie in anderen
Konzessionsländern, viel, fast alles von der Kontrolle der Regierung
über die Konzessionsausnutzung abhängen.

2. Die englischen Kolonien.

a) Sierra Leone.

Die englische Kolonie Sierra Leone, die westlich und nördlich von Guinée française, östlich von der Republik Liberia umschlossen wird, hat von der Küste (Hauptstadt Freetown) bis zur Hinterlandsgrenze eine Erstreckung von nur ca. 300 km. Sie bietet also nicht die Möglichkeit der Entwicklung einer größeren Eisenbahn. Aber die enge Nachbarschaft der auf französischem Gebiet von Konakry nach Kardamania-Kurussa am oberen Niger vordringenden Bahn, die den Handel aus dem Hinterland von den englischen Hafenplätzen größtenteils abzulenken droht, und die durch den bereits vorhandenen Handelsrückgang gegebene Notwendigkeit, das kleine Koloniegebiet (ca. 72000 qkm) intensiver in Kultur zu nehmen, haben zum Bau einer kurzen Bahn Anlaß gegeben, die vom Haupthafenplatz Freetown über Songotown quer durch die Kolonie nach der Grenze von Liberia geführt werden soll.

Die Bahn wird von der Kolonie gebaut. Sie hat eine Spurweite von 76 cm (2′ 6″), und ihre Schienen wiegen 13,4 kg pro Meter. Die Arbeiten, welche die englische Bahnbaufirma Shelford & Sons ausführt, begannen im November 1895 und sind von Freetown bis Bô, dem vorläufigen Endpunkt, auf 5 Sektionen verteilt. Die erste, 52 km lange Sektion Freetown—Songotown wurde im Mai 1899 dem Betrieb übergeben; die zweite, 37 km lange Sektion Songotown—Rotifunk ist im Oktober 1900 eröffnet worden; die dritte, 128 km lange Sektion Rotifunk—Moyamba wurde im November 1901 in Betrieb gesetzt. Sektion IV (Moyamba—Mano) soll 1902, Sektion V (Mano—Bô) Anfang 1903 fertig werden. Die ganze Linie von Freetown bis Bô wird rund 220 km lang werden.

Die Bahn führt von den Kais in Freetown nach Songotown in das bergige Hinterland, in dessen klimatisch günstigerer Höhenlage die Kaufleute und Beamten des Küstenlandes ihre ständigen Quartiere aufschlagen, um nur zu den Arbeitsstunden in die ungesunde Niederung hinabzusteigen. Ähnlich hat man sich ja in vielen anderen Kolonien eingerichtet. Von dort zieht sich dann die Bahn in hügeligem Terrain quer durch die Kolonie nach der Grenze von Liberia hin. Bis zur Liberiagrenze sind vom gegenwärtigen Bahnende Bô aus die Vorstudien bereits gemacht, aber die Regierung will erst die Resultate der Strecke Freetown—Bô abwarten, ehe sie sich zur Weiterführung entscheidet. Wahr-

scheinlich wird dann die Bahn von Bô nach Panguma fortgesetzt
und sich von dort der französisch-sudanischen und liberianischen
Grenze im Quellgebiet des Niger zuwenden.

Auf der ersten Strecke, bis Songotown, hatte die Bahn viel
schwierigeres Terrain zu überwinden. In dem eisenharten Granit
und Laterit war viel Sprengarbeit nötig, und die zahllosen, tief in
das Gelände eingeschnittenen Bäche und Flüsse erforderten die
Konstruktion sehr vieler Viadukte, Brücken und scharfer Kurven,
die den Bahnbau erheblich verteuerten. Die Baukosten stellten
sich dennoch hier nur auf 76 500 Mk. pro Kilometer, was der
Tüchtigkeit der den Bau ausführenden Firma alle Ehre macht.
Von Songotown aus durchläuft die Bahn ebeneres Land; daher
betragen die Baukosten für die zweite Sektion (Songotown—
Rotifunk) nur 53 500 Mk., für die dritte noch nicht berechnete
(Rotifunk—Moyamba) wahrscheinlich nur 44 600 Mk. pro Kilometer, einschließlich des rollenden Materials. Nach Besiegung
der ersten Schwierigkeiten wurde der Bahnbau so energisch gefördert, daß er auf den folgenden beiden Sektionen 10 km pro
Monat fortgeschritten ist, obgleich Ereignisse wie die Hüttensteuer-
revolte 1898 den Bau zeitweilig ganz zum Stillstand brachten.

Der Verkehr auf der Strecke Freetown—Songotown ist namentlich an Markttagen, viermal wöchentlich, bei ermäßigten Fahr-
preisen sehr stark. Die häufigsten in den dortigen Blättern er-
hobenen Klagen wenden sich gegen Überfüllung der Personenzüge.
Eine Einnahme- und Ausgabestatistik war nicht aufzutreiben. Wenn
man aber den Entwicklungsgang der Kolonie nach den amtlichen
Jahresausweisen verfolgt, so erkennt man im Jahre 1899 einen hohen
Aufschwung, den man wohl größtenteils der im gleichen Jahr vollzogenen Betriebseröffnung der Bahnlinie Freetown—Songotown zuschreiben darf. 1897: Einfuhr 457 000 £, Ausfuhr 401 000 £;
1898: Einfuhr 606 000 £ (viel Eisenbahnmaterial und Regierungs-
güter), Ausfuhr nur 291 000 £ (starker Rückgang von 110 000 £
infolge des durch die direkte Besteuerung verursachten Aufstandes);
1899: Einfuhr 690 000 £, Ausfuhr 336 000 £ (vermehrte Einge-
borenenproduktion infolge Verkehrserleichterung durch die Bahn);
1900: Ausfuhr 363 000 £, Einfuhr 558 000 £; 1901: Ausfuhr
304 000 £, Einfuhr 501 000 £, also ein erheblicher Rückgang
beider gegen 1900, woran (in der Ausfuhr) vor allem Kautschuk
und Palmkerne beteiligt sind.

Die Kolonie hat sich mit ihrer Bahn eine s c h w e r e F i n a n z -
l a s t aufgebürdet. 1899 betrug das Defizit im Budget der Kolonie

14 923 ℒ, wozu rund 11 000 ℳ Zinsen und Amortisation für die
Eisenbahnanleihe von 310 000 ℒ und ca. 6000 ℒ für die vermehrten Betriebskosten der Bahn kamen; also Summa 31 923 ℒ.
Nun aber erfordert die Fortsetzung der Bahnlinie nach Bô eine
weitere Anleihe der Kolonie von 310 000 ℒ. Die Kolonie muſs also
fernerhin jährlich ca. 22 000 ℒ für Zinsen und Amortisation aufbringen und dazu für die nach Bô verlängerte Bahnlinie wenigstens
22 000 ℳ Betriebsausgaben.   Mit den Ausgaben für die Zivil-
verwaltung der Kolonie und anderen Lasten ergibt dies für 1900
eine Ausgabensumme von 137 000 ℒ, der 133 816 ℳ Einnahmen
gegenüberstehen.   In diesen Einnahmen figuriert aber die Eisenbahn nur mit 12 000 ℒ, gegenüber den obigen 44 000 ℳ Ausgaben.
Die direkten Ausgaben für Eisenbahn und Telegraphen allein beliefen sich 1900 auf 23 320 ℒ, 1901 auf 19 642 ℒ, 1902 auf
23 666 ℒ.   Die nächsten Jahre werden voraussichtlich eine wesentliche Steigerung der Staatsausgaben bringen, denn mit den beiden
genannten Anleihen von zusammen 620 000 ℳ ist die 220 km lange
Strecke bis Bô nach Maſsgabe der bisherigen Baukosten nicht ganz
auszuführen; aber auch die Einnahmen werden sicherlich beträchtlich wachsen, da die Bahn nicht so lang wird, daſs ihre Frachtkosten prohibitiv auf den Handel wirken könnten.   Das Jahr 1901
ergab im Staatshaushalt der Kolonie noch ein Defizit von 11 128 ℒ,
obgleich die Einnahme aus der Eisenbahn um 11 122 ℳ zugenommen
hatte.   Es scheint aber damit eine Wendung zum Besseren eingetreten zu sein.
    Das zu erwartende Wachstum der Einnahmen wird um so sicherer
eintreten, je eher sich die Regierung entschlieſst, die im Lande
so verhaſste Hüttensteuer abzuschaffen, die, 1898 eingeführt,
nicht nur aufständische Bewegungen und infolge davon militärische
Expeditionen und Ablenkung des Sudanhandels verursacht hat,
sondern auch der fortdauernde Anlaſs einer umfänglichen Auswanderung der Eingeborenen über die Binnenlandsgrenzen nach
dem benachbarten Liberia ist, wie vom dortigen Präsidenten der
Republik offiziell bestätigt wird.   Diese Art von Auswanderung
wird sich sehr schwer mit Gewalt verhindern lassen, aber mit um
so besserem Erfolg scheint das Gouvernement die der Entwicklung
des Landes so nachteilige überseeische Auswanderung der arbeits-
lustigen Eingeborenen nach anderen westafrikanischen Kolonien zu
bekämpfen.   Das Rekrutieren von Arbeitern nach anderen Kolonien,
das der Ruin von Sierra Leone zu werden drohte, ist gesetzlich
verboten worden und dadurch dem Land das kostbarste Gut, das

es überhaupt besitzt, seine reichen Arbeitskräfte, erhalten, zur produktiven Arbeit im Lande selbst. Wo solches Menschenmaterial vorhanden ist und dazu die natürlichen Eigenschaften des Landes so gute sind wie in Sierra Leone, da kann eine Bahn von der Ausdehnung der Linie Freetown—Bô und noch ein gutes Stück weiter Wunder wirken. Noch aber ist die Kolonie von diesem Ziel so weit entfernt, noch sind ihre Zustände, verglichen mit denen der Nachbarkolonie Französisch-Guinea, so mißlich, daß ein guter englischer Kenner beider Kolonien sagen kann: „Es ist geradezu beschämend, wenn man sieht, daß Sierra Leone sich noch nach einem Jahrhundert englischer Herrschaft in dem heutigen Zustand befindet, während dicht vor seinen Toren eine energische junge Mitbewerberin von zehn Jahren so schnell vorwärts kommt. Französisch-Guinea produzierte 1900 für 28450 ℒ mehr als Sierra Leone, es kostete 1900 39772 ℒ weniger als Sierra Leone, und es wandte 1900 21394 ℒ mehr für öffentliche Arbeiten auf als Sierra Leone.“

b) Goldküste.

Die an der englischen Golküste unternommenen und noch geplanten Bahnbauten haben das Aschanti-Hinterland zum Ziel, dessen kriegerische Bevölkerung bis in die jüngste Zeit den Engländern nicht nur die Ausbeutung des Landes nach seinen Goldvorkommnissen und Bodenprodukten außerordentlich erschwert hat, sondern ihnen auch die Landesherrschaft selbst durch immer wieder losbrechende Kriege ernstlich streitig gemacht hat und noch macht. Die Bahnen haben darum dort nicht bloß eine wirtschaftliche, sondern auch eine in hohem Maß politische Bedeutung.

Im März 1900 hatte die Regierung den Bau einer Bahn vom Hafenplatz Sekondi nach der Aschantihauptstadt Kumassi bewilligt, als, hauptsächlich infolge der Einführung direkter Besteuerung, ein neuer Aschantiaufstand ausbrach, der diesmal weit gefährlicher als die früheren wurde. Der Krieg und der absolute Mangel an Arbeitern verzögerten so von vornherein die Ausführung des Bahnbaues. Erst als Arbeiter von den Kolonien Gambia und Sierra Leone herbeigeführt wurden, konnte die Linie schnell bis zum Goldminenbezirk Tarkwa, etwa halbwegs bis Kumassi, gebaut werden. Ende 1901 reichten die Schienen 112 km, die Planierungsarbeiten 210 km von Sekondi landeinwärts. Der Weiterbau von Tarkwa nach Kumassi vollzieht sich nun, nach allmählicher Pazifizierung des Aschantilandes, mit der in Westafrika recht respektablen Schnelligkeit von 8 km

im Monat. Im April 1902 rückte man mit der Planierung bis zum
Minendistrikt Obuassi, im Mai mit den Schienen bis 48 km über
Tarkwa vor und hatte zeitweilig 12000 Neger an der Arbeit, so
daſs man für den Bahnbau auch weiterhin ohne die vorgeschlagene
Chineseneinfuhr auszukommen und Anfang 1903 Kumassi zu er-
reichen hofft.

Die Linie Sekondi—Kumassi wird ca. 320 km lang werden.
Die Bahn hat wie die von Lagos die sog. Kapspur (1,067 m).
Die Kosten hatte man auf 61000 Mk. pro Kilometer geschätzt, sie
betrugen aber auf der Strecke bis Tarkwa über 70000 Mk., während
von Tarkwa nach Kumassi der Bau bisher, noch lange vor seiner
Vollendung, 80400 Mk. pro Kilometer gekostet hat. Einschlieſs-
lich der nötigen Hafenarbeiten und anderen Bauten in Sekondi
wird sich nach Urteil der den Bau ausführenden englischen
Firma Shelford & Sons das Kilometer auf ca. 102000 Mk. stellen.
Die Bauschwierigkeiten sind allerdings besonders groſs. Der
Waldwuchs ist enorm, der Regenfall der stärkste an der ganzen
Guineaküste, der Boden sumpfig, das Klima äuſserst ungesund.
Überdies sind die Hafenverhältnisse in Sekondi so schlecht, daſs
sie den Betrieb der Goldminen sehr erschweren. Ob die Bahn,
wie ursprünglich beabsichtigt, nach dem mittleren Voltafluſs und
Salaga fortgesetzt werden wird, steht noch dahin.

Zur Durchführung der Strecke Tarkwa—Kumassi hatte die
Kolonie 1901 eine Anleihe von 1035000 ₤ aufgelegt, deren Zinsen
die „Ashanti Goldfields Corporation" garantiert hatte, aber das
Publikum war miſstrauisch, da die Goldgruben in Aschanti schlechte
Geschäfte machen, und zeichnete von der Anleihe nur 2%! Die
Goldinteressenten und Börsenleute geben sich zwar alle erdenk-
liche Mühe, den Goldreichtum des Landes in den rosigsten
Farben zu schildern. Auch hat man die Regierung bewogen,
Ende 1902 die bereits vollendete Linie von Sekondi nach Adjah
Bippo, wo die groſse Wassau Mining Co. ihre Goldminen hat, zu
übernehmen, die den gesamten Tarkwa-Goldminen-Gesellschaften zu
statten kommen würde, ja, man dringt auch auf den Bau einer
Ergänzungslinie im Tal des Jim-Flusses jenseits von Obuassi; aber
das Interesse des Publikums ist sehr gering, und die Ausweise der
Minengesellschaften sind nicht danach angetan, es zu ermutigen.
Hat doch auch die Wassau Mining Co., die einen der besten Teile
des Tarkwa-Bezirkes innehat, in ihrem Jahresbericht für 1901 keinen
Fortschritt nachweisen können, so daſs die Londoner „Finanzchronik"
(24. Mai 1902) meint, es habe den Anschein, als ob sich die nichts

weniger als optimistischen Voraussagen auf die Goldausbeute der
Gold Coast-Minen bestätigen sollten. Und ein ähnliches Ergebnis
zeigt sich in der Bilanz des vielumfassenden „West African Gold
Trust".

Erst wird sich die Spekulation, die sich, infolge des
Transvaalkrieges von Südafrika weggedrängt, ein neues Operationsfeld an der Goldküste auserlesen und hier auf dem relativ kleinen,
wenig zugänglichen, klimatisch geradezu mörderischen Gebiet sehr
zahlreiche Minengesellschaften ins Leben gerufen hatte, gründlich
die goldgierigen Finger verbrennen müssen, ehe eine gewinn-
bringende, solide Arbeit an dem Guten, das wirklich vorhanden ist,
einsetzen kann. Diese Arbeit aber wird an der bestehenden Bahnlinie und an den dann notwendig werdenden, nach den verschiedenen
Minendistrikten abzweigenden kleinen Seitenlinien oder Fahr-
strafsen eine starke Stütze haben, und es ist sicher vorauszusehen,
dafs dann, wenn neben der Goldindustrie auch den Bodenkulturen
in dem höchst fruchtbaren Aschantigebiet und den bereits begonnenen
Kautschukpflanzungen mehr Arbeit zugewandt wird als jetzt im
Goldfieber, die Kolonie und die Bahn, die ja bis Kumassi nur ca.
320 km lang, also ein billig transportierendes Verkehrsmittel sein
wird, einander von bestem Nutzen sein werden.

Grofse Hoffnungen setzt man in die Vollendung der Bahn (bis
Kumassi) für die Lösung der Arbeiterfrage. Diese ist hier besonders für die Minenbetriebe ungemein schwierig, ja, eine Existenz-
frage. Die eingeborenen Fanti haben früher unter dem Zwang
ihrer Häuptlinge in den Wäldern Kautschuk gesammelt; jetzt, da
die Kautschukbäume seltener geworden sind, ziehen die Häuptlinge des Küstengebietes leichten Gewinn aus der Verpachtung
ihrer Ländereien an die Minenkonzessionsgesellschaften, und ihre
„Untertanen" begnügen sich damit, von ihren Weibern Bananen
zum Unterhalt bauen zu lassen, während sie sich selbst zur Minenarbeit nur vorübergehend und zu Löhnen herbeilassen, die höher
sind als die in England gezahlten. Die Aschanti aber des weiteren
Binnenlandes halten sich feindlich zurück. Wird die Bahn Kumassi
erreicht haben, so hoffen die Minenverwaltungen nicht nur die jetzt
am Bahnbau beschäftigten 11 000 meist aus anderen Kolonien an-
geworbenen Leute zur Minenarbeit engagieren zu können, sondern
auch mit der dann vollzogenen Erschliefsung des Arolandes zahlreiche, als vortreffliche Arbeiter bekannte Yorubaleute für die
Minen zu gewinnen.

Vor der Hand wissen die Minenverwaltungen keinen anderen

Auf dem Arbeitermarkt. die Einführung von Arbeiterzug oder den Import chinesischer Kulis. Man will nicht die mit besseren eingeborenen Arbeitermaterial ausgestatteten anderen englischen Kolonien Westafrikas z. B. Sierra Leone und Lagos aushelfen und ihren Labor-angehörigen den freien Zuzug nach der Gold Coast gestatten wollen. Das letztere wird aber wohl nicht geschehen. da jene Kolonien ihre eigenen Leute selbst brauchen.

Auf den statistischen Akten deren neueste bis 1900 reichen. ist natürlich noch kein Einfluß der erst 1900 begonnenen Bahnbauer zu erkennen. Aber man sieht, daß das Land in eine wirtschaftliche Krisis geraten ist. Von 1897—1899 war die Handelseinfuhr von 911000 auf 1120000 und 1325000 £. die Ausfuhr von 650000 auf 990000 und 1112000 £ gestiegen. was nicht etwa dem Goldexport. sondern namentlich der Kautschukausfuhr zuzuschreiben ist: aber 1900. im Jahr des Aschantikrieges. ist die Einfuhr auf 1200000 £. die Ausfuhr sogar auf 808000 £ gesunken. Dementsprechend sind die Staatseinnahmen der Kolonie nicht in dem bisherigen jährlichen Maße um 60—70000 £. sondern nur um 3000 £ (320000 gegen 317000 £ 1899) gewachsen: doch haben sich auch die Ausgaben beträchtlich vermindert: von 310000 £ 1899 auf 267000 £ 1900. Der Wert der Goldausfuhr ist von 1891 bis 1900 in stetigem Rückschritt von 20743 Unzen auf 8944 Unzen gesunken. und man darf gespannt sein, in welchem Maße sie seit 1900 von der Bahn beeinflußt werden wird.

c) Lagos.

Die Eisenbahn in der englischen Kolonie Lagos hat das Ziel im Auge. das dichtbevölkerte Yoruba- und Nupeland mit seinen bedeutenden Handelsplätzen Ibadan und Ilorin der Küste nahe zu bringen und gegen die jenseits des Niger gelegenen Handelsemporien der Haußländer ein Stück vorzurücken. Der mittlere Niger, der unter dem fünften Längengrad in einem großen Bogen, wo der Handelsplatz Rabba liegt. der Meeresküste von Lagos viel näher kommt, als die Entfernung von seiner Mündung nach Rabba mißt, ist von seinem Unterlauf durch die Klippenregion von Lokodja (oberhalb der Benuëmündung), wo 1901 das Kanonenboot „Empire" gescheitert ist, für die größere Schiffahrt abgesperrt, und andere, noch gefährlichere Katarakte liegen weiter stromauf bei Bussa. Das im Frühjahr 1902 gemachte Experiment des französischen Capitaine Lenfant, der mit einem flachgehenden Dampfboot

unendlich mühselig die 200 km langen Bussastromschnellen durch-
fahren und eine Ladung Güter in das französische Gebiet des
oberen Stromlaufes gebracht hat, war ein Bravourstück und beweist durch die Einzelheiten seines Verlaufes, dafs es praktisch
ohne alle Bedeutung für den grofsen Handelsverkehr ist. Zwischen
Lokodja und den Bussaschnellen ist aber der Strom gut schiffbar,
und dort will ihn die Lagosbahn erreichen. Dort mündet auch in
den Niger der Kadunaflufs, der ein weiteres Stück fahrbarer Wasserstrafse nach Nord-Nigeria hinein bildet.

Die Bahnstrecke von Lagos bis zum Niger bei Jebba
oder Rabba im Nupegebiet wird ca. 440 km (197 km bis Ibadan
und weitere 240 km bis zum Niger) lang werden. Die Bahn
hat die Kapspur (1,067 m), geht vom Inselchen Iddo bei Lagos
aus und ist seit März 1901 bis zum Haupthandelsplatz des
Yorubalandes, Ibadan (197 km), im Betrieb. Eine kleine, 5 km
lange Zweigbahn schliefst das bevölkerte Abeokuta (175 m über
dem Meere), die Sommerresidenz des Gouverneurs, an die Hauptlinie an. Der von der Londoner Bahnbaufirma Shelford & Sons
im Auftrag der Kolonie ausgeführte Bau wurde mit gröfstmöglicher
Eile betrieben und erreichte trotz des ungünstigen Geländes und
des weithin dichten Urwaldes, trotz schlechten Klimas und grofsen
Arbeitermangels, trotz des 1897 infolge der politischen Störungen
eingetretenen Stillstandes doch eine Durchschnittsgeschwindigkeit
von 8 km im Monat. Das coupierte Terrain machte bedeutende
Brückenbauten nötig, aber der Bahnkörper hat unter den genannten
Einflüssen so gelitten, dafs bereits kostspielige Reparaturen notwendig werden. Diese ungerechnet hat die Bahn bis Ibadan doch
schon 7000 £ pro engl. Meile, also rund 89 000 Mark pro Kilometer, das rollende Material eingerechnet, gekostet.

Die Kosten des Bahnbaues werden von der Kolonie durch eine
Anleihe von 1 053 700 £ (21 485 480 Mark) bestritten, die ausschliefslich auf den Bahnbau verwandt worden ist, aber nach den neueren
Erklärungen des Gouverneurs bei weitem nicht ausreicht, „to put the
whole of the railway into proper working order". Die zu zahlenden Schuldzinsen betragen 22,5 % der Gesamteinnahmen der Kolonie;
sie sind von 5965 £ 1898 auf 51 730 £ 1901/1902 gewachsen.
Die Einnahmen aus der Bahn für das Finanzjahr 1902/1903 schätzt
das Gouvernement auf 52 200 £, die Betriebsausgaben auf 43 600 £,
den Profit also auf 8600 £; aber die Lagos-Zeitung (Weekly
Record) rechnet ihm nach, dafs auf Grund der bisherigen wirklichen an die Staatskasse gezahlten Eisenbahneinnahmen von

Ausweg aus der Arbeiternot als Einführung von Arbeitszwang oder den Import chinesischer Kulis, falls nicht die mit besserem eingeborenen Arbeitermaterial ausgestatteten anderen englischen Kolonien Westafrikas, z. B. Sierra Leone und Lagos, aushelfen und ihren Landesangehörigen den freien Zuzug nach der Gold Coast gestatten wollen. Das letztere wird aber wohl nicht geschehen, da jene Kolonien ihre guten Leute selbst brauchen.

Aus den statistischen Angaben, deren neueste bis 1900 reichen, ist natürlich noch kein Einfluß des erst 1900 begonnenen Bahnbaues zu erkennen. Aber man sieht, daß das Land in eine wirtschaftliche K r i s i s geraten ist. Von 1897—1899 war die Handelseinfuhr von 911 000 auf 1 102 000 und 1 323 000 £, die Ausfuhr von 858 000 auf 993 000 und 1 112 000 £ gestiegen, was nicht etwa dem Goldexport, sondern namentlich der Kautschukausfuhr zuzuschreiben ist; aber 1901, im Jahr des Aschantikrieges, ist die Einfuhr auf 1 269 000 £, die Ausfuhr sogar auf 868 000 £ gesunken. Dementsprechend sind die Staatseinnahmen der Kolonie nicht in dem bisherigen jährlichen Maß um 60—70 000 £, sondern nur um 3000 £ (326 000 gegen 323 000 £ 1899) gewachsen; doch haben sich auch die Ausgaben beträchtlich vermindert: von 310 000 £ 1899 auf 267 000 £ 1900. Der Wert der Goldausfuhr ist von 1891 bis 1900 in stetigem R ü c k s c h r i t t von 20 743 Unzen auf 8944 Unzen gesunken, und man darf gespannt sein, in welchem Maße sie seit 1900 von der Bahn beeinflußt werden wird.

c) L a g o s.

Die Eisenbahn in der englischen Kolonie L a g o s hat das Ziel im Auge, das dichtbevölkerte Yoruba- und Nupeland mit seinen bedeutenden Handelsplätzen Ibadan und Ilorin der Küste nahe zu bringen und gegen die jenseits des Niger gelegenen Handelsemporien der Haußsländer ein Stück vorzurücken. Der mittlere Niger, der unter dem fünften Längengrad in einem großen Bogen, wo der Handelsplatz Rabba liegt, der Meeresküste von Lagos viel näher kommt, als die Entfernung von seiner Mündung nach Rabba mißt, ist von seinem Unterlauf durch die Klippenregion von Lokodja (oberhalb der Benuëmündung), wo 1901 das Kanonenboot „Empire" gescheitert ist, für die größere Schiffahrt abgesperrt, und andere, noch gefährlichere Katarakte liegen weiter stromauf bei Bussa. Das im Frühjahr 1902 gemachte Experiment des französischen Capitaine Lenfant, der mit einem flachgehenden Dampfboot

unendlich mühselig die 200 km langen Bussastromschnellen durch-
fahren und eine Ladung Güter in das französische Gebiet des
oberen Stromlaufes gebracht hat, war ein Bravourstück und beweist durch die Einzelheiten seines Verlaufes, daſs es praktisch
ohne alle Bedeutung für den groſsen Handelsverkehr ist. Zwischen
Lokodja und den Bussaschnellen ist aber der Strom gut schiffbar,
und dort will ihn die Lagosbahn erreichen. Dort mündet auch in
den Niger der Kadunafluſs, der ein weiteres Stück fahrbarer Wasserstraſse nach Nord-Nigeria hinein bildet.

Die Bahnstrecke von Lagos bis zum Niger bei Jebba
oder Rabba im Nupegebiet wird ca. 440 km (197 km bis Ibadan
und weitere 240 km bis zum Niger) lang werden. Die Bahn
hat die Kapspur (1,067 m), geht vom Inselchen Iddo bei Lagos
aus und ist seit März 1901 bis zum Haupthandelsplatz des
Yorubalandes, Ibadan (197 km), im Betrieb. Eine kleine, 5 km
lange Zweigbahn schlieſst das bevölkerte Abeokuta (175 m über
dem Meere), die Sommerresidenz des Gouverneurs, an die Hauptlinie an. Der von der Londoner Bahnbaufirma Shelford & Sons
im Auftrag der Kolonie ausgeführte Bau wurde mit gröſstmöglicher
Eile betrieben und erreichte trotz des ungünstigen Geländes und
des weithin dichten Urwaldes, trotz schlechten Klimas und groſsen
Arbeitermangels, trotz des 1897 infolge der politischen Störungen
eingetretenen Stillstandes doch eine Durchschnittsgeschwindigkeit
von 8 km im Monat. Das coupierte Terrain machte bedeutende
Brückenbauten nötig, aber der Bahnkörper hat unter den genannten
Einflüssen so gelitten, daſs bereits kostspielige Reparaturen notwendig werden. Diese ungerechnet hat die Bahn bis Ibadan doch
schon 7000 £ pro engl. Meile, also rund 89 000 Mark pro Kilometer, das rollende Material eingerechnet, gekostet.

Die Kosten des Bahnbaues werden von der Kolonie durch eine
Anleihe von 1 053 700 £ (21 485 480 Mark) bestritten, die ausschlieſs-
lich auf den Bahnbau verwandt worden ist, aber nach den neueren
Erklärungen des Gouverneurs bei weitem nicht ausreicht, „to put the
whole of the railway into proper working order". Die zu zahlenden Schuldzinsen betragen 22,5 % der Gesamteinnahmen der Kolonie;
sie sind von 5965 £ 1898 auf 51 730 £ 1901/1902 gewachsen.
Die Einnahmen aus der Bahn für das Finanzjahr 1902/1903 schätzt
das Gouvernement auf 52 200 £, die Betriebsausgaben auf 43 600 £,
den Profit also auf 8600 £; aber die Lagos-Zeitung (Weekly
Record) rechnet ihm nach, daſs auf Grund der bisherigen wirklichen an die Staatskasse gezahlten Eisenbahneinnahmen von

3000 £ monatlich nicht auf 8600 £ Gewinn, sondern auf 7600 £ Verlust zu rechnen ist, und dafs darum die Kolonie einen sehr bedeutenden Beitrag zu den Betriebsausgaben werde leisten müssen. Der Hauptgrund für die Unterbilanz sei der, dafs die Bahn „overstaffed" sei, einen zu grofsen Beamtenapparat habe. „Unzulänglichkeit charakterisiert die Bahn in jedem Zweige. So wird es immer sein, solange der Betrieb der Bahn auf Grund willkürlicher Schätzungen gehandhabt wird, anstatt auf Grund sorgfältigster Kalkulation der durch die wirklichen Bedürfnisse vorgeschriebenen Ausgaben."

Daran allein wird es aber nicht liegen, wenn die Bahn in den nächsten Jahren noch wenig Geschäfte macht. Die ganze wirtschaftliche Entwicklung der Kolonie war zu einem Stillstand gekommen und soll sich eben durch die Bahn erst wieder heben. Die Einnahmen der Kolonie betrugen 1899 193 000 £ gegenüber 223 000 £ Ausgaben; auch 1900/1901 überwogen die Ausgaben: 211 467 £ gegenüber 187 124 £, und 1901/1902 stehen den Einnahmen von 229 886 £ schon wieder 231 597 £ Ausgaben gegenüber. Und dabei war der Handel (der 1897 bis 1899 folgendermafsen gewachsen war: Einfuhr 771, 908, 967 Mille £, Ausfuhr 811, 882, 916 Mille £) in starkem Rückgang, besonders die Ausfuhr von Elfenbein und Kautschuk, worin früher das Schwergewicht lag. Die Kautschukausfuhr bewertete sich 1896 auf 347 720 £ und 1898 noch auf 285 409 £, fiel 1899/1900 auf 160 315 £ (1 993 515 Pfd.) und 1900/1901 sogar auf 29 385 £ (361 931 Pfd.). Die gesamte Einfuhr (806 529 £) ist im Finanzjahr 1900/1901 um 161 000 £, der Export (831 257 £) um 75 000 £ gegen 1899 zurückgegangen. Erst mit dem ersten Quartal 1902 ist eine bedeutende Besserung im Exportwert eingetreten, denn während in diesem Zeitraum die Einfuhr noch weiter gesunken ist (von 181 208 £ im ersten Quartal 1901 auf 162 973 £ im ersten Viertel 1902), hat sich die Ausfuhr von 129 263 £ auf 260 051 £ gehoben, fast nur infolge vermehrten Exportes von Palmöl und Palmkernen, die seit der Eröffnung der Bahn bis Ibadan in immer gröfseren Mengen auf den Markt gebracht werden.

Die bedenkliche Handelsabnahme bis 1902 wurde erst den strengen Mafsregeln gegen die beginnende Raubwirtschaft in den Kautschukbeständen zugeschrieben. Seitdem aber diese Mafsregeln auf die Reklamationen der Handelshäuser grofsenteils wieder rückgängig gemacht sind, hiefs es: „Der Kautschukhandel läfst unglücklicherweise weiter nach; aber es ist doch noch Aussicht auf

Besserung, wenn die strengsten Maßnahmen für Aufforstung
energisch ausgeführt werden." Die Sache liegt also auch hier so,
daß diese so ergiebige Handelsquelle durch Ausplünderung erschöpft ist. Die Yoruba waren zu gelehrig in dem ihnen gezeigten
so einträglichen Sammeln des Kautschuks und hieben auch hier
die Pflanzen zur Saftgewinnung einfach ab, anstatt sie nur anzu-
schneiden.

Man hatte seit der starken Abnahme des Kaukschukhandels auch
hier große Hoffnung auf den Goldgehalt des Bodens gesetzt und wie
in den benachbarten Kolonien so auch im Lagosgebiet bereits ein
neues Transvaal entstehen sehen. Dazu waren schon für Europäer-
besiedelung in Abeokuta und Ibadan große Ländereien reserviert
worden. Aber der Börsenschwindel kam hier nicht so in Blüte
wie an der Goldküste, und jetzt wiegelt auch der Gouverneur mit
Nachdruck ab. Er spricht sich gegen die Goldunternehmen in
Lagos ebenso skeptisch aus wie gegen die in der Gold Coast, Sierra
Leone und der französischen Côte d'Ivoire und setzt seine Hoffnung auf die Landwirtschaft und Eingeborenenkulturen. Und da
hierzu vor allem arbeitende, bodenbebauende Menschen gehören,
so ist nunmehr die Arbeiterausfuhr aus Lagos, die namentlich an
der Goldküste gebraucht wird, sehr erschwert worden. Es gilt jetzt
vor allem, anstatt Kautschuks, Elfenbeins und Goldes, für Landeskultur und Handel neue solide Werte zu schaffen, und diese erwartet man hauptsächlich von dem systematischen Anbau von
Baumwolle, die ja schon seit langer Zeit von den Eingebornen des
westafrikanischen Hinterlandes, den Yoruba, Nupe, Haussa u. a. kultiviert und in hochentwickelter einheimischer Weberei verarbeitet
wird. Das Gouvernement von Lagos hat mit der am 7. Mai 1902
in Manchester gebildeten „British Cotton Growing Association"
namentlich das Yorubaland dazu ausersehen, wo die Bedingungen
einer ausgedehnten Baumwollenkultur die günstigsten seien. Ganz
abgesehen von der vorzüglichen Eignung des dortigen Bodens
seien auch die verfügbaren Arbeitskräfte viel größer als in Sierra
Leone und der Gold Coast. Im kleinen Sierra Leone ist die einheimische Produktion gering, in der Gold Coast Colony wird die
Minenindustrie in zunehmendem Maß die Arbeitskräfte absorbieren,
die der bestehende Landbau irgendwie entbehren kann. Und im
offenen Terrain des Lagoshinterlandes ist zu Gunsten eines künftigen
Baumwollexportes der Bahnbau viel leichter und billiger als in
den dichten Urwäldern von Sierra Leone und Gold Coast.

Für die Produktionsart der Baumwolle denkt man nicht an Plantagenbetrieb unter Europäeraufsicht, sondern an den **Anbau durch die Eingeborenen** auf ihrem eignen Grund und Boden, von wo die „Association" das Rohprodukt aufkauft und gleich dort durch Maschinen fertig zum Export macht. Das Vorbild ist ihnen die französische Senegal- und die englische Gambiakolonie, wo der europäische Antrieb zu einem Erdnufsbau der Eingeborenen geführt hat, der allein aus Senegal mit Unterstützung durch die verkehrserleichternde Eisenbahn „das gröfste ölproduzierende Gebiet der Welt gemacht hat". Einige englische Reeder haben bereits, um die Produktion zu ermuntern, freie Fahrt für die gewonnene Baumwolle auf 1 Jahr in Aussicht gestellt, und von der Regierung erwartet man, dafs sie der Baumwolle für den Anfang die äufsersten Transportvergünstigungen auf ihrer Bahnlinie Lagos-Ibadan gewähren wird. Natürlich kann solche Vergünstigung nur für die ersten Versuche gelten, mit Rücksicht auf die Erträgnisse der Bahn und auf die Berechnung der wahren Rentabilität der Baumwollenkultur. Einer richtigen Rentabilitätsberechnung können nur die normalen, wenn auch niedrigen Frachtsätze zu Grunde gelegt werden, und dies wird ohne Bedenken geschehen können, da der Transport auf der nur 197 km langen Bahnlinie nicht so viel ausmachen kann, dafs ihn die zu exportierende Baumwolle nicht tragen könnte, ohne für den Markt im Preis zu hoch zu werden. Dies gilt auch für Ölfrüchte und Palmöl, wie die oben erwähnte grofse Exportzunahme dieser Produkte im ersten Quartal 1902 zeigt. Selbst wenn die Bahn, wie beabsichtigt, von Ibadan über Iwo und Ikerim nach Ilorin und zum Niger fortgeführt werden sollte, wird sie mit ca. 440 km noch nicht so lang sein, dafs die Höhe ihrer Frachten den Export der dortigen Produkte erschweren müfste. Und am Nigertreffpunkt bei Jebba, Rabba oder Egbaji schliefst sich dann ein Stück billige Wasserstrafse des Nigerlaufes und des nach Nord-Nigeria hineinreichenden Kadumaflusses an.

Aber im höchsten Grade zweifelhaft sind unter dem Gesichtspunkt der Bahnlänge und Transportkostenhöhe die Rentabilität und der wirtschaftliche Nutzen einer über den Niger hinausgehenden Verlängerung der Bahn nach dem Handelsemporium **Kano in North Nigeria**, wie sie der dortige High Comissioner, Sir Frederick Lugard, will. Was Lugard an wirtschaftlichen Argumenten für seine Forderung vorbringt, sind nicht viel mehr als grofse Worte, ebenso wie seine Motive für eine Bahn von Old Calabar nach dem Tschadsee. Es ist wahrscheinlich, dafs eine Bahn in den betriebsamen Haussaländern Nord-Nigerias ziemlich viel Lokalverkehr haben wird, aber davon kann sie nicht existieren, wenn ihr wegen der großen Küstenferne die Exportfrachten fehlen. Eher kann daran gedacht werden, vom Endpunkt des Kadunaflusses ein Stück Schienenweg ins Land hinein vorzuschieben. Am triftigsten ist noch Lugards Hinweis auf die strategische Bedeutung einer großen Lagos—Kano-Bahn, aber aus diesen Gründen wird England hier, wo es sich nicht um so große politische Ziele handelt wie bei dem Bau der Ugandabahn, keine von der Küste bis nach Kano weit über 1000 km lange Eisenbahn bauen. Es sind darum auch in England nur wenige Kreise von direkt Interessierten, die Lugards Projekte erörtern, und die Manchesterkaufleute werden lange warten können, bis sich die Erwartung des Baumwollsyndikates erfüllt, daß „Nord-Nigeria eines der größten Baumwoll-Produktionsgebiete der Welt werden wird". Das nördliche Lagos hingegen wird ein Baumwollgebiet vermittels der Lagos—Nigerbahn um so eher werden.

3. Die deutschen Kolonien.

a) Togo.

Togo ist die blühendste unserer afrikanischen Kolonien, und dies, obgleich es eine dem Verkehr außerordentlich ungünstige Küstenbeschaffenheit hat und an der Unnatur, dem Zwang seiner politischen Grenzen sehr leidet. Vor der flachen Küste steht immer eine ungeheure Brandung, die kein Schiff nahe herankommen läßt und die Güterverschiffung und -löschung ungemein erschwert. Das gilt für alle Küstenplätze Togos ohne Ausnahme. Von ihnen ist Lome durch seine Lage zum Binnenplateauland der natürliche Ausgangspunkt der Haupthandelsstrasse, die über Kewe, Tove, Agome nach Misahöhe und nach Kete Kratji und weiter führt. Lome allein hatte deshalb eine Landungsbrücke zum Ein- und Ausbooten. Die teilweise zerstörte hölzerne wird jetzt vom Reich mit einem Kostenaufwand von 800 000 Mk. durch eine eiserne ersetzt, und an diese bekommen nun alle Küstenplätze bis nach Klein-Popo hin den erwünschten Anschluß durch eine 42 km lange Schmalspurbahn. Das Reich hat dafür 725 000 Mk. bewilligt, aber mit 17 000 Mk. per Kilometer wird sich der Bau schwerlich ausführen lassen; wenn jedoch auch noch ein hoher

Betrag dazukommt, wird trotzdem die Kapitalanlage gut, das
Werk sehr nützlich und rentabel sein.

So relativ leicht wie die mangelhaften Verschiffungsverhältnisse
lassen sich leider die schlechten politischen Grenzen nicht korri-
gieren. Zwar sind sie durch die Regulierungen der letzten Jahre
sowohl auf der englischen Westseite (Gold Coast Colony) wie auf der
französischen Ostseite (Dahome) etwas besser geworden, aber noch
immer ist der Unterlauf des Volta, der in der Regenzeit bis Kete
Kratji schiffbar ist und den besten natürlichen Handelsweg Togos ins
Innere bildet, in englischem Besitz, so daſs ein groſser Teil des aus
unserem Gebiet kommenden Handels nach dem englischen Quittah
(Keta) abflieſst.   Auf der Südostseite haben wir unsere Grenze zwar
bis an den Mono vorgeschoben, dieser aber ist nur ein kurzes Stück,
bis zu den Begbaschnellen, schiffbar, so daſs er unserem Handel
nach dem Innern nichts nützt, und im Nordosten sind wir nach
wie vor durch unsere französischen Nachbarn empfindlich eingeengt,
während aus unserem Hinterland der Handel immer mehr durch die
Dahomebahn angezogen wird, die vom französischen Hafen Kotonu
flott ins Innere vordringt.   Überdies wird die Wirkung dieser ab-
lenkenden Kräfte noch beträchtlich durch die geringe Breiten-
ausdehnung unserer Kolonie (durchschnittlich nur 180 km) ver-
stärkt.

Bisher hat man dem Handelsabfluſs nach rechts und links durch
stete Verbesserung unserer Landwege zu steuern gesucht, was dank
der vortrefflichen Verwaltung auch einigermaſsen gelungen ist.
Die Straſse Lome-Misahöhe, die höchst beachtens- und nachahmens-
werterweise von den Eingeborenen im Frondienst gebaut worden
ist, erfreut sich eines so vorzüglichen Zustandes, daſs sie leicht
mit Automobilen zu befahren wäre, aber für die Beförderung
groſser Transportmengen in einem Tropenlande ist dies doch ein
unzulängliches Betriebsmittel, und da Lastwagenverkehr mit Zugtieren nicht möglich ist, weil Pferde und Rinder, die im Innern,
namentlich im Sokodebezirk, reichlich gezüchtet werden, im Küstengebiet regelmäſsig der Surrakrankheit erliegen, ist eine wirkliche
Verkehrserleichterung und eine Handelskonzentration auf unser
Gebiet nur durch eine Eisenbahn zu schaffen.

Ein Bahnunternehmen ist hier um so aussichtsreicher, als es
bereits einen stetig wachsenden Verkehr, eine erfreulich aufsteigende
Entwicklung der Kolonie vorfindet, trotz der oben bezeichneten
Beschwernisse.   Die Einfuhr ist von 3 280 000 Mk. (1899) auf
3 517 000 Mk. (1900) und 4 700 000 Mk. (1901) gestiegen, die Aus-

fuhr von 2 583 000 Mk. (1899) auf 3 059 000 Mk. (1900) und
3 700 000 Mk. (1901). Die Zölle, Steuern und sonstigen Einnahmen ergaben 1900 ein Plus von 71 000 Mk. gegen das Vorjahr
1899, wobei hervorzuheben ist, daß es weder eine Kopf- noch
andere Personalsteuer in Togo gibt. Die wichtigsten und im Export
beständig zunehmenden Erzeugnisse Togos sind, wie auch in
Kamerun, nicht die Produkte der Plantagen, sondern der Einge-
borenenarbeit, vor allem Palmöl und Palmkerne. Palmöl wurde
1900 für 1 015 000 Mk. (1899 für 775 000 Mk.) ausgeführt, Palmkerne 1900 für 1 423 000 Mk. (1899 für 1 291 000 Mk.), beide
Produkte zusammen 1901 für 3 283 000 Mk., wogegen der Export von Kautschuk, dem nächstwichtigen Exportartikel, infolge
des Raubbaues der Eingeborenen von 521 000 Mk. (1900) auf
265 000 Mk. (1901) gesunken ist. Das Land ist verhältnismäfsig
sehr dicht bevölkert: 23 auf 1 qkm (gegen 7 in Kamerun, 6 in
Ostafrika und 0,2 in Südwestafrika), die Bevölkerung durchaus
friedfertig und vor allem arbeitswillig, wodurch sie sich in
vorteilhaftester Weise vor dem Kameruner und namentlich dem
ostafrikanischen Durchschnittsneger auszeichnet. Gingen doch 1900
über 600 Togoleute als Plantagenarbeiter nach Kamerun. In Togo
selbst beträgt der Tagelohn 40—50 Pfg.

Bei solcher Beschaffenheit der Landeskultur und der einheimischen Arbeitskräfte kann die Produktion und die allgemeine
Kulturentwicklung Togos bedeutend gehoben und sein Handel
in viel reichlicherem Maße den deutschen Küstenplätzen
zugeführt werden, wenn durch die dichtestbevölkerte und pro-
duktionskräftigste Gegend in möglichster Anpassung an die natürliche Handelsstrafse, also zunächst von Lome bis etwa nach dem
Misahöhebezirk, eine Eisenbahn gebaut würde. Dies ist nun auch
der Plan des kolonialwirtschaftlichen Komitees, das die Vorarbeiten
bereits unternommen hat, die Ausführung aber anderen überlassen wird.

Von grofser Tragweite kann es sein, dafs das Komitee im
Zusammenhang mit dem Bahnbau die Einführung von Baumwollenkultur als Eingeborenenkultur ins Auge gefafst und begonnen hat. Die Versuche, die das Komitee mit dieser für Togo
wie für Deutschland äufserst wichtigen Bereicherung der Eingeborenenkulturen 1901 unter Leitung nordamerikanischer Baumwoll-
farmer bei Tove und anderen Orten gemacht hat, sind gut ausgefallen; das erste Erzeugnis (3500 kg) wurde fachmännisch als „über
middling amerikanisch" bewertet. Das für den Anbau geeignete

Land ist ca. ¹/₂ Mill. Hektar grofs, d. h. mehr als die Baumwollen-
anbaufläche Ägyptens, aber die rationelle Bebauung sowie die Verwertung des erzielten Produktes in so grofsem Umfang ist nur
möglich, wenn ein sicheres, leichtes und billiges Transportmittel
vorhanden ist. Diese Forderung wird die Eisenbahn erfüllen, weil
sie wegen ihrer geringen Länge (Lome—Misahöhe ca. 120 km)
niedrige Tarife halten kann und die Produkte nicht durch hohe
Frachtkosten verteuern wird.

Aufser der Baumwolle wird die Bahn natürlich auch die Einführung und Verbreitung anderer, in Togo noch gar nicht oder für
den Export nur wenig gepflegter Eingeborenenkulturen, wie Erdnüsse, Sesam, Mais, Kola etc., erleichtern. Erst dann, wenn eine
Bahn ins Binnenland führt, wird aber auch der europäische
Plantagenbau gröfsere Ausdehnung gewinnen, da es (nach Warburg)
an den Abhängen und dem Fufs der Berge gute Gebiete gibt,
wo Kaffee, Tabak, Kautschuk und wohl auch Kakao gedeihen
werden.

Die geplante Bahn L o m e — M i s a h ö h e b e z i r k wird von der
Vereinigten Maschinenfabrik Augsburg und Maschinenbaugesellschaft
Nürnberg, A.-G., die auch die Lomebrücke bauen und die Vorarbeiten
für die Küstenbahn ausführen, traciert. Zu Grunde gelegt ist eine
Spurweite von 75 cm, aber daneben werden auch für eine 1 m-
spurige Linie Ermittlungen angestellt. Nach Bereisung der
Strecke wurde vom leitenden Ingenieur berichtet, dafs wesentliche
technische Schwierigkeiten nicht bestehen. Die Bahn wird sich
hauptsächlich an den Verlauf der Strafse Lome—Misahöhe halten
und nach Ansicht des leitenden Ingenieurs am besten in Agome-
Palime mit 122 km Länge enden. Der Bezirksamtmann Gruner
ist der Meinung, dafs Tove-Djigbe als Endpunkt vorzuziehen sei,
weil sich von dort die Fortführung nach Atakpame leichter be-
werkstelligen lasse. Das Gelände bis zum Misahöhebezirk ist
meist eben oder wellig, Savanne und Busch. Der Bahnkörper
wird sich zur Vermeidung gröfserer Kunstbauten möglichst den
Geländeformen anschmiegen und keine gröfsere Steigung als 1:40
haben. Nur die Endstrecke wird zahlreichere Brücken bekommen. Die
Vorarbeiten sollen April 1903 fertig sein, und wenn dann mit dem
in diesen Ländern durchschnittlichen Baufortschritt von 60—80 km
im Jahre vorgegangen wird, könnte die Bahn schon zwei Jahre später
vollendet sein.

Über die Baukosten fehlen noch Angaben; sie können aber
nach Lage der Dinge nicht hoch sein. Die beiden genannten

Maschinenfabriken und einige in Togo interessierte Firmen sind nun geneigt, eine Togobahngesellschaft zu bilden, wünschen aber, daſs der Gesellschaft auſser dem Bau und Betrieb der Linie Lome—Misahöhebezirk auch der Betrieb der Küstenbahn Lome—Kleinpopo und der Landungsbrücke in Lome übertragen, sowie eine „Unterstützung des Reiches in geeigneter Form" gewährleistet werde. Der Wunsch ist begreiflich, aber der letzte Punkt wird nach den bisherigen Erfahrungen auf Widerstände stoſsen, wenn Zinsgarantien verlangt werden. Leichter werden Landkonzessionen gewährt werden können. Ein unbedingtes Erfordernis wäre übrigens die Reichsunterstützung kaum, da keine deutsche Kolonialbahn in der Kolonie selbst so günstige Bedingungen vorfindet wie diese.

b) Kamerun.

Auch in Kamerun knüpfen die ersten Bahnprojekte an vorhandene Wasserstraſsen an. Man wollte von den Punkten, wo der Fluſsschiffahrt durch Schnellen und Fälle beim Übergang zum Stufenland des Innern ein Ende bereitet ist, Schienenwege ausgehen lassen, die dem Handel zum und vom Binnenland eine direkte Verbindung mit der Küste schaffen sollten, von der er durch einen zum Monopol gewordenen Zwischenhandel der dicht hinter dem Küstenstrich sitzenden Negerstämme zurückgehalten war. Man zielte also mit diesen Bahnprojekten nicht auf eine Ausnutzung des breiten, waldigen Küstenstriches ab, sondern auf die Grasländer des Binnenlandes mit ihrer arbeitsamen, handelsbeweglichen Bevölkerung und deren besonders in Palmkernen, Palmöl, Kautschuk, Elfenbein bestehenden Urprodukten.

Das erste dieser Objekte ging vom Mungofluſs aus. Der Mungo galt für gut schiffbar bis Mundame. Man glaubte daher, Mundame zu einem Stapelplatz machen zu können, von dem aus das Hinterland direkt nnd leicht zugänglich werden würde, am besten vielleicht durch einen Bahnbau. Mehrere Handelsniederlassungen wurden gegründet, aber die erwartete Konzentration des Handels blieb aus. Und da man die Ursache hauptsächlich mit darin sah, daſs sich die Schiffbarkeit des Mungo bis Mundame doch als sehr zweifelhaft erwiesen hatte, so faſste man den Plan, dem Mangel durch einen vom Kriegsschiffhafen bei Victoria am Mungo entlang bis Mundame zu bauenden Schienenweg abzuhelfen. Es bildete sich hierzu ein Komitee unter Vorsitz des Grafen

von Borcke, das auch die Möglichkeit erwog, die Bahnlinie über
Mundame hinaus nach Norden bis ins volkreiche Baliland und den
zivilisierten Sudan hinein fortzusetzen, um das fruchtbare Bakossi-
gebirge zugänglich zu machen, das Konzessionsgebiet der Nordwest-
Kamerun-Gesellschaft zu erschliefsen, Arbeiterscharen aus Baliland
zu den Küstenplantagen zu bringen u. s. w. Ein sehr umfängliches
Programm, das viele Hunderte von Kilometern Bahnlinie und ein
riesiges Kapital erheischte. Das hierfür gebildete „Kamerun-
Eisenbahn-Syndikat" verlangte zunächst keine weitere staatliche
Unterstützung als die Gewährung von Landkonzessionen, aber
obwohl der Gouverneur v. Puttkamer dem Unternehmen günstig
ist, hapert der Fortschritt an der Schwierigkeit der Konzessions-
gewährung, weil auf beiden Seiten der in Ausicht genommenen Bahnlinie schon sehr viel Land in Privatbesitz übergegangen ist. Erst
in jüngster Zeit (Mitte 1902) sind die Verhandlungen zum Abschlufs
gekommen, und die Arbeiten zur Festlegung der etwa 200 km
langen Bahnlinie nach Mundame sollen beginnen.

Das zweite und dritte dieser Projekte sind noch weniger fortgeschritten als das genannte. Das eine wollte vom Endpunkt der
Schiffbarkeit des Sanaga, also von Edea aus, mit einer Bahn
nach Nordosten in das volkreiche Wuteland vordringen, das andere
gedachte eine Bahn von der Küste nach den Tappenbeckschnellen
des Njong zu führen, von wo dieser bedeutende Strom schiffbar
bis nahe zur Ostgrenze unserer Kolonie sein soll und einen vortrefflichen Zugang zum Konzessionsgebiet der Südkamerun-Gesell-
schaft bilden würde. Noch haben diese beiden Projekte, von denen
namentlich das letztere, wegen der relativen Kürze der Bahnstrecke
und der Riesenlänge wie günstigen Lage des anschliefsenden
schiffbaren Njong, recht beachtenswert erscheint, keine festere Gestalt angenommen, niemals aber ist bei uns ernstlich die Rede vom
Plan eines von Grofs-Batanga durch Südkamerun nach dem Sangha
zu führenden Schienenweges gewesen, mit dem französische Kolonialpolitiker ihre Landsleute schrecken und zum Bau einer grofsen
Konkurrenzlinie durch das französische Kongogebiet nach Wesso
am Sangha veranlassen wollen. So weit ins Dunkle tappen selbst
unsere blindesten Kolonialbahnschwärmer nicht.

Unsere Aufgaben für Bahnbau in Kamerun liegen vorderhand
viel näher und sind klar und fest durch die Ausbreitung unserer
Kultivation vorgezeichnet. Zunächst gilt es, das fruchtbare Küsten-
land uns gründlich nutzbar zu machen und vor allem den am
Kamerungebirge selbst ansässigen Plantagen alle Vorteile eines

Bahnverkehrs zu teil werden zu lassen, ehe man Eisenbahnpläne weit ins Innere lenkt. Der Plantagenbau in Kamerun braucht diese Förderung durch ein billiges, gutes Transportmittel auf das dringendste, weil er infolge der äuſserst schwierigen Arbeiterverhältnisse und infolge langen, unglücklichen Experimentierens mit so hohen Kosten arbeitet, daſs er trotz der günstigsten Klima- und Bodenbedingungen (namentlich für Kakao) nicht vorwärtskommen kann. Von der Gesamtausfuhr der Kolonie im Kalenderjahr 1900 (5 886 000 Mk.) nehmen die Plantagenprodukte nicht einmal $^1/_{10}$ ein, nämlich Kakao rund 334 000 Mk., Tabak 134 000 Mk. und Kaffee nur 36 Mk.! Erfreulicherweise ist die Kakaoernte 1902 in Qualität sehr gut ausgefallen, was namentlich den Bemühungen des Leiters des Versuchsgartens in Victoria, Dr. Preuſs, zu danken ist. Der Marktpreis ist von 1,10—1,14 Mk. auf 1,26—1,32 Mk. pro Kilogramm gestiegen. Daſs die Gesamtausfuhr Kameruns 1900 gegen die des Vorjahres um 1 046 000 Mk. zugenommen hat, ist namentlich den Palmkernen (1 611 000 gegen 1 266 000 Mk.), Palmöl (992 000 gegen 850 000 Mk.) und vor allem Kautschuk (2 058 000 gegen 1 898 000 Mk.) zuzuschreiben. Da kann eine Arbeits- und Kostenerleichterung für die Plantagen durch eine kurze Bahn von bestem Erfolg sein.

Den richtigen Weg hat dazu 1901 ein Privatunternehmen beschritten, indem es zuvörderst im Anschluſs an die vorhandenen Pflanzungen sich ein nahes Ziel steckt, aber sich die Ab- und Aussicht auf weiteren Ausbau nach wachsendem Bedürfnis offenhält. Die Essersche Pflanzergruppe, voran die „Westafrikanische Pflanzungsgesellschaft Victoria", hat eine 60 cm-spurige Kleinbahn vom Kakaohafen in der Victoriabucht nach ihrem Vorwerk Limbe gebaut und ist dabei, sie nach Soppo, Molyko, Lisoka, Ekona, Koke, Meanja, im ganzen 60 km weit, fortzusetzen, um die Gebiete dieser immer weiter landeinwärts am Süd- und Südostabhang des Kamerungebirges vorgeschobenen Plantagengesellschaften bequem mit der Küste zu verbinden. Die bauende Victoriagesellschaft bekommt von den Gesellschaften, deren Terrains sie schneidet, den Grund und Boden für die Bahn kostenlos und hat sich alle von und zur Küste gehenden Transporte der genannten Gesellschaften gesichert.

Die Bahn wird aber nicht nur eine Feldbahn für die Pflanzungen sein, sondern auch dem öffentlichen Verkehr dienen, was in Anbetracht der heutigen hohen Transportkosten (eine Last von 50 Pfd. kostet bis Buea 2,50 Mk. Trägerlohn) von groſser Wichtig-

keit ist. Auch hat die Bahn auf sämtliche Transporte für die
Regierung, die in Buea (960 m) ihren Sitz hat, und für die Schutztruppe, die in Soppo (900 m) stationiert ist, zu rechnen. Die
unmittelbare Wirkung der Bahnvollendung wird aber die sein,
dafs über 1000 Träger, die jetzt zwischen der Küste und der
äufsersten Pflanzung Meanja in Tätigkeit sind, für die Arbeit
in den Plantagen verfügbar werden, die ihrer im höchsten Grade
bedürfen.

Der Bahnbetrieb wird für holzfeuernde Lokomotiven von
15—20 Pferdekräften und für Wagen mit je 50 Zentner Belastung
eingerichtet. Das Bauterrain ist wegen der starken Steigungen,
üppigen Vegetation, zahllosen Wasserrisse etc. im Gebirge schwierig,
aber man hofft dennoch, die Bahn in ca. 2 Jahren zu vollenden.
Bauleiter ist der Hauptmann von Besser, der das Gelände schon
durch seine mühevolle Vermessung der Plantagengebiete gründlich
kennen gelernt hat. Über die vermutlichen Baukosten finde ich
keine Zahl angegeben; sie können aber, wie auch die Betriebskosten,
bei einer nur 60 km langen, 60 cm-spurigen Kleinbahn, keinesfalls
so hoch werden, dafs die Bahn nicht ihre Tarife tief unter den
jetzigen Transportsätzen halten könnte und doch bei den aufserordentlich günstigen Naturbedingungen der Kamerunplantagen und
bei der vielversprechenden Ausdehnung der Kakao- und Kautschuk-
kultur (anstatt Kaffees und Tabaks) mit gutem Nutzen für sich und
für die Kolonie arbeiten könnte.

Ob und wann diese Pflanzerbahn zu einer Stichbahn ins
fernere Innere ausgebaut werden wird, was ja die Gesellschaft
sich vorbehalten hat, wird vom Fortschritt der Kulturen in den Küsten-
strichen und von der Entwicklung der Dinge in unserem nördlichen
Hinterland abhängen. Am wahrscheinlichsten wird die Bahn, wenn
sie den Bezirk der Pflanzungen am Kamerunberg überschreitet, als
nächstes Ziel das Konzessionsgebiet der Nordwest-Kamerun-Gesell-
schaft anstreben, das bis jetzt nur vom Crofsflufs, also vom englischen Nigeria her, leicht zugänglich ist, so dafs die Gesellschaft
schon selbst an einen Bahnbau von Victoria aus gedacht hatte.
Damit würde aber die Bahn der Essergruppe dem Projekt des
„Kamerun-Eisenbahn-Syndikates" die Möglichkeit der Ausdehnung
nach Norden über den Mungo hinaus abschneiden und es auf den
Küstenstrich beschränken, und das wäre für die Kolonie kein Nachteil, da von der gründlichen Ausbeutung des Küstenstriches und
des anschliefsenden Waldgürtels durch eine kurze Bahnlinie noch
viel zu erwarten ist.

Mag nun die Bahn der Victoriagesellschaft oder die des Kamerun-Eisenbahn-Syndikates oder beide vereint — was das beste wäre einmal in die „Grasländer" des Innern hineingeführt werden, jedenfalls wird sie in Adamaua enden müssen. Allerdings wird ein Schienenweg nach dem deutschen mittleren Adamaua eine Länge von mindestens 900 km haben, aber die Gründe, die in Ostafrika den Bau einer so langen Bahn verbieten, liegen hier nicht vor. Adamaua ist eins der reichsten Länder Mittelafrikas, ein Hochland mit allen natürlichen Vorzügen, wie sie unter diesen Breiten nur etwa noch das Futa-Djalon im französischen Westsudan hat. Eine grofse staatliche Organisation gliedert und eint hier die herrschenden, zivilisierten mohammedanischen Fulbe und eine beherrschte, arbeitsame Negerbevölkerung. Jene wohnt vorwiegend auf den Hochplateaus und in zahlreichen, oft erstaunlich grofsen Städten, treibt Viehzucht und pflegt die verschiedensten Gewerbe; die Negerbevölkerung bewohnt gröfstenteils das Unterland, liegt dem Ackerbau ob und wird von der Herrenrasse ausgenutzt. Der gröfste Teil dieses aus mehreren Vasallenstaaten zusammengesetzten Reiches gehört unserem Schutzgebiet an, jedoch haben wir an seinem bedeutenden Handel verschwindend wenig Anteil, weil einerseits die zwischen unserem Küstengebiet und dem Hinterland sitzenden Bantustämme, wie erwähnt, immer noch den Zwischenhandel beherrschen, und weil anderseits die hauptsächlich den Handel betreibenden Haussaneger den Verkehr nach Norden oder nach der bequemeren Wasserstrafse des Benuë-Niger vorziehen, die dem Landweg nach Südwesten natürlich die schwerste Konkurrenz macht. Zwar ist die Niger-Benuë-Route nominell auch für unseren Handel frei, aber in englischem Gebiet und in englischer Gewalt kann sie uns de facto jederzeit gesperrt werden.

Bei dieser Lage der Dinge wäre für uns wohl die richtigste Politik: militärische Besetzung Adamauas, Elimination des vom englischen Yola, dem Sitz des Emirs, ausgehenden Einflusses durch waffenkräftige Stützung von Garua, Errichtung hoher Zollschranken gegen die englische Wasserstrafse des Benuë, Öffnung des Verkehrs vom mittleren Adamaua südwärts nach Kamerun durch die genannte Bahn, welche die Monopolzone der Zwischenhändler endgültig durchbricht und den ganzen Handel des grofsen, zivilisierten Adamauareiches, das politisch ohnehin dem deutschen Schutzgebiet zugehört, auf dem kürzesten und schnellsten Weg zur deutschen Küste leitet. Der Anfang hierzu ist mit unseren

jüngsten militärischen Erfolgen im nördlichen Adamaua und
Nachbargebieten gemacht, nachdem seit 1899 mehrere Expeditionen sich mit wenig Glück an der schweren Aufgabe der Auf-
richtung deutscher Herrschaft im nördlichen Kamerun versucht
hatten. Unserer Kameruner Schutztruppe jetzt nach den Erfolgen der Offiziere Pavel, Dominik, v. Cramer u. a. eine Ver-
stärkung versagen, wäre Sparsamkeit an der allerverkehrtesten
Stelle. Ist nun dort unsere Macht mit Garua als Mittelpunkt
befestigt, so steht es bei der Regierung, ob sie das Land
handelspolitisch gegen die englische Benuë—Niger-Route absperren
will oder kann. Will resp. kann sie das, dann können und müssen
wir eine Eisenbahn nach Adamaua haben, anderenfalls wird uns
eine Bahn dorthin schwerlich viel nützen.

Eine Bahn von Victoria nach Adamaua hätte aber auch den
Vorteil für uns, daſs wir uns damit den Tschadseeländern,
deren politischer Eroberung bald ein handelspolitischer Wettbewerb folgen wird, auf dem kürzesten Weg am meisten unter
allen Konkurrenten nähern würden, ohne daſs wir mit der
Bahn selbst so weit vorzudringen brauchten. Jetzt
ist der Handel des zentralen Sudan fast · ganz in den Händen
der Tripolitaner. Nach und aus dem englischen Tschadbezirk
Bornu werden die Engländer den Verkehr allmählich wohl zum
gröſsten Teil auf die englische Benuë-Niger-Route abzudrängen
suchen, aber das viel ausgedehntere französische Tschadgebiet
würde sicherlich den kürzeren und schnelleren Weg über eine
deutsche Adamauabahn vorziehen, um so mehr, als auch die Zu-
gänge durch französisches Territorium von Norden (Tunis) oder
von Westen (Dahome—Niger) oder von Süden (Sangha—Schari)
her unverhältnismäſsig beschwerlicher, länger und kostspieliger
bleiben würden als eine Bahn Victoria—Adamaua.

Selbstverständlich könnte einer Adamauabahn nicht die 60 cm
Spurweite genügen, mit der die jetzige kleine Kamerun-Plantagen-
bahn gebaut wird, aber bei der Fortsetzung der letzteren wäre
die Anwendung einer Spurweite auf 75 cm oder 1 m und die entsprechende Verbreiterung der Anfangsstrecke nicht schwierig.
Und würde eine Adamaualinie sich nicht aus dieser Pflanzerbahn,
sondern aus der jetzt ihre Arbeiten beginnenden Bahnlinie Victoria—Mundame, an welche sich dann die Pflanzerbahn leicht
anschlieſsen lieſse, entwickeln, so wäre dies für das Endziel ein
ebenso guter Anfang.

Also kurz zusammengefaßt: Eine Bahn von Victoria nach Adamaua und eventuell eine Bahn von Klein-Batanga nach den Tappenbeckschnellen des Njongstromes, der von dort aus allen Angaben zufolge eine große schiffbare Wasserstraße bis zum Osten unseres Schutzgebietes bietet, das dürften neben den beiden bereits unternommenen kurzen Bahnbauten die Hauptziele unserer Kameruner Eisenbahnpolitik sein.

II. Die Bahnen des Kongobeckens.

1. Der Kongostaat.

Die Anfänge des Kongobahn-Unternehmens reichen bis in die siebziger Jahre zurück. 1878 hatte sich auf Veranlassung des Königs Leopold II. eine Finanzgruppe zusammengetan, welche Untersuchungen über die Möglichkeit anstellen ließ, den unteren mit dem mittleren Kongo durch eine die Kataraktenregion des unteren Stromlaufes umgehende Bahn zu verbinden. Aber es kam lange Jahre zu keinem praktischen Ergebnis, und erst als 1885 eine englische Kapitalistengruppe von der Regierung des Kongostaates die Konzession zum Eisenbahnbau haben wollte, kam die Sache in Fluß. Die Engländer wurden zwar wegen ihrer hohen Ansprüche abgewiesen, aber nun nahm sich des Planes der Mann an, dessen Name seitdem aufs engste mit der Kongobahn verknüpft ist, der Oberst Thys. Diesem weitblickenden, erfahrenen und ungemein energischen Kolonialpolitiker gelang es 1887, die belgische „Compagnie du Congo pour le commerce et l'industrie" zu bilden, die sich mit Eifer an die Vorstudien für den Bau und Betrieb einer Bahn vom unteren Kongo nach dem Stanleypool machte. Nach Beendigung dieser Arbeiten überließ diese Gesellschaft den Bahnbau selbst einer neuen Kompanie, die sich im Juli 1889 unter dem Namen „Compagnie du chemin de fer du Congo" in Brüssel mit einem Kapital von 25 Mill. Frank bildete.

Schon im März 1890 begannen die Erdarbeiten der schmalspurigen (75 cm) Bahn Matadi—Stanleypool (Léopoldville), nachdem der belgische Staat noch 10 Mill. Frank geliehen hatte, aber das Gelände stellte sich als so schwierig heraus, daß man in zwei Jahren — den ganzen Bahnbau hatte man auf

vier Jahre veranschlagt — erst 9 km vorgeschritten war und
bereits 11½ Mill. Frank verbraucht hatte. Doch wurde das Werk
mit verdoppelter Energie fortgesetzt, so dafs im Dezember 1893
die erste Strecke von 43 km nach einem Kostenaufwand von
168 000 Frank pro Kilometer (nach M. Guillemot, dem ich dieses
und mehrere andere geschäftliche Daten entnehme) dem Verkehr
übergeben werden konnte. Damit war das Schwierigste überwunden, aber das Parlament erhob Einspruch gegen den Weiterbau, und erst nach Untersuchung der Sachlage durch eine an
den Kongo entsandte Kommission bewilligte es weitere Baumittel,
so dafs in den nächsten drei Jahren das Werk 90, 100 und 120 km
vorwärtsschreiten konnte. Hatten sich auf der ersten Anfangsstrecke, wo die Bahn auf 7 km eine Steigung von 221 m über-
windet und zahlreiche Brücken braucht, die Kilometerkosten auf
ca. 240 000 Frank (nach C. Guy) gestellt, ja, einschliefslich der
Hafen- und Bahnhofsanlagen in Matadi sogar auf rund 750 000 Frank
(nach Briant), so baute man nun das Kilometer für ca. 100 000 Frank.
Nur die Endstrecke zum Stanleypool hinab war wieder schwierig.
Im Juli 1898 war auch diese endlich besiegt und Léopoldville mit
einer gesamten Bahnlänge von 399 km erreicht. Der Bau hatte
somit rund 8½ Jahre gedauert, also im Jahr 47 km fertig gebracht, und anstatt der veranschlagten 25 Mill. Frank hat die
Bahn an 75 Mill. Frank gekostet.

Eine kleine, 30 km lange Seitenbahn von B o m a an der Kongomündung nordwärts nach L u k i, die 1900 fertig wurde, sei nur
nebenbei erwähnt, weil sie keine selbständige Bedeutung hat. Nur
zweimal wöchentlich fährt ein Zug in jeder Richtung, und die Fahrt
dauert nur 2¼ Stunden. Die Bahn wird aber nach Buku Dungu
am Tschiloango 150 km weit fortgesetzt und dient dann hauptsächlich der Gewinnung von Kautschuk, Palmöl und Palmkernen
bis zur Grenze der portugiesischen Enklave Cabinda.

Die K o n g o b a h n ist eingleisig und hat eine Schmalspur von
75 cm. Die 7 m langen Schienen wiegen 21,5 kg pro Meter; die
47 kg schweren Schwellen sind aus Stahl (System Pousard). In
den bergigen Strecken kommen Kurven von 50 m Radius vor; die
Brücken, die sämtlich aus Stahl konstruiert sind, erreichen Spann-
weiten von 100 m (über den Inkisi). Im übrigen sind Kunstbauten
möglichst vermieden und der Bahnkörper aufs engste dem Gelände
angeschmiegt. 1900 besafs die Bahn 56 Lokomotiven von 18½ bis
31 Tonnen Gewicht und vier Typen von Wagen. Die 400 km der
ganzen Linie wurden in 20 Stunden zurückgelegt. Die Kompanie

ist verpflichtet, mindestens drei Züge wöchentlich in jeder Richtung
fahren zu lassen. Acht Stationen dienen dem Personen- und
Frachtverkehr. Die Personenwagen führen zwei Klassen. Die
Fahrpreise sind sehr hoch: In der ersten Klasse kostet die Fahrt
von Matadi bis zur nächsten Station (Kenge) 50 Frank, bis an
die Endstation Léopoldville 500 Frank; in der zweiten Klasse,
die nur für Eingeborene bestimmt ist, bis zur Endstation 75 Frank.
Jeder Passagier der ersten Klasse hat 100 kg, der zweiten Klasse
20 kg Freigepäck.

Auch die Frachtentarife sind hoch. Landeinwärts, von Matadi
nach Léopoldville, zahlen alle Waren einen einheitlichen Frachtsatz
von 10 Frank für je 10 kg, doch genießen landwirtschaftliche und
industrielle Werkzeuge und Einrichtungen, Schiffsteile, Eisenbahn-
und Telegraphenmaterial 40 % Ermäßigung, Salz 50 %. Seewärts,
von Léopoldville nach Matadi, sind die Frachten nach dem Wert
der Produkte verschieden tarifiert. Es zahlen 10 kg Elfenbein
10,10 Frank, Kautschuk 4,30, roter Kopal 3,20, weißer Kopal 1,80,
Palmöl 1,20, Palmnüsse, Erdnüsse, Sesam 1 Frank etc. bis herab
zu 0,75 Frank für minderwertige Waren, auf deren Frachten aber
noch 1$^1/_2$ % ihres europäischen Marktwertes geschlagen werden.
Auf die Tonne berechnet stellt sich also der Bahntransport für den
Tonnenkilometer Elfenbein auf 2,52 Frank, Kautschuk 1,07 Frank,
während die ausgebreitetsten Produkte, Palmöl und Ölfrüchte, 120
und 100 Frank pro Tonne, d. h. 0,30 resp. 0,25 Frank pro Tonnenkilometer, zu zahlen haben. Seit 1900 sind diese hohen
Tarife um 25 % ermäßigt worden; ja, den Franzosen wurden
sogar 50 % Ermäßigung gewährt.

Mit diesen Tarifen hat die Bahn hohe Einnahmen erzielt.
Im Geschäftsjahr 1893/1894, nach Eröffnung der ersten, 43 km langen
Strecke, wurden eingenommen 13 327 Frank bergwärts und 2385
Frank talwärts; 1898/1899, nach Vollendung der ganzen Linie,
aber 8 160 873 Frank bergwärts und 1 947 667 talwärts; in der
Zeit vom Juni 1893 bis Juni 1899: 15 411 329 bergwärts und
3 557 426 talwärts. 1899/1900 stiegen die Roheinnahmen auf
13,1 Mill. und betrugen 1900/1901 12,9 Mill. Frank, während die
Ausgaben in den Jahren 1897 bis 1901 sich ziemlich gleichmäßig
zwischen 4 000 000 und 4 200 000 Frank bewegten. In denselben
vier letzten Jahren machten die Einnahmen für die talwärts be-
förderten Waren, also den Export, 18, 19, 20$^1/_2$, 25$^9/_{10}$ % der Gesamteinnahmen aus. Im Betriebsjahr 1901/1902 sind die Einnahmen
auf 11,15 Mill. Frank zurückgegangen, immer noch ein hübscher
Ertrag.

Der Eisenbahngesellschaft ist die Konzession auf 99 Jahre verliehen, dazu unbeschränktes Eigentum erstens an allen Grundstücken, die für Herstellung der Bahnlinie und ihrer Nebenanlagen erforderlich sind, zweitens an einem rechts und links den Bahnkörper begrenzenden Terrainstreifen von je 200 m Breite, drittens an 1500 ha Land für jeden in Betrieb gesetzten Kilometer Bahn, auswählbar im ganzen Kongostaat. Infolge dieser Landkonzessionen hatte die Kompanie 1900 rund 615 000 ha Grund und Boden in ihren Besitz gebracht, also ca. ein Fünftel so viel wie ganz Belgien. Alle diese Ländereien brauchen während der Konzessionsdauer keine Steuern und Abgaben zu zahlen. Und schließlich hat sich der Staat verpflichtet, während der ersten 25 Betriebsjahre der Bahn keine andere Bahn vom unteren zum oberen Kongo zu bauen oder zu konzessionieren.

Das Gesellschaftskapital von 30 Millionen besteht aus 24 000 Stammaktien à 500 Frank, 36 000 gewöhnlichen Aktien à 500 Frank und 4800 Gründungsanteilen ohne festgesetzten Wert. Dazu kam 1900 ein Obligationenbesitz von 45 Millionen, nämlich 20 000 3 %ige à 500 Frank, garantiert vom belgischen Staat, und 70 000 4½ %ige à 500 Frank, garantiert durch eine erste Hypothek auf die Bahnkonzession. Das gesamte Kapital von 75 Mill. Frank ist auf den Bahnbau verausgabt worden. Die Gesamtkosten des Bahnbaues betragen also bei 400 km 187 500 Frank (150 600 Mark) pro Kilometer, nach Paul Bourdarie sogar 192 000 Frank, worin wohl die Kapitalzinsen und Ähnliches mitenthalten sind.

Vom Jahresgewinn gehen zunächst 5 % in den Reservefonds, bis dieser 10 % des Kapitals erreicht hat, zweitens werden 3½ % Dividende an die Stammaktien, drittens 3½ % an die gewöhnlichen Aktien gezahlt, viertens wird die nötige Summe ausgeworfen, um die Aktien in 99 Jahren zu amortisieren. Von dem dann noch verbleibenden Reinertrag erhält 20 % der Kongostaat; dann bekommen 40 % die gewöhnlichen Aktien und Genußscheine, 23 % die Gründeranteile, 8 % die Verwaltungsräte. Der Gewinn, den die Landverkäufe einbringen, wird zur Einlösung der Obligationen und zur Amortisation der Aktien verwandt. Von den Obligationen werden die 3 %igen al pari eingelöst, die 4½ %igen aber mit 525 Frank in 99 Jahren. Alle diese Vorteile genießt die Kompanie so lange, bis die Konzession erlischt oder, bis sie vor Ablauf der stipulierten 99 Jahre vom Kongostaat resp. von Belgien übernommen wird.

Aus alledem erhellt, daſs das Kongobahnunternehmen über alles Erwarten erfolgreich ausgeschlagen ist. Die Kongobahn wird deshalb gern in erster Linie genannt, wenn auf die Aussichten hingewiesen wird, die sich einem Unternehmen wie der ostafrikanischen Zentralbahn eröffnen müſsten. Es lohnt sich daher, näher zu untersuchen, welchen Ursachen und Umständen der große Erfolg der Kongobahn zuzuschreiben ist. Vor allem ist es natürlich der Umstand, daſs die Kongobahn durch Umgehung des durch die Katarakte für den groſsen Verkehr gesperrten Unterlaufes das gröſste Stromsystem Afrikas eröffnete, das nicht weniger als 14000 km schiffbarer Wasserstraſsen, auf welchen über 100 kleine Dampfer schwimmen, dem durchgehenden Verkehr darbietet und bis in das Herz des afrikanischen Kontinentes führt. Aus diesen günstigen Vorbedingungen einer groſsen Verkehrsentwicklung läſst sich aber bei den bis zur belgischen Besitzergreifung urprimitiven Verhältnissen des Landes die Schnelligkeit des Verkehrswachstumes nicht erklären. Die den Verkehr des ganzen Riesengebietes gewissermaſsen in einem Trichter sammelnde Kongobahn weist in ihren Transportstatistiken auf andere Ursachen. Freilich sind diese Statistiken durchweg so unvollständig, daſs sie den Eindruck erwecken, als wollten sie systematisch die wirkliche Sachlage verschleiern. Aber das Wesentliche geht doch mit Sicherheit daraus hervor, daſs die Haupteinnahmen der Bahn aus der sehr hoch tarifierten Einfuhr stammen, daſs die Einnahmen aus der Ausfuhr nur etwa.$\frac{1}{4}$ der Gesamteinnahmen, also 1900/1901 ca. 3$\frac{1}{2}$ Millionen Frank betragen, und daſs diese Ausfuhreinnahmen zum weitaus gröſsten Teil auf den Export von Elfenbein (1901: 300250 kg) und Kautschuk (1901: 6577533 kg) entfallen. Alle anderen der Bahn aus dem. Handelsverkehr erwachsenden Einnahmen spielen eine sehr untergeordnete Rolle, die geringste aber. die Erzeugnisse europäischer Kultivationsarbeit im Land, wie Plantagenbetrieb, Bergbau und dergl. Der Grund hierfür ist sehr einfach. Der Plantagenbau im Kongostaat ist verschwindend gering. 1890 gab es in dem ungeheuren Gebiet noch nicht ein Dutzend Pflanzergesellschaften; sie besitzen Anlagekapitalien von je 150000 bis 1000000 Frank und hatten insgesamt 1901 erst 2630000 Kaffeebäume (gegen ca. 5 Millionen in Usambara) und 490000 Kakaobäume (gegen ca. 3 Millionen in Kamerun) gepflanzt. Zu ihrer Förderung geschieht absolut nichts. Es wird eben im Kongostaat nicht kultiviert, nicht kolonisiert, sondern nur ausgebeutet; es werden nicht in produktiver

Arbeit neue Werte geschaffen, sondern vorhandene Werte der freien Natur zusammengerafft, ihre Quellen aber dabei zerstört. Auf diesem staatlich organisierten Ausbeutungs- und Ausplünderungssystem beruht der in so kurzer Zeit erreichte grofse finanzielle Erfolg des Kongostaates, beruhen die glänzenden Geschäfte der Kongoeisenbahn.

Das Verfahren, welches zu so raschen Finanzresultaten der Kongobahn geführt hat, ist so merkwürdig und für Interessenten afrikanischer Bahnpolitik so lehrreich, dafs es nützlich ist, etwas näher darauf einzugehen. Wir halten uns dabei am besten an die vortrefflichen sachlichen Ausführungen, die G. de Molinari (in „Les entretiens économ. et financ." vom 10. April 1902) und Ch. von Bornhaupt in seinem Vortrag „Die Kongoakte und der Freihandel" (Berlin, D. Reimer, 1902) gegeben haben. Molinari geht auf die Anfänge des Kongostaates zurück: Die Regierung des neuen Staates hatte die Wahl zwischen zwei Systemen; sie konnte in Übereinstimmung mit der Brüsseler und der Berliner Konferenz das grofse Gebiet dem freien Handel und Wettbewerb öffnen und sich nur ein Recht auf so besteuerungsfähige Produkte wie Kautschuk und Elfenbein sichern, oder sie konnte, entgegen den Vorschriften der Konferenzen, sich die alleinige Ausnutzung der Landesprodukte durch eigne Agenten oder durch konzessionierte Gesellschaften vorbehalten. Anfangs schien man den ersteren Weg einschlagen zu wollen; wenigstens liefs man bis 1891 den Privaten die Möglichkeit, neben dem Staat als Unternehmer sich die Landesprodukte anzueignen und damit Handel zu treiben. Aber die Kongoregierung sah sich durch ihre drückende Finanzlage bald veranlafst, die Steuern und Zölle zu erhöhen, wodurch sie den Privaten die Konkurrenz mit dem von diesen Abgaben selbstverständlich freien Handelsbetrieb des Kongostaates selbst gröfstenteils unmöglich machte.

Die Finanzlage des Kongostaates war damals freilich höchst mifslich. Die Anleihen waren 1890 bereits über 186 Millionen Frank gestiegen, die Vorschüsse vom belgischen Staat und vom König Leopold beliefen sich ebenfalls auf ca. 60 Millionen, und dazu kamen die enorm wachsenden Staatsausgaben, während die Einnahmen von 72 260 Frank im Jahr 1886 nur auf 662 400 Frank 1890 gestiegen waren. Aus dieser Klemme gab es kein Herauskommen, wenn man sich auf die allmähliche Erschliefsung des ungeheuren Gebietes und auf die unter Führung des freien Handels vorbereitende langsame Entwicklung des Landes be-

schränken wollte. Darum schwenkte 1891 die Kongoregierung auf
den anderen, kürzeren Weg ein: den der Gewalt. Zunächst wurde
eine Armee angeworben, erst aus Haussa- und Sansibarleuten,
dann wegen der hohen Kosten aus zwangsweise ausgehobenen
Landeseingeborenen; und mit diesen 15 000 Mann wurde unter
Führung des Oberst Dhanis 1892 die Mehrzahl der im Kongostaat
angesiedelten Araber, die nicht nur ihre Sklaven, sondern auch
das dem Kongostaat so wertvolle Elfenbein nach Ostafrika
und Sansibar ausführten, niedergemetzelt und eine grofse Reihe
von Stationen angelegt (1900: 163).

Zugleich aber griff die Regierung auf das bereits 1885 er-
lassene Dekret zurück, wonach „alles herrenlose Land als Staats-
eigentum zu betrachten" sei, und wodurch sich der Staat bereits
das ganze Land mit Ausnahme der wenigen in Privatbesitz befindlichen Hektare, samt allem, was auf und unter der Erde sich
befindet, angeeignet hatte. Jetzt, im September 1891 erschien ein
Dekret, das die Kommissare der Ubangi-, Uëlle-, Aruvimidistrikte
anwies, „sofort die nötigen Mafsregeln zu treffen, um alle Erträgnisse des Landes, besonders Kautschuk und
Elfenbein, dem Fiskus zu sichern". Weitere Erlasse vom
Dezember 1891, Februar und Mai 1892 gaben dazu die Aus-
führungsbestimmungen. Im letzteren zieht Le Marinel, der Chef
des Ubangi-Uëlle-Distriktes, die natürliche letzte Konsequenz,
indem er erklärt: „Ich kann nicht zugeben, dafs die Eingeborenen
etwas von dem aus der Staatsdomäne gewonnenen Kautschuk an
andere verkaufen. Händler, welche von den Eingeborenen Erzeugnisse der Staatsdomäne ankaufen, machen sich der Erwerbung
gestohlenen Gutes schuldig." Damit war dem Freihandel das
Todesurteil gesprochen, und fortan durften im Kongostaat nur die
Regierung oder die von ihr konzessionierten Gesellschaften Kautschuk und Elfenbein sammeln und in Handel bringen.

Man ging aber noch weiter. Da das Zusammenbringen dieser
begehrten Produkte durch eigene Angestellte zu umständlich, langsam und kostspielig war, legte der Staat den Eingeborenen eine
in Elfenbein und Kautschuk zu entrichtende Naturalsteuer auf
und zwang sie aufserdem, dem Staat eine bestimmte Menge dieser
Produkte gegen Zahlung zu liefern. Da hierbei z. B. für das Kilo
Kautschuk 25 Centimes gezahlt werden, während es nach den
Notierungen von Mitte 1902 einen Marktpreis von 6—7 Frank
hat, bringt diese Zwangsmafsregel dem Staat einen enormen
Gewinn ein. Und zu weiterer Vereinfachung und Verbilligung

seines Ausbeutemonopols begünstigte der Staat immer mehr die
Bildung konzessionierter Gesellschaften, die ihm die Arbeit und
den gröfsten Teil des Risikos abnehmen, ihn aber als Aktionär
oder als Teilhaber an ihren Gewinnen partizipieren lassen müssen.
1891 gab es erst 6 solcher Konzessionsgesellschaften
und 1900 schon 43 mit 104 Mill. Frank Kapital. Die gröfsten
sind die Kassaigesellschaft mit ihren 14 Tochtergesellschaften, die
Anglo-Belgian India-Rubber and Exploration Company (kurz ABIR
genannt), die Société Générale Africaine, die Katangagesellschaft,
die Kongoeisenbahngesellschaft. Unter diesen hat die nominell
vom Oberst North, tatsächlich aber vom König Leopold selbst gegründete ABIR ein Kapital von 1 Million, aber es sind nur
200 000 Frank eingezahlt worden; und trotzdem galten die auf
500 Frank lautenden Aktien mehr als 13 000 Frank. 1901 hat
diese Gesellschaft einen Gewinn von 2 614 376 Frank gemacht und
auf jede Aktie eine Dividende von 900 Frank verteilt. König
Leopold hat wirklich Glück als Kautschukhändler. Der Marktwert
seiner Anteile an der ABIR war 1900 rund 25 Mill. Frank. Mehrere
andere Kompanien haben ähnliches „Glück" gehabt.

Kein Wunder daher, dafs die Einnahmen des Staates
als Handelsunternehmers rapid gewachsen sind: von 4 554 931
Frank 1891 auf 30 751 054 Frank im Jahre 1901. Die Handelsbewegung des ganzen Gebietes aber stieg folgendermafsen: Einfuhr 1893 noch 10 148 418 Frank, 1900 schon 31 803 214 Frank;
Ausfuhr 1893 noch 7 514 791 Frank, 1900 aber 51 775 978 Frank, also
auf die siebenfache Höhe innerhalb acht Jahren! Darunter wird
1900 Kautschuk mit 41 064 000, Elfenbein mit 7 943 000, Palmnüsse
mit 1 620 000, Palmöl mit 955 000 Frank genannt. 1901 ist der
Export auf 50,5 Mill. Frank gesunken, obwohl Kautschuk auf
44 Mill. Frank gestiegen ist. Der Elfenbeinexport beträgt noch
fast 4 Mill. Frank. Ohne Kautschuk und Elfenbein betrug die
Gesamtausfuhr 1900 nur 1 750 096 Frank und 1901 nur 2 557 844
Frank. Das sind· beredte Zahlen! Wieviel von diesem Gesamtexport des genannten Maximaljahres auf die Staatsregie entfällt,
ist bei der systematischen Verschleierung, die der Kongostaat in
all seinen Mitteilungen und Darstellungen beliebt, nicht genau zu
erkennen; jedenfalls dürften es eher 35 als 30 Mill. Frank sein.

Aber Elfenbein und Kautschuk, diese Naturschätze, auf
welche die ganze Herrlichkeit des Kongostaates aufgebaut ist,
sind nicht unerschöpflich. Schon ist die Ausfuhr von Elfenbein
beträchtlich im Sinken: von 364 802 kg im Jahre 1899 fiel sie

1900 auf 335 067 kg und 1901 auf 300 250 kg. Freilich hat
sich dafür der Export von Kautschuk kolossal gehoben: von
3 401 059 kg 1899 auf 5 172 588 kg 1900 und auf 6 577 533 kg
1901. Aber in vielen früher an Kautschuk reichen Wäldern werden
die Pflanzen bereits selten. Im Bereich ihrer Wohnstätte finden
die Eingebornen, die in ihrer Trägkeit die Lianen einfach abhauen
anstatt sie sorgsam anzuzapfen, nichts mehr; sie müssen zum
Sammeln entferntere Waldgebiete aufsuchen und würden wahrscheinlich überhaupt nicht mehr auf die Faktoreien kommen, wenn der
Staat sie nicht in unsanfter Weise an ihre Lieferungspflicht erinnerte.
Diese Weise ist in kurzer Zeit zu einer so brutalen Vergewaltigung der Eingeborenen ausgeartet, daſs die „Aborigines Pro-
tection Society" mit Recht sagen konnte: „Der Vernichtungskampf
gegen die Araber war noch nicht vorüber, als mit amtlicher Genehmi-
gung die Überlebenden derer, die man aus der Sklaverei errettet
hatte, wieder zu Sklaven gemacht wurden." Auf die ungeheuer-
lichen Anklagen der Missionare hat L. Liever die Tatsache zu-
gegeben, daſs den in der Kautschuklieferung säumigen Eingebornen
die Hände, Ohren oder die Köpfe abgeschnitten wurden, und diese
Angabe bestätigt der Staatsangestellte Canisius, ein Amerikaner,
in einem offiziellen Bericht, wo es dann heiſst: „Der Staat könnte
nicht ohne Kautschuk bestehen, und die Eingeborenen würden ihn
nicht liefern, wenn sie nicht mit Flintenschüssen gezwungen würden."
Öffentlich miſsbilligt der Staat dieses Vorgehen seiner Agenten
und bedroht sie mit Strafe, aber in der Praxis ist er doch der
Mitschuldige. Da die Beamten wie die Häuptlinge mit Prämien
und Tantièmen an den Handelserfolgen interessiert sind, gibt, wie
Prof. Cattarie sagt, „das Raubsystem die Eingeborenen den Beamten preis, die ein persönliches Interesse daran haben, jenen die
schwersten Lasten aufzubürden, und rücksichtslos auf Befolg ihrer
Befehle bestehen". Als Ausführungsmittel dienen den Beamten
die eingeborenen Truppen des Kongostaates, die sogenannten
„Zappo-Zapps" (hauptsächlich Bangalas und Batetlas), die nichts
anderes sind als eine von Weiſsen organisierte schwarze Räuber-
bande und das Eintreiben der Kautschuk- und Elfenbeinlieferungen
gründlichst mit Mord, Brand und Plünderung besorgen. Nach den
unwiderlegten Anklagen des schwedischen Missionars Sjöblom, der
fünf Jahre am oberen Kongo tätig war, sind in dieser Zeit 45 Dörfer
beim „Steuereintreiben" niedergebrannt und ihre Bewohner groſsenteils scheuſslich miſshandelt oder gemordet worden. Ähnlich lauten
die durch Beweise bekräftigten Erzählungen des Rev. M. Morrison,

des Mr. E. Glave und anderer. Und daſs man bei Gelegenheit mit ähnlichen Mitteln gegen europäische Händler verfährt, die irgend welcher Schädigung der Monopolwirtschaft verdächtig sind, beweist die Ermordung des in Deutsch-Ostafrika ansässig gewesenen Händlers Stokes durch das „Kriegsgericht" des bekannten Kongobeamten Lothaire und in jüngster Zeit die Vergewaltigung des für die Hamburger Firma L. Deuſs & Co. reisenden Österreichers Rabinek.

Dieser Geschäftspraxis des Staates gegenüber wären die Angestellten der konzessionierten Gesellschaften einfach aufs Trockene gesetzt, wenn sie bei friedlichem Handelsbetrieb verweilen und sich mit den Kautschukmengen zufrieden geben wollten, welche die Schwarzen freiwillig bringen. Sie tun es daher in ihren Konzessionsgebieten den im Domanialgebiet „arbeitenden" Agenten des Staates nach, was ihnen offenbar um so leichter wird, als der Staat ja an den Konzessionsgesellschaften teils mit der Hälfte der Geschäftsanteile, teils mit der Hälfte der Gewinne interessiert ist, und als die oberen Gesellschaftsagenten fast alle ehemalige erfahrene Kongostaatsbeamte sind. Ein Beispiel für viele: Der vorhin erwähnte, wegen seiner Grausamkeit berüchtigte ehemalige Kongostaats-Major Lothaire ist jetzt Direktor der Société Anversoise du commerce du Congo, einer Schwestergesellschaft der obengenannten, vom König Leopold gegründeten ABIR, und diese Société Anversoise hat es bei einem Kapitalbestand von 1 700 000 Frank fertiggebracht, 1898 einen Gewinn von 3 986 832 Frank, also die Kleinigkeit von 239 %, und 1899 eine Dividendensumme von 3 083 976 Frank, also 177 %, zu verteilen! Die 500-Frank-Aktien der Gesellschaft standen März 1900 auf 13 730 Frank.

Genug von solchen Einzelheiten einer barbarischen Monopolwirtschaft. Sie muſs wie jede Gewaltherrschaft an sich selbst zu Grunde gehen, und es scheint, daſs die Zeit des Zusammenbruches nicht mehr fern ist. Das Elfenbein nimmt im Kongohandel, wie oben gezeigt, in bedenklichem Maſse ab, und da die Eingeborenen die Kautschukpflanzen, die Urheber ihrer Not, einfach abhauen, die Kautschuklianen aber sehr langsam wieder wachsen, so wird das brutale Ausbeutungsverfahren bald nur noch wenig Erfolg liefern. Dann ist es mit der Herrlichkeit des Kongostaates und mit den vielgerühmten Erfolgen der das Land aufschlieſsenden Kongobahn vorbei. In belgischen Kolonialkreisen sieht man es bereits als ein schlimmes Vorzeichen an, daſs die Gründeranteile der Kongobahn, die einst auf 15 000 standen, Mitte Juli 1902 auf 2787 ¼

gefallen sind, und daſs die Monatseinnahmen der **Bahn** trotz der
Tarifreduktion immer kleiner werden. Bringt der **Raubbau** des
Kautschuks keine groſsen Erträge mehr, so wird man ernstlich daran
denken müssen, den Ausfall durch Kultivation anderer Gewächse zu
ersetzen, aber es wird zu spät sein, denn die Kultivation erfordert
lange, stetige, unverdrossene Arbeit, ehe sie Früchte zeitigen kann,
und sie wird sich nicht sehr weit vom Küstengebiet entfernen
können, da auch Produkte wie Kakao und Kaffee nicht die hohen
Transportkosten vom oberen Kongo her tragen können. Übrigens
ist dem Kakao auch das Klima des unteren und mittleren Kongogebietes durchaus unzuträglich, und dem Kongokaffee spricht selbst
der kongostaatfreundliche „Essor économique" alle Konkurrenzfähig-
keit mit Mokka-, Java-, Ceylon-, Santos- und anderem Kaffee ab. Dazu
kommt, daſs der reiche Gewinn an Kautschuk und Elfenbein das
Kapital von grösseren Plantagenunternehmen abgehalten, und daſs
die Monopolwirtschaft (auſser dem Klima) die weiſse Einwanderung
vom Kongostaat zurückgeschreckt hat. Am 1. Januar 1901 gab
es im Kongostaat nach seinem fünfzehnjährigen Bestehen nur 2204
weiſse Bewohner, worunter 1318 Belgier, 115 Engländer, 62 Deutsche,
und das in einem Gebiet von über 2,25 Mill. qkm, während Ende
1900 die zusammen 2,35 Mill. qkm messenden deutsch-afrikanischen
Schutzgebiete 5190 ansässige Weiſse hatten.

Vorderhand ist die Ausbeute des barbarischen Monopolsystems
noch so groſs, daſs man trotz aller Zeichen einer kommenden
anderen Zeit nicht entfernt an eine Abkehr von dem betretenen
Weg und an solide Kultivation und Kolonisation des Landes denkt.
Man sieht wohl den Krach kommen, aber fürchtet ihn nicht sonder-
lich, weil man mit dem Unternehmen bereits ein brillantes Geschäft
auf Kosten des Landes gemacht hat und das hineingesteckte Kapital
in vielfachem Betrag wieder herausgezogen zu haben hofft, ehe zur
Liquidation geschritten werden muſs. Jetzt sinnt man nur darauf,
die gierigen Polypenarme immer noch weiter auszustrecken, das
Aussaugungsgebiet nach Möglichkeit auszudehnen,
immer fernere Regionen des riesigen Territoriums zum Tribut heranzuziehen. Diesem Ziel nun dient das groſse Projekt, zu dessen
Verwirklichung man vor kurzem geschritten ist: der Bau von
Bahnen in den für die systematische Ausbeutung bisher noch wenig
zugänglichen Landstrichen des oberen Kongogebietes.

Schon 1891 wurde zur Ausbeutung der Staatsländereien im
oberen Kongogebiet die Katangagesellschaft konzessioniert, an
welcher der Kongostaat als Mitunternehmer mit zwei Dritteln des

Reingewinnes interessiert war. Aber bei der kolossalen Entfernung
des Konzessionsgebietes von der Westküste und bei dem lang-
wierigen und ungeheuer kostspieligen Transport der Produkte nach
der Küste blieb der Erfolg hinter den hohen Erwartungen zurück.
Deshalb rief man zur leichteren Eröffnung der fernen östlichen
Landesteile im Dezember 1901 und im April 1902 zwei Eisenbahngesellschaften ins Leben. Die erstere, die „Compagnie des
chemins de fer du Congo supérieur aux grands lacs
africains" will zwei Linien ausführen, eine von den Stanleyfällen
durch das kautschukreiche Urwaldgebiet des Aruwimi nach dem
Albertsee und eine von Loango in Manyema nach Albertville
am Tanganyika; dazu sollen, um die letztere Linie zu ermöglichen, die Stromschnellen des Kongo von Stanleyville nach Ponthierville und von Kassongo nach Kongola durch zwei kurze Bahnstrecken umgangen werden, so daß dann von der Kongomündung
bis zur Südostecke des Kongostaates eine zusammenhängende Reihe
von Eisenbahn- und Dampferlinien gebildet wäre.

Das Gesellschaftskapital beträgt 25 Mill. Frank in Aktien zu
250 Frank. In dem Maße, wie der Bau fortschreitet, soll das
Kapital vermehrt werden. Der Kongostaat hat der Gesellschaft
4 Mill. Hektar zusammenhängenden Domaniallandes zur alleinigen
Ausbeutung überwiesen, mit dem Recht der Vergrößerung bei
etwaiger Erhöhung des Gesellschaftskapitals; aber anderseits hat
sich der Staat die Hälfte des gesamten Reingewinns der Kompanie
vorbehalten. Die Konzession ist auf 99 Jahre erteilt, vom 1. Januar
1912 an resp. vom Tag der vollen Betriebseröffnung beider Bahnen
an, falls ihr Bau vor 1912 fertig wird. Der Kongostaat macht für
die Gesellschaft die Vorstudien zum Bahnbau und liefert den be-
schotterten Bahnkörper und die nötigen Gebäude zur weiteren
Fertigstellung an die Kompanie; mit der Feststellung der Trace
haben die Ingenieure bereits begonnen. Alles Material soll Belgien
liefern. Das Abkommen ist also ganz ähnlich wie in der Dahome-
kolonie (siehe S. 23), wo die Franzosen ebenfalls die Erdarbeiten
vom Gouvernement ausführen lassen, weil dieses die Macht hat,
stets die nötige Arbeiterzahl von den Eingeborenen heranzuziehen,
also die groben Erdwerke leichter und billiger baut als eine
Gesellschaft. Zudem hat der Kongostaat ad hoc die Bestimmung
getroffen, daß bei den neuen Bahnbauten die Eingeborenen ausnahmsweise ihre Kopfsteuer in Handarbeit ableisten können.

Auch hat man von vornherein die Tarife für die Bahntransporte
festgesetzt — was wohl nicht als definitiv aufzufassen ist — und zwar

nach Kilometertaxe. Passagiere 1. Klasse sollen 0,60 Frank, solche
2. Klasse 0,05 Frank bezahlen; jeder Passagier 1. Klasse hat 100 kg,
jeder 2. Klasse 20 kg Freigepäck. Alle Güter werden zu Berg für
1,30 Frank pro Tonnenkilometer befördert, ausgenommen Lebensmittel, Eisenbahn- und Schiffsbaumaterialien, die 0,10 Frank zu
zahlen haben. Für die Güterbeförderung zu Tal gelten folgende
Frachtsätze pro Tonnenkilometer: Elfenbein 1,30 Frank, Kautschuk
0,55 Frank, Palmkerne und Erdnüsse 0,12 Frank, Kopal, Palmöl,
Sesam 0,10 Frank etc.; 0,10 Frank werden auch für alle minder-
wertigen Waren erhoben nebst 5 % ihres europäischen Marktwertes.
Die Tarife treten in Kraft, sobald wenigstens 100 km Bahn in Betrieb
gesetzt sind. Die Tarife sind ungefähr nur halb so hoch wie bis vor
kurzem die der Kongobahn, wo sie, wie oben gezeigt, z. B. für Elfenbein 2,52 Frank, Kautschuk 1,07 Frank, Ölfrüchte 0,25 Frank pro
Tonnenkilometer betrugen, aber immer noch hoch genug, um auf
die ungeheure Entfernung zur Küste die Exportfähigkeit der meisten
Landeserzeugnisse höchst problematisch zu machen. Nur Elfenbein
und Kautschuk (aufser Edelmetallen) werden sie ohne Beschwerden
tragen können, und auf diese beiden Raubwirtschaftsprodukte ist
es ja auch allein bei dem neuen Bahnunternehmen abgesehen. Wenn
die jetzt in jenen Ostgebieten des Kongostaates vorhandenen Be-
stände von Kautschuk und von lebendem und totem Elfenbein
einmal ausgeplündert sein werden, was nach dem bisherigen Verfahren in ¡wenigen Jahrzehnten geschehen sein wird, dann denkt
man auch die Bahnbaukosten reichlich herausgeschlagen zu haben,
und in dieser Annahme wird man wohl kaum fehlgehen.

Uns Deutschen kann es aber nur lieb sein, wenn die belgische
Bahn vom Kongo nach dem Tanganyikasee recht bald gebaut wird.
Der Handel mit den oberen Kongoländern, der schon jetzt gröfstenteils nicht den weiten Weg auf dem Kongo hinab nach der Westküste nimmt, sondern den nur halb so langen über den Tanganyika-
und Nyassasee nach der Ostküste, wird dann um so leichter nach
der Tanganyika—Nyassa-Route abfliefsen. Und ihn von dort ganz
zur deutschen Küste abzulenken, haben wir vollständig in der
Hand durch den Bau einer kaum 700 km langen deutsch-ostafrikanischen Südbahn! (Siehe diese auf S. 102.)

Ungemein bezeichnend ist es, wie das Publikum und die Börse in
Belgien die neuen Aktien der Ober-Kongobahn aufgenommen haben.
Der Brüsseler Börsenberichterstatter der „Londoner Finanzchronik“··
schreibt am 30. Juli 1902 folgendes (gekürzt): „Die Dummen werden
nie alle. Kaum war die Emission der neuen Kongoeisenbahn an-

gezeigt, so wurden auch schon die neuen Titel gehandelt, und zwar
zu 305 Frank, also mit 55 Frank Agio. Heute ist man auf 294 Frank
heruntergesunken, doch hat das die Dummen nicht gehindert, zu
kaufen, in der naiven Ansicht, sie hätten ein gutes Geschäft gemacht. Aber, sagt man mir, es ist doch eine Staatsrente, die
Aktien sind doch vom Staat garantiert. Richtig, aber diese
Garantie ist für den Staat kein Opfer, da er sich an dem Unternehmen die Hälfte des Gewinnes gesichert hat und sich überdies
noch die ‚Actions de dividende‘ hat zuschreiben lassen. Der
Staat hat also allen Vorzug an dem Unternehmen, während die
elementarste Gerechtigkeit verlangte, daſs er wenigstens etwas
garantiert für die, welche ihr Geld zu einem Unternehmen hergeben, an dem er in 15—20 Jahren den Löwenanteil haben wird.“
Also kurz gesagt: Die monopolistische Kongostaatsregierung
hat mit den neuen Bahnen „aux grands lacs africains“ einen neuen
groſsen Raubzug auf Mittelafrika vor, und bei der Inszenierung
dieses Raubzuges soll ihm das gewinnsüchtige Börsenpublikum
helfen, während er nachher die Hauptbeute für sich allein be-
halten wird.
Und zum gleichen Ziel gliedert sich das jüngste, am 14. April
1902 gegründete Bahnunternehmen dem vorgenannten an. Es soll
das groſsenteils bergige Katangagebiet, den Südosten des Kongostaates, wo man nicht bloſs reiche Ausbeute von Kautschuk und
Elfenbein erwartet, sondern wo auch der Engländer R. Williams
in dem von G. Grey entdeckten Golddistrikt Kansanschi (1450 m
hoch) im Dezember 1901 Schürfrechte erworben hat, an den schiffbaren Lualaba-Kongo anschlieſsen. Die neue Bahngesellschaft,
welcher das Eisenbahnmonopol innerhalb des Konzessionsgebietes
für 30 Jahre verliehen ist, heiſst „Compagnie du chemin de
fer du Katanga“ und hat 1 Mill. Frank Gründungskapital,
geteilt in 4000 Aktien à 250 Frank, von denen der Kongostaat
2400, der genannte R. Williams und Genossen 1600 besitzen.
Dieses Kapital ist so klein, daſs die Gesellschaft damit kaum
mehr als die Tracierung der Bahnlinie ausführen kann. Die
Gesellschaft hat tatsächlich nur die Aufgabe, die Vorarbeiten zu
machen und die eigentliche Eisenbahngesellschaft mit den nötigen
groſsen Kapitalien erst noch zu bilden. Die aufzuwendenden Mittel
werden sehr bedeutend sein müssen, da dieses Gebiet das gebirgigste
im ganzen Kongostaat ist. Der genannte R. Williams ist zweiter
Vorsitzender der Gesellschaft, zwei andere Engländer und zwei
Belgier bilden den Aufsichtsrat, während zum ersten Vorsitzenden

der Präsident des oberen Gerichtshofes des Kongostaates, Th. Hey-
vaert, vom König Leopold ernannt ist. Es ist also in dieser Beziehung wieder ein echt kongostaatliches Unternehmen, in dem sich
die monopolistische Staatsregierung mit anderen Interessenten zur
Ausbeutung ihres Territoriums verbindet.

Was aber die neue Kompagnie und ihr Bahnprojekt von den
anderen kongostaatlichen Konzessionsgesellschaften sehr unterscheidet, das ist die Beziehung, die ihre geplante Bahnlinie zu
anderen grofsen, nicht kongostaatlichen Bahnprojekten hat.
Erst hiefs es ganz unverdächtig, dafs die Bahn vom Endpunkt
des schiffbaren Kongolaufes an der Nsilo-Einmündung nach Kansanschi im Williamsschen Minendistrikt gehen solle, dann aber
wurde gemeldet, dafs die Bahn schon vom Kassalipool des Lualaba-Kongo nach der Südgrenze des Kongostaates geführt werden
und dort mit der englischen, von Maschonaland nordwärts fort-
zusetzenden Kap—Kairo-Bahn verbunden werden solle. Zu
dieser Fortsetzung der Kap—Kairo-Bahn auf kongostaatlichem
Boden habe Rhodes den genannten R. Williams ermächtigt. Das
heifst also, dafs die vielbesprochene Kap—Kairo-Bahn nicht auf
kürzester Strecke durch Deutsch-Ostafrika, wie mit Rhodes in
Berlin verabredet worden war, sondern auf Umwegen durch unsere
westliche Nachbarkolonie gehen soll.

Darob in der deutschen Presse grofse Entrüstung, als wolle
uns das neue Bahnkonsortium böswillig schädigen, und als sei die
lange Verzögerung unserer „Zentralbahn" daran schuld, dafs man
unser Gebiet umgehe. Und wie liegen die Dinge in Wirklichkeit?
Ende 1898 hatte Rhodes der englischen Regierung sein Kap—Kairo-
Projekt vorgelegt und erreicht, dafs für jede fertiggestellte Strecke
von der Regierung eine Zinsgarantie zugesagt wurde; dazu sollte die
Rhodessche Südafrikanische Chartergesellschaft Anleihen bis zu einer
Million Pfund Sterling beitragen. Aber dann kamen die politischen
Wirren in Südafrika; die Finanzen der Chartergesellschaft, die nie
glänzend waren, und denen gerade durch das Projekt der Kap—
Kairo-Bahn aufgeholfen werden sollte, wurden immer schlechter,
und nun nach dem Tode Rhodes' wird auch die Lebensdauer der
Chartergesellschaft nicht mehr lange bemessen sein. Jedenfalls kann
sie an die Gewährung der zugesagten Unterstützung von einer Million
Pfund Sterling nicht mehr denken. Die britische Regierung aber,
die sich seinerzeit kaum zur erforderlichen Zinsgarantie entschliefsen konnte, wird sich noch weniger entschliefsen können,
das riesige Projekt selbst auszuführen, am wenigsten, wenn sie,

was ziemlich sicher ist, alsbald die ganze Erbschaft der Chartergesellschaft übernehmen mufs.

In dieser mifslichen Lage späht die Rhodesgruppe nach einem
Ausweg, der ihr die Ausführung des Rhodesschen, der Chartergesellschaft neuen Kredit und neue Mittel zuführenden Planes
doch noch in irgend einer Weise ermöglichen könnte. Und da bietet
sich ihr die Möglichkeit, wenigstens ein Stück weit ihrem Ziel ent-
gegenzukommen, indem sie gemeinsame Sache mit den Kongostaats-
belgiern macht, die ihrerseits eine bis zum Kongo verlängerte Rhodesbahn als wirksames Mittel zur Ausbeutung ihres südöstlichen Territoriums begrüfsen. Ohne die Plünderungsabsichten, die für die
Kongostaatler das einzige Motiv ihrer Bahnbauten sind, würde also
auch die Rhodesbahn dort keine Fortsetzung nach Norden finden.

Auf solche Bahnpolitik aber könnte sich die deutsche Regierung
für das ostafrikanische Schutzgebiet nie einlassen. Und droht
denn wirklich dem deutschen Schutzgebiet dadurch ein Schaden, dafs
die Kap-Kairo-Interessenten ihre Tätigkeit auf kongostaatliches Gebiet verlegen wollen? Wird diese Kongolinie imstande sein, den Verkehr vom deutschen Gebiet teilweise abzuleiten? Ich glaube dies
nicht einmal von einer direkten und durchgehenden Linie wegen
ihrer notwendig hohen Transportkosten, geschweige denn von einer
Verkehrsstrafse von so bunter Zusammensetzung wie die geplante
kongostaatliche: Von der Südgrenze des Kongostaates zum Kassalipool Bahn (570 km), vom Kassalipool bis Kongola Dampfer
(500 km), von Kongola nach Kassongo Bahn (100 km), von Kassongo
nach Ponthierville Dampfer (530 km), von Ponthierville nach
Stanleyville an den Stanleyfällen Bahn (100 km), und von dort
entweder nach dem Albertsee Bahn (775 km), von wo es noch
eine kolossale Entfernung zum Meere ist, oder den Kongo hinunter
nach Matadi (2050 km) mit nochmaligem Wechsel in Léopoldville
am Stanleypool, was kaum weniger umständlich ist. Vor der Ver-
kehrsabziehung durch die Bahnen am oberen Kongo nach Nord,
West oder Süd braucht sich also Deutsch-Ostafrika nicht zu fürchten,
um so weniger, als die auf den Kongobahnen exportfähigen Wert-
produkte, Kautschuk und Elfenbein, aus unserem Schutzgebiet doch
nicht so billig für die Kongostaatler zu holen sind wie aus den
eigenen, mit brutaler Gewalt bedrückten „domaines privés". Zu
fürchten haben wir jetzt nur die Abziehung des Verkehrs nach
Süden über den Nyassa, Schire (mit Bahnstrecke) und Sambesi.
Dort aber können wir, wie oben erwähnt, durch eine Südbahn der
Konkurrenz wirksam begegnen, während dies gegenüber der Uganda-

bahn, etwa durch eine Zentralbahn, unmöglich ist. Davon nachher bei Besprechung der deutsch-ostafrikanischen Bahnprojekte mehr.

Fassen wir alles über die Kongobahnen Gesagte kurz zusammen, so haben wir auf das entschiedenste gegen die in unseren kolonialen Kreisen so weit verbreitete und eifrig verfochtene Ansicht Stellung zu nehmen, daß die Rührigkeit der Kongobelgier im Bahnbau uns anspornen müsse, eine weit über 1000 km lange Eisenbahn durch unser ganzes Schutzgebiet nach dem Tanganyikasee ("Zentralbahn") zu bauen. Für uns kann niemals eine Bahnpolitik vorbildlich sein, die, als Teil einer die ganze Kolonie umklammernden Domanialpolitik, nur Bahnen baut, die der bequemeren rücksichtslosesten Ausplünderung der Kolonie dienen, und die sich allein durch ein solches Raubsystem bezahlt machen können. Unser kolonialpolitisches Ziel ist nicht die Vergewaltigung und Aussaugung unseres Schutzgebietes, sondern seine wirtschaftliche Entwicklung. Danach haben sich unsere Bahnunternehmungen zu richten. Wir müssen zu diesem Behufe möglichst billige und billig transportierende Verkehrsmittel schaffen, deren Anlagekapital und Tarife nicht blofs den Export von edlen Metallen, Elfenbein und Kautschuk erlauben, sondern erst recht die Ausfuhr von minder wertvollen, massenhaften Landesprodukten, seien sie nun durch europäischen Plantagenbau, durch bergmännischen Betrieb und dergl. gewonnen oder durch Kulturen der Eingeborenen erzeugt und zu Markt gebracht. Darum keine grofse, gegen 1400 km lange, teure Zentralbahn, sondern mehrere kleinere Stichbahnen als Entwicklungsmittel und eine von unserer ostafrikanischen Südküste zum Nyassasee führende, kaum 700 km lange Südbahn. Auf diese Vorschläge kommen wir nachher ausführlicher zurück.

2. Französisch-Kongo.

Wie die französische Dahomebahn in Oberguinea sich das allerdings noch ferne Ziel gesteckt hat, am mittleren Niger einen grofsen Strom zu erreichen, dessen Unterlauf und Mündung im Besitz einer anderen Macht (Englands) sind, so hatten die Franzosen auch in Unterguinea in der Kolonie Congo français die Absicht gehabt, durch eine von Loango nach Brazzaville zu bauende, ca. 400 km lange Bahn den schiffbaren Mittellauf des Kongo zu erreichen, der durch die Kataraktenstrecke vom direkten Zugang abgesperrt ist, während der abgesperrte Unterlauf in fremdem Besitz war und ist.

Als die Belgier die Kongobahn Matadi—Léopoldville zu bauen begannen, ḩat, wie C. Guy berichtet, Savorgnan de Brazza, der General-
kommissar der Kolonie Congo français, jahrelang die öffentliche
Meinung Frankreichs daraufhin zu beeinflussen gesucht, daſs seiner
Kolonie die Mittel gewährt würden, um entweder eine Bahn durch
das französische Gebiet nach dem Mittelkongo zu bauen oder mit
der belgischen Eisenbahngesellschaft ein Abkommen zu treffen, das
die Interessen der französischen Kongokolonie vollkommen wahrte.
Der Bau einer eigenen Bahnlinie wäre am vorteilhaftesten gewesen,
weil eine Linie, die von Loango aus die Täler des Niari-Kuilu und
des Alima zum Eindringen nach dem Kongo hin benutzt hätte,
kürzer und sicherlich auch billiger gewesen wäre als die mit
gröſseren Terrainhindernissen behaftete belgische Kongobahn
Matadi—Léopoldville.   Aber man wollte damals in Frankreich
nichts davon wissen, und die junge Kolonie konnte das Unternehmen nicht auf ihre eigenen Schultern nehmen.

Als dann die belgische Bahn sich der Vollendung näherte, bot
die Kongobahn-Gesellschaft, die weitere Mittel brauchte, der französischen Regierung einen Teil der Aktien und Obligationen sowie eine
Anzahl Sitze im Verwaltungsrat an, die den französischen Interessen
eine ausreichende Vertretung sicherten.   Aber das Angebot wurde
abgelehnt, aus Besorgnis, daſs das französische Publikum das Abkommen miſsverstehen und darin einen Verkauf des Congo français
an die Belgier sehen würde. Jetzt ist die belgische Kongobahn
zu einem übermächtigen Konkurrenten angewachsen, und eine
französische Linie Loango—Brazzaville würde warten müssen, bis
sich die französischen Landstriche zwischen dem Sangha, Ubangi
und Kongo, die Gebiete der in schlimmer Krisis befindlichen französischen Konzessionsgesellschaften, einen so starken Verkehr entwickelt haben, daſs er auſser der belgischen Kongobahn auch
eine französische (Loango-Brazzaville) voll beschäftigen und unterhalten kann.

Diesem Bahnprojekt gegenüber ist 1902 recht lebhaft die
Agitation für den Bau einer Bahn von Gabun (Libreville) oder
von Franceville am Ogowe ostwärts zum Kongozufluſs
Alima betrieben worden.   Die Linie würde ca. 900 km lang
werden und die Kolonie ungefähr in der Mitte durchqueren; aber
noch ist man nicht zur Ausführung geschritten und wird es wahrscheinlich auch so bald noch nicht tun, denn die Einwände, die
von sachkundiger Seite in Frankreich gegen diese Linie erhoben

werden, sind schwer. Namentlich hat der Administrateur des
Colonies, A. Fourneau, ein kompetenter Beurteiler in Fragen des
Kongogebietes, sich dagegen gewandt (Dépêche coloniale, 14.
April 1902), mit der Begründung, dafs diese Linie fast nur die armen und
dünnbevölkerten Landstriche der Kolonie durchziehe und zur Ent-
wicklung der reichen Gebiete des Landes nichts beitragen könne.
Sie werde weiter nichts als eine Transitbahn von Loango nach
Stanleypool sein, die der bereits bestehenden Transitbahn des
Kongostaates, welche viel kürzer ist, sich bereits reichlich rentiert
und unter allen Umständen billigere Tarife als die französische
Linie ansetzen kann, in keiner Weise Konkurrenz zu machen ver-
möchte.

Fourneau plädiert dagegen eifrigst für den Bau einer ca. 900 km
langen Linie von Gabun nach dem Sangha, die erst durch
das handelsrege Fangebiet, dann durch das waldige, reiche und
sehr dicht bevölkerte Bakotaland gehen und am Sangha ein Pro-
duktionszentrum erreichen würde, von wo die Fortsetzung nach
dem Logone und Schari dann von selbst kommen müsse. Freilich
würde die Linie Gabun—Sangha – Logone etwa 1800 km lang werden
und ca. 270 Mill. Frank kosten, während die Linie Gabun—Alima—
Gribingi auf ca. 1200 km Länge und 188 Mill. Frank Baukosten
berechnet werden könne. Die Gabun—Sangha-Linie werde aber
keine blofse Transitbahn sein, die noch dazu mit einer bereits in
vollem Betrieb befindlichen (Kongobahn) zu konkurrieren hätte,
sondern eine Pionierbahn, die im Mafs ihres Vorschreitens die
gesamten Zwischengebiete mit ihren reichen natürlichen Vorzügen eröffnen und entwickeln würde. Auch werde diese Linie
nach Fourneaus Meinung allen künftigen Versuchen, dem südlichen
Sudan von anderer Seite, z. B. von Kamerun her, einen Ausgang
zum Meere zu schaffen, von vornherein den Boden entziehen.

Das ist freilich ein offenbarer Irrtum, denn eine von der französischen Loangoküste über den Sangha nach dem Schari gehende
Verkehrsstrafse (teils Bahn, teils Wasserstrafse), wie sie auch
Gentil zur Erschliefsung des Sudan von Süden her schon geplant
hatte, wird immer viel länger und kostspieliger sein als eine etwa
von Kamerun dorthin gebaute Bahn. Aber im übrigen hat Fourneau
zweifellos recht mit seiner Befürwortung einer Linie Gabun—
Sangha gegenüber dem Projekt Gabun—Alima. Nur wird dieser
Bahnbau wegen seiner Länge nicht auf einmal unternommen
werden und selbst mit seinen Anfängen, wie jeder andere in
Französisch-Kongo, noch längere Zeit auf seine Verwirklichung

warten müssen, nachdem seit März 1902 das Land in hellem Aufruhr ist, und die Konzessionswirtschaft der Franzosen, von der sie sich, nach dem Vorbild der Belgier im Kongostaat, die glänzendsten Erfolge versprochen hatten, ein frühzeitiges Ende mit Schrecken genommen hat. Der bis dahin zu bemerkende Handelsaufschwung der Kolonie, deren Einfuhr von 6,7 Mill. Frank 1899 auf 10,6 Mill. Frank 1900, und deren Ausfuhr von 6,6 Mill. Frank 1899 auf 7,5 Mill. Frank 1900 gestiegen waren, wird wohl von einem starken Rückschlag betroffen werden. Die Zolleinnahmen sind 1901 auf den Tiefstand von 1889 gefallen. Der Plantagenbau war ohnehin erst in den Anfängen: von Kaffee hatte man nur einheimischen vom Kuilu oder solchen von Liberia angepflanzt und den Export von 41281 Frank 1899 auf 47752 Frank 1900 gehoben. Kakaobäumchen hatte man von São Thomé bezogen und die Ausfuhr von 23249 Frank auf 29031 Frank gebracht. Versuche mit Kautschukpflanzungen hat man aufgegeben, aber 1900 immer noch 655 gegen 670 Tonnen 1899 von den Eingeborenen erhandelt (Kongostaat 1898: 2113 Tonnen für 15,85 Mill. Frank, 1899: 3746 Tonnen für 28,1 Mill. Frank). 1901 gab es in den Plantagen von Französisch-Kongo ca. 500 000 Kaffeebäume, 540 000 Kakaobäume, 3000 Vanille-stauden, 40 000 Kautschukbäume, 10 ha Baumwollpflanzen, 15 ha Zuckerrohr, 60 ha Reis; ein kläglicher Bestand für die riesige Kolonie.

Die 40 Konzessionsgesellschaften, welche sich in der Hoffnung auf so leichte, reiche Beute, wie sie von den Belgiern in den domaines privés des benachbarten Kongostaates gemacht wurde, in das Land geteilt hatten, ohne die konzessionierten Ländereien zu kennen, und welche dann nach dem Beispiel und vielfach auch unter Führung der belgischen Monopolisten zu plündern begonnen hatten, ohne gegen die natürlich aufsässig gewordenen Eingeborenen durch hinreichende Militärmacht gedeckt zu sein, sie sind bis auf einige wenige zusammengebrochen oder der Auflösung nahe, nachdem sie die Anfangskapitalien von 65 Mill. Frank verloren, aber beim anfänglichen riesigen Steigen der Aktien einen hübschen Gewinn eingeheimst haben, der freilich meist in belgische Taschen geflossen ist. Frankreich hat erkannt, daſs es auf falschem Wege war, und lenkt in eine verständigere, gegen monopolistische Gelüste gesicherte Kolonisationspolitik ein. Doch wird es lange dauern, bis die gründlich verfahrenen Dinge wieder in ein richtiges Geleise gebracht sind. Zur Zeit haben die französischen Kolonialtruppen noch ihre Not mit den eingeborenen „Rebellen", und die

fremden, besonders die englischen und deutschen **Handelsfirmen**
geben ihre Arbeit in Französisch-Kongo **auf**; unter **ihnen** auch
das Hamburger Haus Woermann, das seine sämtlichen dortigen
Faktoreien geschlossen und sich ganz aus Gabun zurückgezogen hat.

Indessen zeigt sich die Abwendung der Regierung von aben-
teuerlichen, nicht auf die Konsequenzen bedachten Unternehmungen
jetzt auch darin, daſs Anfang Juli 1902 die militärischen Gebiete des
Schari und Tschadsees, wo ehrgeizige Offiziere eigene, weittragende
Politik trieben, in militärischer wie politischer Beziehung dem
Generalgouverneur von Französisch-Kongo unterstellt worden sind,
und daſs der dortigen Regierung ein Spezialkommissar (Gentil) zur
Regelung der wirtschaftlichen Fragen in Französisch-Kongo beigegeben worden ist. Seine nächste Aufgabe soll, wie es heiſst, die
Anlegung von Verkehrswegen und die Tracebestimmung einer
schmalspurigen Eisenbahn „de pénétration" sein, die im stande
wären, an der Pazifizierung des Landes mitzuarbeiten und die
12000 km schiffbarer Wasserstraſsen der Kolonie, welche durch
Stromschnellen abgesperrt sind, zugänglich und nutzbar zu machen.
Also wird es wohl auf das Fourneausche Projekt Gabun—Sangha
hinauskommen.

III. Die Bahnen in Südwestafrika.

1. Angola.

Im portugiesischen Teil des tropischen südlichen Westafrika, in der Kolonie Angola, sind schon vor Jahren einige
Bahnbauten unternommen worden, aber allmählich zum Stillstand
gekommen. Nur die von der Hauptstadt Loanda nach Ambaca
führende Linie ist im Betrieb und erschließt den für Plantagenbau
(Kaffee) sehr geeigneten Distrikt Cazengo, den Minenbezirk Golungo
alto und die für Landwirtschaft vielversprechende Gegend von
Ambaca selbst. Der Bau dieser Linie wurde Oktober 1886 einer
Konzessionsgesellschaft mit dem stolzen Namen „Companhia Real
dos Caminhos de Ferro a travez d'Africa" übertragen und in den
Jahren 1888 bis 1894 nach dem bei der Kongobahn bewährten
Arbeitssystem bis nach Ambaca (363 km) ausgeführt.

Die Bahn durchschneidet den öden steppenhaften Küstenstrich,
steigt dann rasch bis zum Hochplateau des Innern hinan und
erreicht bei Ambaca bereits 715 m. Sie ist daher in Art des
Unterbaues, Überführungen, Brücken u. s. w. großenteils Bergbahn; ihre Spurweite beträgt 1,05 m; Schienen und Schwellen
(anfänglich aus Holz), sind von Stahl, erstere 7,20 m lang und
pro Meter 20 kg schwer. Fast alle Materialien und Ingenieure
zum Bahnbau hat Belgien geliefert. Die Baukosten waren auf
111100 Frank pro Kilometer veranschlagt. Der Konzessionsgesellschaft war eine 6%ige Zinsgarantie gewährt worden und außer
mancherlei anderen Erleichterungen ein Zuschlag auf die Kilo-
metereinnahme, aber die finanziellen Ergebnisse stellten sich ungünstig. Die Einnahmen der Bahn sind zwar (in runden Zahlen)
von 557000 Mark 1894 auf 816000 Mark 1898 gestiegen, aber
auch die Ausgaben von 965000 auf 1318000 Mark. 1898 be-

trugen pro Kilometer die Einnahmen 2700 Mark, die Ausgaben
aber 4664 Mark. 1899/1900 wurden im Betrieb 1 377 000 Mark,
1900/1901 nur 1 026 000 Mark vereinnahmt; die Einkünfte pro
Kilometer sind also von 3793 Mark auf 3573 Mark gefallen.
Infolgedessen ist die Bahngesellschaft schon stark verschuldet und
hat den Betrieb auf täglich einen Zug in jeder Richtung beschränkt,
der bis an sein Ziel zwei Tage braucht.

 Der Komfort auf der Bahn ist denkbarst gering, aber auch
die Tarife sind sehr niedrig. Die Fahrpreise betragen für
Passagiere 1. Klasse 80 Reis à 0,45 Pfg. pro Kilometer, 2. Klasse
40 Reis pro Kilometer, 3. Klasse 20 Reis pro Kilometer, so
daſs Passagiere 1. Klasse 90 Mark, 2. Klasse 45 Mark, 3. Klasse
23 Mark für die ganze Strecke von 363 km zahlen. Güter
zahlen nach 12 Abstufungen von 36 bis 150 Reis Fracht pro
Tonnenkilometer, so daſs die teuerste Ware 67,5 Pfg. pro
Tonnenkilometer zu zahlen hat. Da die Bahn auf den ersten
300 km in dem wasserarmen, öden Steppenstrich gar keine Einnahmen hat, wird der Gütertransport nach den kultivierten Plateau-
distrikten so teuer, daſs die Kaufleute ihre Waren dorthin gröſstenteils nicht per Bahn, sondern nach wie vor auf dem Kuanzafluſs
bis Dondo, dem Endpunkt der Schiffahrt, und von dort per Träger
weiterbefördern. Die Bahn ist daher fast nur auf den Passagierverkehr und auf einige eilige Güterarten angewiesen, wobei sie
trotz aller Opfer der Regierung nicht bestehen kann. Hätte man
die Wasserstraſse des Kuanza, die vorher fast allen Verkehr vermittelt hatte, so verbessert, daſs sie auch mit gröſseren Dampfern
jederzeit von der Küste bis Dondo fahrbar geworden wäre, und
die Bahn erst in Dondo beginnen lassen, so würde man jedenfalls
viel billiger gebaut haben und der Bahn einen bedeutend gröſseren
Verkehr zugewendet haben, als er jetzt möglich ist.

 In der Absicht, die Geschäfte der Bahn durch Erweiterung
des Geschäftsbereiches zu heben und zu bessern, ging man an eine
Verlängerung der Bahnlinie und schloſs 1897 staatlicherseits mit
der Konzessionsgesellschaft einen weiteren Vertrag, wonach die Bahn
150 km weiter nach Malandje am Kuanza fortgeführt werden
soll, um den dortigen Hauptausfuhrartikel, Gummi, leicht zur
Küste zu bringen, und von dort eventuell weiter nach Kassandje
im Gebiet des Kuangostromes. Der Bau wurde alsbald begonnen,
und 1899 waren die Erdarbeiten etwa 50 km weitergeführt. Seitdem aber stockt das Unternehmen. Die Kosten der fertigen, von
Loanda an 363 km langen Linie beliefen sich einschließlich sämt-

lichen Materiales auf rund 100 Mill. Mark, also auf ca. 275 400 Mark
pro Kilometer (Deutsches Kolon.-Blatt 1899, Nr. 21), ein enorm
hoher Preis, der sich nur teilweise aus den technischen Schwierigkeiten des Baues erklärt. Den Charakter als Bergbahn behält
auch die Linie Ambaca—Malandje—Kassandje auf längeren Strecken
bei; bei Kilometer 234 hat sie bereits 822 m Höhe, und ·Malandje
selbst liegt 1160 m hoch, während Kassandje 945 m Seehöhe hat.

Die zweite in Portugiesisch-Westafrika (Angola) bestehende
Bahn ist die nur 23 km lange, ganz bedeutungslose Küstenlandlinie
Benguella—Catumbella. Da ihr Betriebskapital unzureichend
ist, wurde der Betrieb eingestellt. Eines der grofsen Handelshäuser Benguellas sollte die Bahn käuflich für 70 000 Frank übernehmen.

Aber von dieser üblen Lage der Dinge sagt der Gouverneur
d'Almada Negreiros in seinem jüngsten Bericht (Bulletin de la
Société d'Etudes Coloniales, März und April 1902) kein Wort; er
tut vielmehr so, als wenn alles in schönster Ordnung wäre. Und
der französische Kolonialpolitiker Paul Vibert folgt in der „Dépêche coloniale" seinen Spuren. Er ergeht sich in Lobpreisung
der unermefslichen Naturschätze Angolas, des vortrefflichen
Klimas seiner Hochländer, des reichen Anbaues von Kaffee,
Tabak, Kakao und anderen Kulturpflanzen, des weitverzweigten
Verkehrsnetzes seiner Flüsse und Eisenbahnen, des ausgezeichnet
geschützten Naturhafens der Hauptstadt ·São Paolo de Loanda,
des lebhaften Handelsgetriebes in den Küstenstädten und nimmt
mit Negreiros an, dafs das Einnahmebudget gegenwärtig (1902)
mehr als 2 Mill. Frank betrage und die Handelsbewegung in
einigen Handelszentren sich auf ca. 90 Mill. Frank belaufe.
Die Belebung des Handels, das Anwachsen der Städte (Loanda
20 000 Einwohner) seien vor allem den Eisenbahnen zu danken.
In den 30 Jahren von 1868 bis 1898 ist der Gesamthandel von
16 995 000 Frank auf 80 775 000 Frank gestiegen; aber 1900 war
er (nach „Mouv. géogr." vom 6. April 1902) auf rund 60 Mill. Frank
zurückgegangen, und es ist abzuwarten, ob sich die günstige
Voraussage Negreiros, der für 1902 90 Mill. Frank annimmt, be-
wahrheiten wird. Möglich, dafs die neuerdings bedeutend ver-
stärkte Investierung englischen Kapitales in Angola (wie in
anderen portugiesischen Kolonien), das es auf monopolistische Ausbeutung des Landes abgesehen hat, sich bald in höheren Ein- und
Ausfuhrzahlen kenntlich macht; aber mit den Bahnbauten steht
dies nicht in ursächlichem Zusammenhang. Und solange die auf-

ständischen Bewegungen der Eingeborenen andauern, die seit Mitte 1902 grofse Dimensionen angenommen haben, wird auch das hilfreiche englische Kapital vergebens des goldenen Lohnes harren.

Die Ursachen dieser weit um sich greifenden Unruhen ist die allgemeine Erbitterung der Eingeborenen über das Konzessionswesen und den Arbeitszwang, wie sie beide in Angola ausgeübt werden. Die Inhaber der grofsen Landkonzessionen haben sich zwar nicht der Brutalitäten schuldig gemacht, die im Kongostaat an der Tagesordnung sind, aber sie haben den Arbeitszwang der Eingeborenen, dem ursprünglich ein sehr gesunder Gedanke zu Grunde liegt, mit Billigung der Behörden über die Mafsen ausgenutzt. Ursprünglich sollte die seit 1899 eingeführte Zwangsarbeit alle arbeitsscheuen Individuen zur Arbeit im Dienst der öffentlichen Wegebauten, Regierungskarawanen u. dergl. mit Hilfe der Häuptlinge zwingen. Dann aber liefs es der Erwerbssinn der lusitanischen Behörden zu, dafs die Zwangsarbeiter auch an die privaten Händler, Pflanzer und Minenbesitzer vermietet wurden, und daraus entwickelte sich bald ein „Kontraktsystem", das sich wenig von Sklaverei unterscheidet, da der Zwangsarbeiter nur einige Pfennige Tagelohn erhält, auf fünf Jahre verpflichtet wird und nach Belieben verschickt werden kann, während der zuführende Häuptling oder Anwerber eine „Vermittlungsgebühr" von 100—800 Mark pro Kopf bekommt. Der gröfste Teil dieser Arbeiter sieht die Heimat nie wieder. Vermittels dieses der privaten Ausbeutung dienstbar gemachten „Kontraktsystemes" konnten die Pflanzer lange Jahre billig arbeiten. Jetzt wird ihm wohl die allgemeine Empörung der Eingeborenen ein schnelleres Ende bereiten als die Entrüstung europäischer humaner Gesellschaften wie auch geschäftlich interessierter Konkurrenten.

Geplant und teilweise traciert sind ferner in Angola drei relativ kurze Stichbahnen, die nach Durchschneidung der sterilen Küstenregion die besser beschaffenen nahen Randlandschaften des inneren Hochplateaus leichter zugänglich machen sollen. Die eine Linie, nördlich des Kongo, von Cabinda nach dem Tschiloango, unternimmt das Gouvernement; die andere, von der nördlich von Catumbella gelegenen Lobitobai nach dem Hochplateau von Caconda, und die dritte, von Porto Alexandre nach Coniamso, die weiter nach dem mineralreichen Humbe-Plateau und dem Kunene geplant ist, werden von der „Companhia de Mossamedes" studiert.

Von der Lobitobahn ist bereits ein Stück konzessioniert; die Baukapitalien sollen durch Extrazölle auf Kautschuk, Baumwolle,

Spirituosen, durch Verkauf des an der Bahn gelegenen Landes u. a.
aufgebracht werden. Den Bau der Linie Porto Alexandre—
Humbe hat die Mossamedes-Kompanie durch Vertrag dem
„Transafrican Railway Syndicate" übertragen, das sich sofort ans
Werk machen soll. Die Strecke bis Humbe wird ca. 200 km lang
werden. Von der zuerst als Ausgangspunkt in Aussicht genommenen Tigerbai hat man zu Gunsten von Porto Alexandre
Abstand genommen, weil letzteres einen viel besseren Hafen als
die Tigerbai (Grofse Fischbai) hat.

Es ist in Kolonialkreisen viel davon die Rede gewesen, dafs
diese portugiesische Linie Porto Alexandre—Humbe (Kunene)
sich wahrscheinlich zu einem grofsen Schienenweg ausgestalten
werde, der, vor Humbe südostwärts abzweigend, durch den
Norden von Deutsch-Südwestafrika bis nach Rhodesia zum Anschlufs an das dortige englische Bahnnetz führen werde; und
schon der Name des „Transafrican Railway Syndicate", dem, wie
vorhin bemerkt, der Bau der Anfangslinie übertragen ist, spricht
dafür, dafs diese Absicht vorliegt. Diese Absicht erscheint nun
in viel bestimmteren Formen durch das neuerdings (Juli 1902)
bekannt gewordene Vorhaben der South-West Africa Company, die
vielbesprochenen Otavi-Minen unseres südwestafrikanischen Schutzgebietes mit Porto Alexandre durch eine Eisenbahn zu verbinden.
Damit wird sich ein Teil des nächsten Kapitels zu beschäftigen
haben.

2. Deutsch-Südwestafrika.

Die im Juni 1902 eröffnete Bahn vom Küstenplatz Swakopmund nach der Landeshauptstadt Windhoek ist keine eigentliche
Tropenbahn, obwohl sie noch am äufsersten Südrand der Tropenzone
liegt. Sie geht von einem heifsen wüstenhaften Küstenstrich hinauf
auf ein Hochplateau (Bahnhof Windhoek 1638 m), dessen gemäfsigtes,
gesundes Klima den Weifsen den dauernden Aufenthalt und die
gewohnte Arbeit im Lande erlaubt: die einzige unserer afrikanischen Kolonien, wo eine deutsche Besiedelung in grofsem Umfang
möglich ist und bereits begonnen hat. Wie die gesamte Entwicklung
des Landes auf der Kulturarbeit der ansässigen Europäer beruht,
so auch die Eisenbahn als Mittel zur Entwicklung. Bei ihrem
Bau konnten, dank dem milden Klima, zahlreiche Europäer selbst
mitarbeiten, nicht blofs, wie in tropischen Gebieten, die Arbeit der
Farbigen beaufsichtigen, und die Bahnbeamten sind fast lauter

Europäer. Die Bahn ist mit ihren Transporten nicht, wie in afrikanischen Tropengebieten, ganz auf Erzeugnisse europäisch geleiteter
Negerarbeit angewiesen und hängt in ihrem Betrieb nicht von der
farbigen Bevölkerung ab.

Daher gehört streng genommen diese Bahn nicht in den Bereich unserer Betrachtungen von afrikanischen „Tropenbahnen".
Aber ich will sie nicht ausschliefsen, weil sie erstens unsere erste
und einzige fertige längere Kolonialbahn ist, zweitens, weil sie enge
Beziehungen zu Bahnprojekten hat, die auch die durchaus tropischen
Landstriche unseres Schutzgebietes ins Auge gefafst haben, und
endlich, weil bei diesem Bahnbau Erfahrungen gemacht worden
sind, aus denen wir für unsere künftigen kolonialen Bahnbauten
in West- und Ostafrika viel Nutzen ziehen können und müssen.
Die technischen Angaben entnehme ich dem Aufsatz des Oberst
Gerding in den „Beiträgen zur Kolonialpolitik und Kolonialwirt-
schaft", Jahrg. III, Heft 13.

Die Bahn hatte ursprünglich einen rein strategischen Zweck
und ist demgemäfs angelegt. 1897 herrschte in Deutsch-Südwestafrika die Rinderpest. Der Ochsenwagenverkehr von der Küste
nach dem Hauptort Windhoek stockte, und die Verproviantierung
der Schutztruppe war gefährdet. Dazu drohte ein allgemeiner
Aufstand der Herero. „Da ergriff," wie Gerding sagt, „der Unter-
staatssekretär von Richthofen die günstige Gelegenheit", veranlafste
auf Anregung der Deutschen Kolonialgesellschaft, dafs ein Kom-
mando der Eisenbahntruppe nach Südwestafrika geschickt wurde,
und liefs, ohne die Zustimmung des Reichstages einzuholen, den
Bau einer 60 cm-spurigen Feldbahn nach Windhoek in Angriff
nehmen. Das Material wurde den Kriegsbeständen der Armee
entnommen.

Die erste Baurate wurde aufseretatsmäfsig verrechnet und
die zweite vom Reichstag bewilligt, nachdem der Unterstaats-
sekretar erklärt hatte, dafs der Bau in einigen Monaten fertig
sein und höchstens 4—5 Mill. Mark kosten werde. Die also be-
messene Zeit verging, aber die Bahn war kaum über den Wüsten-
strich vorgeschritten. Professor Koch setzte durch seine Impf-
methode der Rinderpest eine Grenze, der Verkehr wurde mit
Pferden, Eseln, Maultieren aufrechterhalten, und der erwartete
allgemeine Aufstand der Herero kam nicht zu stande. Die be-
gonnene Bahn hatte ihren strategischen Zweck verloren, wurde nun
aber als wirtschaftliche Erschliefsungsbahn weitergebaut. Bald
mehrten sich die technischen Schwierigkeiten in ungeahntem Mafse.

Nun wurde 1899 als Sachverständiger der Oberst Gerding von der Eisenbahnbrigade zur Berichterstattung ausgesandt, der alsbald einen neuen Kostenanschlag aufstellte. Dieser aber lautete nicht auf 4—5 Millionen, wie die erste Angabe des Unterstaatssekretärs, sondern auf 13 734 000 Mark, was bei einer Bahnlänge von 382 km rund 36 000 Mark pro Kilometer ausmachte.

Seitdem sind weitere drei Jahre über den Bahnbau hingegangen, im ganzen hat der Bau bis zur Eröffnung im Juni 1902 fünf Jahre anstatt einige Monate gedauert, die veranschlagten 13³/₄ Mill. Mark sind bis auf 205 000 Mark verbraucht, und der Etat von 1902, der eine Rate von 1 730 000 Mark fordert, läfst leicht erraten, dafs im nächsten Jahr noch etwas nachfolgen wird. Aufserdem ist im Zusammenhang mit der Bahn in Swakopmund, das wegen seiner starken Brandung sehr schlechte Landungsverhältnisse hat, eine Hafenanlage unternommen worden, für welche weitere 2 Mill. Mark angesetzt sind. Alles in allem genommen wird man das Richtige ungefähr treffen, wenn man für die Endkosten der wohl im Jahre 1903 definitiv fertig werdenden Bahnlinie 18—20 Mill. Mark rechnet; das wird also vier- bis fünfmal so viel sein, wie ursprünglich angenommen war.

Mit dieser Ausführung will ich keineswegs Kritik an dem Verfahren der Regierung und der Bahnbauer üben, obwohl sie nahe läge, sondern nur zeigen, wie gänzlich unzuverlässig und wertlos im afrikanischen Bahnbau Kostenschätzungen sind, wenn ihnen nicht die gründlichsten Vorstudien zu Grunde liegen, und wenn man nicht über deren Ergebnisse hinaus das denkbar höchste, ja ganz unwahrscheinliche Maximum als das wahrscheinlichste in Rechnung stellt. Es ist keine afrikanische Bahn, die diese Erfahrung nicht gemacht hätte. Für uns ist es auch nicht die erste; das Beispiel der Usambarabahn ging voraus. Um so mehr sollten wir es uns künftig zur Lehre sein lassen. Dafs aber die Windhoekbahn als solche, die ein von Europäern in grofsem Umfang besiedelbares und teilweise schon besiedeltes Hochplateau über einen schmalen, heifsen, wüstenhaften Küstenstrich hinweg mit der See verbindet, eine wirtschaftliche Notwendigkeit ist, und dafs diese Notwendigkeit sich ebenso auf den Ausbau des Hafens in Swakopmund erstreckt, mag letzerer nun 2 oder 4 Mill. Mark kosten, wäre töricht zu bestreiten.

Die Ausführung der Bahn ist, wie es von unserer Eisenbahntruppe zu erwarten war, vortrefflich. Im letzten Baujahr waren unter Europäeraufsicht mehrere hundert Eingeborene an der Arbeit beteiligt, was als erziehliche Wirkung hoch zu schätzen ist. Bauleitende waren die Offiziere Kecker, Schulze, Pophal. Der Oberbau der Bahn ist eingeleisig, mit 60 cm Spurweite; die Schienen sind 9,5 kg schwer, 5 m lang und ruhen auf je 8 eisernen Schwellen. An Betriebsmaterial sind vorhanden 28 Zwillingsmaschinen, 4 schwere Vorspannlokomotiven und 200 vierachsige Wagen. Die Güterwagen haben 5000 kg Tragfähigkeit, die Personenwagen sind ähnlich den Trambahnwagen mit Längssitzen und zwei Plattformen eingerichtet. Wegen der vielen Schluchten waren zahlreiche Brücken zu bauen. Die Mehrzahl hat Eisenkonstruktionen, und die längste, über den oberen Swakop bei Okahandja, mifst 305 m. Die Stationen sind sehr verständigerweise in Barackenform gebaut, nicht in Stein, wie bei der Usambarabahn, wo dies eine grofse Luxusausgabe war; nur Swakopmund und Windhoek haben stattlichere Bahnhofsgebäude.

Die gröfsten Schwierigkeiten verursachten die natürlichen Steigungsverhältnisse: Bereits bei Kilometer 289 erreicht die Bahn 1500 Höhe, fällt dann zum mittleren Swakopflufs auf 1289 m und steigt bis Windhoek zu 1638 m empor, 275 m höher als der Brennerpafs. Trotzdem ist die Steigung der Bahn nirgends steiler als 1 : 40; nur das Steilufer des Khanflusses verursacht eine Steigung von 1 : 20 auf 4 km, so dafs hier mit schweren Vorspannmaschinen gearbeitet werden mufs und bei gröfserem Verkehr eine Zahnradeinrichtung nötig werden wird. Alle Terraineinschnitte mufsten mit Dynamit gesprengt werden, da überall im Gebirge der gewachsene, harte Fels ansteht. Von Swakopmund bis Station Rössing (40 km) ist das Terrain die allmählich ansteigende Wüste. In Rössing beginnt das Gebirge, anfangs vegetationslos, bei Khan mit Spuren von Vegetation, dann mit Busch und Steppengras, durchweg ein trostloses Landschaftsbild, wie auch die der obengenannten Gerdingschen Broschüre beigegebenen Photographien sehr gut erkennen lassen.

Den Steigungsverhältnissen entspricht die Betriebsweise. Von Swakopmund nach Station Richthofen (20 km) zieht eine Doppelmaschine 5 beladene Wagen; dort werden 2—3 abgekoppelt und von der unteren nach der oberen Khanstation jedesmal nur 1 Wagen geschleppt. Darum sind von der oberen Khanstation nach Richthofen immer Lokomotiven unterwegs, um die abgekoppelten Wagen zu holen. Weiterhin geht's dann leichter. Am tiefeingeschnittenen Khanflufsbett aber ist das Terrain so schwierig, dafs die Linie zur Vermeidung enorm kostspieliger Kunstbauten und Tunnels mehrere Kilometer weit einfach auf der Sohle des trockenen Flußbettes hingeführt worden ist. Wenn nun auch bei der Regenlosigkeit dieses Landstriches ein „Abkommen" des Flusses nur in mehreren Jahren einmal sich ereignen soll, ist doch, wenn dann die Wassermassen kommen, die Bahn hier rettungslos der Zerstörung preisgegeben und der Verkehr lange unterbrochen. Die Regenlosigkeit beeinflußt übrigens auch die Wasserversorgung der Lokomotiven sehr ungünstig, da das auf den meisten Stationen aus großer Tiefe im Granit erbohrte Wasser obendrein oft noch salzig ist.

Wenn man die schwierigen Steigungsverhältnisse und die gefährliche Bahnführung in der Erosionsschlucht des Khanflusses überdenkt, fragt man sich doch, warum dieses Flußbett nicht in seinem Oberlauf, wo es viel leichter passierbar ist, mit der Bahn überschritten worden ist. Das ist um so weniger zu verstehen, als schon 1892 eine Eisenbahnexpedition der South West Africa Company die Tracierung der Linie Swakopmund-Otavi und Swakopmund-Windhoek ausgeführt hatte, wobei zur Vermeidung der tief eingeschnittenen Unterläufe der Swakopzuflüsse die Trace von Swakopmund in einem nördlicheren Bogen auf viel leichterem Terrainanstieg zum Hochplateau nach Aukhas geführt war, wo der Khanfluß unschwer überbrückt werden kann und sich die beiden Linien verzweigen. Es wäre der Erwägung wohl wert, ob man nicht diese Trace der englischen Aufnahme n o c h wählen soll, sobald der Verkehr zunimmt. Von Karibib bis Windhoek kann es gut bei der jetzigen Trace bleiben.

Wegen der schwierigen Steigungs- und Wasserverhältnisse, wie sie j e t z t auf der Anfangsstrecke sind, und wegen der miserablen Landungszustände in Swakopmund war nach Oberst Gerdings Ansicht hier keine größere als eine 60 cm-spurige Bahn am Platz. Eine breitere Spurweite hätte den Bahnbau beträchtlich verteuert, und wie die Bahn dem j e t z i g e n Verkehr genügt, so werde sie, d a sie bis 15000 Tonnen jährlich bewältigen kann, auch dem k ü n f t i g e n auf absehbare Zeit genügen. Wenn es einmal mehr zu transportieren geben werde, dann werde sich auch der Ausbau zu einer breiteren Spurweite lohnen. Das ist auch meine Meinung; besonders stimme ich Herrn Gerding darin zu, daß, wenn es bei der Linie Swakopmund—Windhoek bleibt, für absehbare Zeit „die Bahn den ihr zufallenden Verkehr spielend bewältigen wird, und daß es sich eher fragt, ob der Verkehr genügend groß ist, um die Bahn ohne Betriebszuschuß zu erhalten". Meines Erachtens

wird es ohne recht hohe Betriebszuschüsse nicht abgehen, denn
eine Einschränkung des Personals, die Gerding als Sparmittel
empfiehlt, dürfte bei so schwierigen Betriebsverhältnissen direkt gefährlich sein. Das Übel liegt eben in dem Mifsverhältnis zwischen
den wegen der ungünstigen Landesnatur notwendigerweise
hohen Betriebskosten und dem geringen Umfang des Verkehres.

Der gegenwärtige Handelsverkehr ist recht unbedeutend. Die
Einfuhr betrug im Rechnungsjahr 1900 6968385 Mark gegen
8941154 Mark im Jahre 1899, hat also eine Abnahme von
1972769 Mark zu verzeichnen; die Ausfuhr betrug in derselben
Periode 907565 Mark gegen 1399478 Mark im Jahre 1899, hat
also um 491913 Mark abgenommen. Zwar figurieren in den amtlichen Listen riesige Gewichtsmengen von rund 6130 Tonnen Guano
und ca. 8800 Tonnen Eisen, Bauholz, Zement etc., aber da der
Guano direkt an und vor der Küste gewonnen und verschifft wird
und die Massen von Eisen, Zement und dergl. gröfstenteils in
Swakopmund und seinem Hafenbau zur Verwendung kamen, hatte
die Bahn keinen Gewinn davon. 1901 ist die Ausfuhr auf
1240000 Mark gestiegen, aber die Zunahme kommt fast nur auf
Konto des Guano (850000 Mark gegen 610000 Mark im Jahre
1900), und so ging die Bahn wieder grofsenteils leer aus. Ähnliches gilt für die vermehrte Wareneinfuhr des Jahres 1901: sie
hat einen Wert von 10075000 Mark gegen 6968000 Mark 1900,
aber da es grofsenteils Bedarfsartikel für den Hafen und die Bahn
selbst sind, hatte die Bahn wenig Frachteinnahmen davon.

Der Betrieb beschränkt sich daher auf 1 Güterzug täglich
(der die Gesamtstrecke in 3—4 Tagen zurücklegt) und 1 Personen-
zug wöchentlich in jeder Richtung (der zur ganzen Fahrt 2 Tage
mit Nachtaufenthalt in Karibib braucht), wofür folgende Tarife
bestehen: Beförderung von Europäern in erster Klasse 10 Pfennig,
in zweiter Klasse 6 Pfennig pro Kilometer, von Eingeborenen
4 Pfennig pro Kilometer; Rückfahrkarte für Europäer in erster
Klasse 15 Pfennig, in zweiter Klasse 9 Pfennig pro Kilometer.
Stückgüter zahlen 40 Pfennig pro Tonnenkilometer, 20 Pfennig
im Ausnahmetarif, ganze Wagenladungen à 5 Tonnen 30 Pfennig;
Transporte von mehr als 5 Tonnen zahlen 12 Pfennig pro Tonnenkilometer. Gegenüber den Frachtsätzen der Ochsenwagen, die
bei ca. vierwöchiger Fahrtdauer 1,20—1,55 Mark pro Tonnenkilometer berechneten, und der Personenbeförderung in Pferde-
karren, die 120 Mark für die Strecke Swakopmund—Windhoek
kostete, ist der Bahntarif eine aufserordentlich grofse Verbilligung,

die dem Handel und dem Lande ebenso zu gute kommt wie die Zeitersparnis, die gleich der Geldersparnis in produktive Mehrarbeit umgesetzt werden kann; aber die 60 cm-spurige Bahn mit ihren unumgänglich hohen Betriebskosten, ihrer geringen Ladefähigkeit und den auf absehbare Zeit noch geringeren Frachtmengen kann dabei nicht bestehen ohne erhebliche Zuschüsse.

Erst wenn der Verkehr so stark sein wird, daſs der Bahn eine gröſsere Transportfähigkeit d. h. eine breitere Spurweite gegeben werden muſs, ohne daſs die Betriebskosten viel zu steigen und die Tarife zu fallen brauchen, wird auch die Bahn selbst rentabel werden. Der Verkehr wird durch die stetig zunehmende Ansiedelung von Farmern und Gewerbetreibenden, durch die Ausbreitung der Rinder- und Schafzucht, für die sich das Land vorzüglich eignet, sicher, aber langsam wachsen. In ein schnelles Tempo jedoch kann es nur durch das Erblühen der Minenindustrie kommen, die, wo immer sie in anderen von Europäern bewohnbaren Ländern besteht, die Entwicklung aller wirtschaftlichen Verhältnisse auſserordentlich beeinfluſst hat, und auf die besonders in Deutsch-Südwestafrika von Anbeginn so groſse Hoffnungen gesetzt worden sind. Vor allem die Erzlager im Otavidistrikt, auf welche die South West Africa Company mit ihrer Konzession das Schürfrecht erworben hatte, waren zu wiederholten Malen Gegenstand von Ausbeutungs- und Bahnbauprojekten. Wiederholt wurde die Alternative erörtert, ob man den Otavibezirk durch eine Zweigbahn an die Windhoeklinie anschlieſsen oder ihn durch eine selbständige Linie mit der Küste verbinden solle. Aber die angeblich sehr ungünstigen Ergebnisse der Untersuchungen der Otaviminen im Jahre 1901 schienen diese aus allen weiteren Projekten auszuschalten.

Da gewinnt nun plötzlich diese Frage durch den neuesten Bericht der seit 1892 in unserem Schutzgebiet konzessionierten (Damaraland-Konzession) South West Africa Company ein gänzlich verändertes Aus- und Ansehen und eine für unsere Kolonie nicht hoch genug anzuschlagende Bedeutung. In der zu London am 28. Juli 1902 abgehaltenen Generalversammlung machte der Vorsitzende, G. Cawston, Mitteilung von Plänen und bereits eingeleiteten Unternehmungen dieser ungemein kapitalkräftigen englischen Gesellschaft, die alle im Zusammenhang mit der Ausbeutung der Otaviminen stehen und eine weite Perspektive für die Entwicklung unseres Schutzgebietes eröffnen. Ich gebe zunächst den hauptsächlichen Inhalt dieser Mitteilungen wieder, indem ich

vorausschicke, daſs schon 1900 von der auf der **Basis des eng-**
lischen Gesellschaftsrechts stehenden South West **Africa Co.** zur
Untersuchung und eventuellen Ausbeutung der Otaviminen unter
Führung der Berliner Diskontogesellschaft eine deutsche „Otavi-
Minen- und Eisenbahngesellschaft" ins Leben gerufen
worden war, an deren 1 Mill. Mark betragendem Gründungskapital
die South West Africa Co. einen maſsgebenden Anteil hatte, und
daſs diese Otavigesellschaft zur Ausfindigmachung einer brauch-
baren Bahntrace von Otavi nach der Küste eine Reihe beschwerlicher Expeditionen hat ausführen lassen, unter denen **die letzte,**
von Dr. Georg Hartmann geführte endlich den gewünschten Erfolg
gehabt hat.

Diese Otavigesellschaft wird nun, nach dem genannten Bericht
der S. W. A. Co., ihr Kapital auf 2¹/₂ Mill. $\mathscr{L}$ durch Ausgabe von
¹/₂ Million neuer Genuſsscheine (founders shares) erhöhen, von denen
die S. W. A. Co. 360000 übernehmen wird. Dadurch wird also die
bisher nominell noch deutsche Otavigesellschaft tatsächlich ganz
unter den Einfluſs der englischen S. W. A. Co. geraten, wenn
sie auch formell als eine deutsche Kolonialgesellschaft im Sinn
des Schutzgebietsgesetzes ihre Selbständigkeit behält.

Diese Kapitalerhöhung soll vor allem einem **Bahnbau nach**
dem Otaviminendistrikt dienen. Dort hat nämlich nach
Angabe des Berichtes der von der Kompanie ausgesandte
Ch. James an der **Tsumebmine** Erzlager entdeckt, die die
Ausbeute und den Bau einer Bahn vom Minendistrikt nach
der Küste rechtfertigen. (In Wirklichkeit hat diese Erzlager der
im Auftrag der Otavigesellschaft reisende deutsche Geograph
Dr. G. Hartmann entdeckt und lange vor James beschrieben, was
in dem Bericht der S. W. A. Co. auffallenderweise verschwiegen
wird.) James berechnet, daſs das zutage liegende Erzlager 483849
Tonnen Kupfer und Blei enthält, das, alle Unkosten eingeschlossen,
mehrere Jahre mit einem Jahresgewinn von 390000 $\mathscr{L}$, im ganzen
von mindestens 1500000 $\mathscr{L}$, ausgebeutet werden kann. Der „Ausbiſs"
bei Tsumeb wird von James als 550 Fuſs lang, 40 Fuſs breit und
30 bis 40 Fuſs hoch geschildert. Schächte sind 180 Fuſs tief ge-
trieben und ergeben auch in der Tiefe Erzreichtum. Wasser und
Feuerholz sind reichlich vorhanden, desgleichen Herero-Arbeiter,
die für 20 Shilling Monatslohn und 10 Shilling wöchentliche
Verpflegung anzuwerben sind. Auch bei „Little Otavi" und an
anderen Stellen wurde ausgezeichnetes Erz gefunden. Insgesamt
wird hieraus nach dem Jamesschen Voranschlag die Bahn eine
jährliche Frachteneinnahme von 43000 $\mathscr{L}$ (877000 Mark) haben.

Die S. W. A. Co. besitzt in der Damarakonzession einen Block
Land von· etwa 4500 englischen Geviertmeilen, von denen ein Recht-
eck von 1000 englischen Geviertmeilen, worin Otavi, Tsumeb und
andere Minen liegen, der Otavigesellschaft überlassen werden soll.
Dieser Landbesitz enthält guten Ackerboden zur Lieferung von
reichlichen Lebensmitteln, wenn die Minenindustrie festen Fufs
gefafst haben und die lang projektierte Eisenbahn fertiggestellt
sein wird.

Die Kosten dieser Bahn schätzt die Kompanie auf 1 655 000 £
(33 770 000 Mark). Im Jahre 1901 war, wie erwähnt, von der Otavigesellschaft eine neue Eisenbahnexpedition ausgerüstet worden, die
die vorteilhafteste Route für die Bahnlinie auswählen sollte. Auf
Grund ihrer von Dr. Georg Hartmann geleiteten Untersuchungen
hat sich die S. W. A. Co. für eine vom portugiesischen Hafen
Porto Alexandre (dem besten, gröfsten und einem starken Verkehr allein ohne kostspielige Kunstbauten genügenden Hafen an
der ganzen südwestafrikanischen Küste) durch das Territorium der
Mossamedes - Co. und das Minengebiet der South Africa Company
(Besitzerin S. W. A. Co.) in Süd - Angola zu führende Linie
mit Übergang über den Kunene dicht unterhalb seines zweiten
Katarakts entschieden. Die Eisenbahnkonzession in diesem Territorium besitzt das „Transafrican Railway Syndicate", dessen Aktien
nach Vereinbarung sämtlich in den Besitz der S. W. A. Co. übergehen. Die Linie wird von der Otavigesellschaft, der die Vorarbeiten und Tracierungen zu danken sind, gebaut werden und
mit Ausnahme von 10 km ganz über Territorium laufen, das entweder der S. W. A. Co. gehört, oder an dem sie ausschlaggebend
beteiligt ist. Die Vermessung der Linie ist mit grofser Sorgfalt
und Gründlichkeit geschehen.

Da die Verhältnisse in diesem Teil Deutsch-Südwestafrikas so
liegen, dafs eine entstehende bedeutende Minenindustrie mit der
Entwicklung der Landwirtschaft Hand in Hand gehen mufs und
unbegrenztes Acker- und Weideland zur Verfügung steht, so versucht man bereits Buren und andere. Personen heranzuziehen, die
sich dem Bodenbau widmen wollen. Im benachbarten südlichen
Angola sitzen Buren auf den Hochebenen bereits in grofser
Anzahl.

Aber abgesehen von diesen grofsen Vorteilen eröffnen sich der
Bahn noch andere weite Aussichten. Porto Alexandre liegt
volle 1300 Meilen (2084 km) näher an Europa als Kapstadt, wäh-

rend die Entfernung von Porto Alexandre nach **Pretoria** etwa 1250 Meilen (2000 km) beträgt und Pretoria von **Kapstadt** etwa 1040 Meilen (1665 km) entfernt ist. Die Route von **Europa** nach Pretoria würde daher eine Ersparnis von ca. **1300 Meilen (2060 km)** Seereise bei nur 200 Meilen (320 km) längerer **Eisenbahnfahrt** bedeuten. Die projektierte Eisenbahn wird die Linie **Kapstadt**– Bulawayo bei Gaberones, 963 Meilen (1540 km) von **Kapstadt** und etwa 1050 Meilen (1680 km) von Porto Alexandre **treffen.** Hier haben wir bei einer Ersparnis von 1300 Meilen (2080 km) **Seereise** nur 87 Meilen (139 km) Eisenbahnfahrt mehr. **Der Gang der Er-** eignisse in Rhodesia, der Kapkolonie, Transvaal und der **Oranje-** kolonie muſs im Laufe weniger Jahre für eine kürzere **neue Route** nach Europa einen umfangreichen Personen- und **Frachtverkehr** mit sich bringen, und diese Linie wird die „transafrikanische" sein.

Mit im Hinblick auf diese künftigen Aussichten hat die S. W. A. Co. eine Option zur Übernahme aller Aktien des „Trans-african Railway Syndicate" erworben, während die Otavigesell-schaft die Unterhandlungen mit der deutschen Regierung über die Gewährung einer Konzession abgeschlossen hat, nach der die Gesellschaft die Otavibahn ostwärts von Otavi durch das deutsche Schutzgebiet bis zur Grenze Rhodesiens beim 21° ö. L. fort-führen darf. Es handelt sich also um nichts Geringeres als um die Führung einer groſsen südafrikanischen Durchgangsroute durch unser Schutzgebiet, das, wie ein Blick auf die Karte zeigt, gar nicht umgangen werden kann. Diese Konzession wurde, wie der Jahresbericht der S. W. A. Co. behauptet, der Otavigesellschaft von der deutschen Regierung unter der Bedingung bewilligt, daſs die Gesellschaft die Ausbeutung von Tsumeb und den Bau der Bahn zwischen Otavi und der Küste übernimmt. Baut die Otavigesellschaft diese letztere Bahn, so er-hält sie auſser den Minenrechten, die ihr von der S. W. A. Co. eingeräumt werden, das ausschlieſsliche Besitzrecht an Land-parzellen, die an beiden Seiten der Bahn zwischen Otavi und dem Kunene (der deutsch-portugiesischen Grenze im Norden) in der Entfernung von 10 km von einander liegen und je 20 km lang und 10 km breit sind. Baut die Gesellschaft auch die Verlänge-rung dieser Otavibahn nach der rhodesischen Grenze, so wird die deutsche Regierung der Otavigesellschaft ähnliche Landkonzessionen auch für diese Bahnverlängerung und Bergbaugerechtsame über einen 30 km breiten Landstreifen zu jeder Seite der Bahnlinie zwischen Otavi und der deutschen Ostgrenze erteilen.

- Die Bahn wird auf ihrer ganzen Länge eine Spurbreite von 3 Fuſs 6 Zoll (1,067 m) erhalten, also die „Kapspur" des ganzen südafrikanischen Eisenbahnnetzes auſser der Windhoeklinie.

So der von der Generalversammluug gebilligte Bericht der S. W. A. Co., an dessen positiven Angaben kaum zu zweifeln ist. Die Gesellschaft besitzt durch ihre Tochtergesellschaften Bergbaurechte über ein Areal von etwa 130 000 englischen Geviertmeilen und einen Grundbesitz von über 40 000 englischen Geviertmeilen im Minendistrikt, wobei die genannten, nach Fertigstellung der Bahnen ihr zugesicherten Konzessionen noch nicht eingeschlossen sind. Und da die S. W. A. Co. in jener Juliversammlung auf die bevorstehenden groſsen Unternehmungen hin einstimmig auch ihrerseits die Erhöhung des Gesellschaftskapitales von 1 auf 2 Mill. £ beschloſs, so ist sie mit ihren sehr kapitalkräftigen ´Tochtergesellschaften eine Macht, die sich in diesen Gebieten auch an die schwersten Aufgaben wagen kann. Und eine solche Aufgabe ist der Bau dieser transafrikanischen Bahn. Durch die tropischen Landschaften des südlichen Angola und des Ovambolandes, über die mittleren Hochplateaus unseres Schutzgebietes, durch Wüstenstrecken der Kalahari, mit einer ganz neu zu schaffenden Armee von farbigen und weiſsen Arbeitern mit ihren Tausenden von Bedürfnissen ist der Bahnbau ein Unterfangen, das die groſse südafrikanische Hauptlinie von Kapstadt über Kimberley nach Rhodesia an Schwierigkeit gewiſs noch übertrifft. 2080 km (1300 Miles) lang, wird die Bahn nahezu 200 Mill. Mark kosten und bestenfalls zehn Jahre (wenn der Bau mit der auf ebenem Feld der Rhodesialinie erreichten Schnelligkeit von 200 km jährlich vorschreitet), wahrscheinlicher aber die doppelte Zeit zu ihrer Ausführung brauchen.

Dennoch kann man ihr im Gegensatz zur Transsaharabahn und zur Kap—Kairo-Bahn Erfolg voraussagen, weil sie gröſstenteils von Europäern bewohnbares Land durchzieht und die reichsten Minengebiete im klimatisch milden Südafrika zum Ziel hat. In der tropischen Anfangsstrecke wird sich ihr tropische Agrikultur bieten, bei Otavi und südlich von Otavi aber Siedelungs- und Arbeitsgebiet für Europäer durch unsere ganze Kolonie und durch groſse Teile von Betschuanaland auſserhalb der Wüstenstrecken. Die Bahn wird deshalb reichlichen Zwischenverkehr haben, nicht bloſs Transitverkehr, der wegen dieser bedeutenden Abkürzung der Europaroute zwar groſs sein, aber hier vorwiegend den eiligen

Personenverkehr vermitteln wird, da der südafrikanische Güterverkehr den kürzeren und billigeren Bahntransport **nach** einem
südlicheren Hafen trotz längerer Seereise vorziehen **wird**.

Unser Schutzgebiet wird die Bahn von NW nach SO **auf** mehr
als 1000 km Länge mitten durchschneiden, und **die Hälfte** des
durchschnittenen Landes ist europäisches Siedelungsgebiet. Mit Naturnotwendigkeit ergibt sich da der östliche A n s c h l u f s d e r L i n i e
S w a k o p m u n d — W i n d h o e k a n d i e T r a n s v e r s a l b a h n,
wodurch wiederum die Bahnfahrt nach Transvaal **etwa** 500 km
kürzer wird als von Porto Alexandre aus. Dieser Anschlufs
unserer bestehenden Bahnlinie direkt nach Osten an die **Transafrika-**
bahn ist für uns eine conditio sine qua non des ganzen **grofsen**
Bahnunternehmens, da wir n i e m a l s z u g e b e n k ö n n e n, d a f s
o h n e e i n e n s o l c h e n A n s c h l u f s u n s e r g a n z e r N o r d e n
u n d O s t e n i n A b h ä n g i g k e i t v o n e i n e m p o r t u g i e s i s c h e n
H a f e n (P o r t o A l e x a n d r e) gerät, es sei denn, dafs über eine in
naher Zukunft stattfindende politische Angliederung des südlichen
Angola mit Porto Alexandre an unser Schutzgebiet bereits feste
Abmachungen mit England und Portugal getroffen sind.

Vorderhand hat es durchaus nicht den Anschein, dafs Abmachungen dieser Art zu Gunsten Deutschlands bestehen. Im
Gegenteil: das ganze Verhalten der Engländer im südlichen Angola
und nördlichen Deutsch-Südwestafrika, wo seit Jahren kapital-
kräftige englische Erwerbsgesellschaften (Mossamedes Company,
South Africa Company, Transafrican Railway Syndicate) u. a.
arbeiten und zahlreiche englische Minen- und Eisenbahnexpeditionen
tätig sind, macht den Eindruck, dafs dort mit festem Zielstreben
und mit grofsen Mitteln eine V o r h e r r s c h a f t e n g l i s c h e r
w i r t s c h a f t l i c h e r I n t e r e s s e n geschaffen wird, aus der ge-
l e g e n t l i c h p o l i t i s c h e K o n s e q u e n z e n zu alleinigen Gunsten
Englands gezogen werden können. Gerade das Vorgehen der
von dem Engländer E. Davis geleiteten S. W. A. Co. ist in
Hinsicht auf die Wahrung der Interessen unserer Kolonie nicht
zweifelsohne. Geht nun auch noch die deutsche Otavigesellschaft
zum gröfsten Teil in die S. W. A. Co. auf, wie dem Bericht zu
entnehmen ist, so ist der deutsche Einflufs ein weiteres Stück
eingedämmt und steht die Wahrung unserer nationalen Interessen
in der S. W. A. Co. lediglich bei den deutschen Mitdirektoren,
eine riesige Verantwortung und eine ungeheuer schwere Aufgabe
gegenüber Naturen wie E. Davis, dem führenden Geist der
S. W. A. Co.

Wenn irgendwo in unserem Schutzgebiet so wäre im Ovamboland
bis an die portugiesische Grenze die Festigung unserer Militärmacht
am Platze, weniger gegen die weit über Gebühr als gefährlich ge-
miedenen Ovambo als gegen den dort bedenklich um sich greifenden englischen Einfluß. Haben wir keine Garantie, daß Porto
Alexandre oder ein anderer portugiesischer Hafen als Ausgangspunkt der Otavibahn deutsch wird, so ist es für uns eine unerläß-
liche Bedingung, daß die Bahn von diesem portugiesischen Hafen
nicht bloß nach Otavi gebaut werde, sondern daß der Gesellschaft die bündige Verpflichtung auferlegt wird, die
Bahn in der angegebenen Weise zur transafrikanischen Linie auszubauen, damit wir von der Windhoekbahn
her direkt nach Osten (nicht erst über Otavi) Anschluß daran
bekommen können; sonst wird der Verkehr mit Otavi und ganz
Ovamboland über den portugiesischen Hafen geleitet, ohne daß
unsere Kolonie irgendwelchen nennenswerten Vorteil davon hat.
Ist diese Bedingung nicht erfüllt oder nicht erfüllbar, soll also
nur die Linie Porto Alexandre—Otavi in Betracht kommen, so
müssen wir uns auf das äußerste gegen ihre Ausführung wehren
und unter allen Umständen auf Anschluß des Otavibezirkes an
die deutsche Windhoekbahn (am besten bei Karibib) bestehen, obwohl oder gerade weil schon einmal die Herstellung einer solchen,
die Otaviminen mit dem deutschen Hafen Swakopmund via Karibib
verbindenden Bahnlinie an unkontrollierbaren Widerständen gescheitert ist.

Wenn jedoch unsere beiden vorgenannten Voraussetzungen,
daß entweder diese Transversalbahn in einem deutschen Hafen
endet, oder daß anderenfalls die Windhoekbahn ostwärts Anschluß
an sie bekommen muß, erfüllt sind, so wird das deutsche Schutzgebiet von der großen, es quer durchlaufenden Transafrikabahn
die allergrößten Vorteile haben, die wir durch die Gewährung
ausgedehnter Land- und Minenkonzessionen immer noch mäßig
bezahlen. Mit der Erschließung unseres Landes und mit der
Eröffnung eines großen Verkehrs nach Südosten wird aber notwendigerweise auch unsere Anschlußbahn Swakopmund —
Windhoek, welche die Bahnfahrt nach Transvaal noch um 500 km
gegenüber der Porto Alexandre-Linie abkürzt, einen hohen
Aufschwung nehmen, namentlich durch den Transitverkehr.
Das wird zur unmittelbaren Folge haben: die Vergrößerung der
60 cm - Spurweite auf die Kapspur und den Ausbau des Swakop-
mundhafens zu einem geräumigen und sicheren Seehafen für

grofsen Verkehr. Setzt jedoch die **Küstenbeschaffenheit Swakop-**munds einem solchen Hafenbau unüberwindliche **Hindernisse** entgegen, was indes nicht der Fall zu sein scheint, so bleibt uns nichts anderes übrig, als die Erwerbung der **benachbarten** eng-lischen **Walfischbai** als Hafen und Bahnausgang **mit allen uns** zu Gebote stehenden Mitteln anzustreben, am besten **durch Kompen-**sation an anderer Stelle. Hoffen wir und tragen **wir Sorge dafür,** dafs die Dinge diese Wendung nehmen. Die **Gewinnaussichten** für unsere Kolonie sind bei dem grofsen Bahnunternehmen **der South** West Africa Company sehr grofs, die Gefahren aber **desgleichen.** **Darum videant consules!**

IV. Die Bahnen in Rhodesia.

In Britisch-Südafrika liegen alle Bahnen, mit Ausnahme derer Rhodesiens nebst ihrem Zugang vom portugiesischen Beira her, aufserhalb der Tropen. Sie gehen durch Länder, die von Europäern ständig bewohnt sind, sie sind nicht den extremen tropischen Klimaeinflüssen ausgesetzt, werden von Europäern betrieben und wurzeln mit ihrer ganzen Existenz in europäischer Kultur. Diese Bahnlinien haben daher aus unserer Betrachtung auszuscheiden. Auch die Bahnstrecken des südlichen Rhodesia, von Bulawayo nordwärts und von Salisbury ostwärts, führen noch grofsenteils durch Gebiete europäischer Besiedelung und Kultur, aber sie sind doch in der Hauptsache Tropenbahnen und gehören auch zu ihnen als Teile eines nordwärts in das tropische Zentralafrika vordringenden riesigen Schienenweges, der nach Rhodes' Plan nicht nur ganz Rhodesien durchziehen, sondern durch Mittelafrika hindurch die Verbindung mit dem britischen Ost- und Nordafrika herstellen soll: der Kap—Kairo-Bahn.

Zuvörderst das Tatsächliche über die bereits ausgebauten Strecken im südlichen Rhodesien mit ihrem Anschlufs an die portugiesische Ostküste (Beira). Bulawayo war 1897 von Mafeking aus durch die „Rhodesia Railways Limited" an das südafrikanische Bahnnetz angeschlossen worden. Hier kam der Bahnbau vorläufig zum Stillstand, während das Bedürfnis, dem Rhodesiagebiet mit seinem gerühmten Goldreichtum einen Weg zur näheren Ostküste zu öffnen, zur Unternehmung eines Bahnbaues vom portugiesischen Hafen Beira nach der britischen Grenze (Menian) und von dort über Umtali nach dem Distriktsort Salisbury Anlafs gab. Dazu wirkte sicherlich der Hintergedanke mit, dafs diese Bahn nicht nur ein wichtiger Faktor in der britischen Umklammerung der Burenstaaten werden, sondern auch zur politischen Erwerbung des portugiesischen Beira selbst führen könne.

In den Bau teilten sich zwei englische Gesellschaften, von denen
die eine, die „Beira Railway Company", die Linie Beira—Umtali
durch das portugiesische Gebiet, die andere, die „Mashonaland Railway Company", die Linie Umtali—Salisbury durch das britische
Mashonaland unternahm. Beide Gesellschaften erhielten große
Landkonzessionen und die Beira Railway Company außerdem
einen hohen Anteil an den in Beira aufgebrachten Zöllen. Diese
letztere Kompanie hat vornehmlich mit deutschem Kapital gearbeitet; ihre Linie ist eine Schmalspurbahn von 60 cm Spurweite.
1894—1898 wurde die Bahn in Teilstrecken bis zur britischen
Grenze, 1900 bis Umtali 336 km weit fertiggestellt. 1900 wurde
auch die Linie Salisbury—Umtali im Mashonaland vollendet, so
daß jetzt 610 km (Salisbury—Umtali 274 km, Umtali—Beira
336 km) in Betrieb sind.

Die Fahrpreise auf der Strecke Beira—Salisbury betragen
für Reisende 1. Klasse 7.0 £, 2. Klasse 4.14 £, 3. Klasse 2.7 £,
Eingeborene 1.11.6 £. Rückfahrkarten kosten das 1¹/₂ fache
der einfachen Fahrt. Passagiere 1. Klasse haben 100 engl.
Pfund Gepäck frei, 2. Klasse 75 Pfund, 3. Klasse 50 Pfund.
Für die Frachttarife sind die Güter in 3 Klassen eingeteilt;
Güter 1. Klasse zahlen 10 Penny pro englische Tonnenmeile;
2. Klasse 8 Penny, 3. Klasse 6 Penny; dazu alle einen Zuschlag
von 5 Shilling per Tonne. Es kostet also der Tonnenkilometer
für Güter 1. Klasse 53 Pfennig, 2. Klasse 42,3 Pfennig, 3. Klasse
31,7 Pfennig. Pferde, Esel, Rinder haben pro Stück 9 Penny, in
größerer Zahl 6 Penny, Schafe, Ziegen, Schweine 1 Penny für die
engl. Meile zu zahlen. Zu der 1. Güterklasse gehören Elfenbein,
Pulver, Medizinen, Parfümerien, Möbel, zur 2. Klasse Wollstoffe,
Glas, feine Eisenwaren, Ledersachen, Spirituosen, Tabak, zur
3. Klasse Baumaterial, Mehl, Häute, grobe Eisenwaren, Maschinen,
Salz, Hölzer. Gold zahlt von Salisbury nach Beira 5 £ Fracht
für 100 engl. Pfund.

Da die Linie Umtali—Salisbury die Kapspur (1,067 m) hat,
hat man neuerdings zur Beseitigung der Umladungen und Ver-
zögerungen, die sich namentlich in den verflossenen Kriegsjahren
schwer fühlbar machten, auch die Beira—Umtali-Linie auf die
leistungsfähigere Kapspur gebracht. Diese Änderung steht im
Zusammenhang mit dem weiteren Ausbau der von Bulawayo nach
Norden gehenden Hauptlinie Rhodesiens. Das nächste natürliche
Ziel war die Verbindung Bulawayos mit Salisbury. 1900
wurde die Konzession zu diesem Bau erteilt und von beiden End-

punkten aus in Angriff genommen. Da aber der ausbrechende
Krieg die Materialzufuhr nach Bulawayo von Süden her lange
unmöglich machte, entfaltete man eine um so gröfsere Emsigkeit
von Salisbury aus, dem ja von Beira stets Material zugeführt
werden konnte, und erreichte es, dafs die Teilstrecke Salisbury—
Gwelo (240 km) am 1. Juni 1902 dem Betrieb übergeben werden
konnte. Von Bulawayo aus hat man aber auch, nachdem wieder
gröfsere Bewegungsfreiheit eingetreten, die Erdarbeiten auf der
Hochebene bis Gwelo durchgeführt und die Schienen bis zum
Arguzaflufs gelegt, so dafs Ende des Jahres 1902 Bulawayo mit
Salisbury und damit Kapstadt mit Beira (ca. 3300 km) verbunden
sein werden. Das ist dann natürlich eine für das ganze Land
wichtige durchgehende Linie.

Aufserdem aber ist im Salisbury- wie im Bulawayogebiet eine
ganze Reihe kleiner, von der Hauptlinie abzweigender Bahnen
teils im Bau, teils projektiert; sie haben im Salisburygebiet die
Golddistrikte von Selukwe, Lomagunda, Ayrshire, Mazoe etc., im
Bulawayogebiet die von Wankie, Gwanda, Geelong u. a. zum Ziel.
Im Wankiedistrikt, ca. 320 km nordwestlich von Bulawayo,
sollen dadurch auch die Kohlenfelder, die angeblich einen täglichen Abbau von 1000 Tonnen guter, der Cardiffkohle nur um
6% Heizkraft nachstehender Kohle, auf ein Jahrhundert gewähr-
leisten, allgemeiner nutzbar gemacht werden. So reiche Kohlen-
gruben in der Nähe zu haben wäre natürlich ein grofser Gewinn
für die Minen- und anderen Industrien des Landes wie für die
Dampferlinien und für die Bahnen selbst. Kosten doch die Kohlen
in Lourenzo Marques 35 Shilling (Transvaalkohle), in Durban
23 Shill. (Natalkohle) und 33 Shill. (engl. Kohle), in Port Elisa-
beth und Kapstadt 55—60 Shill. (Cardiffkohle). Diese Wankie-
bahn will man dann nach den Victoriafällen am oberen Sambesi
fortführen (440 km von Bulawayo) und von dort womöglich über den
Sambesi fort bis zum Kafukweflufs (240 km weiter), wo man
Kupferlager ausbeuten will, während die Wasserkraft der Victoriafälle zu Minen- und Bahnbetrieb ausgenutzt werden soll. Letzteres
klingt sehr abenteuerlich; auch ist es nicht recht erfindlich, wie
sich ein Kupferminenbetrieb in mehr als 1000 km Bahnentfernung
vom nächsten Verschiffungshafen lohnen soll; da wäre doch wohl
der Wasserweg den Sambesi hinab trotz der Kataraktenstrecken
(s. Seite 94) noch billiger.

Einleuchtender ist die Absicht der Bahngesellschaft, die
volkreichen Landstriche Sambesiens deshalb leicht zugänglich zu

machen, weil man von dort jederzeit eingeborene **Arbeiter** für die Minenbetriebe Rhodesiens, Kimberleys und Johannesburgs in grofsen Mengen einführen zu können hofft. Gute Arbeitskräfte sind rar und teuer in den Gold- und Diamantenminen Südafrikas, und bezeichnend für die Lage der Dinge sind die Machenschaften der „Rand Labour Association" in Johannesburg, die es im April 1902 unternahm, 56000 eingeborene Minenarbeiter aus dem portugiesischen Gebiet Ostafrikas für einen Monatslohn von 30—35 Shilling einzuführen, von denen Rhodesien ein Achtel bekommen sollte, worauf sie einige Monate später weitere 100000 Arbeiter unter gleichen Bedingungen für Kapland und Rhodesien „liefern" wollte. Man sieht: unter solchen Umständen hätte eine in die starkbevölkerten Gebiete Sambesiens führende Bahn einen triftigen Daseinsgrund, aber allein reicht er nicht aus.

An diese Bahnbauten wie an die oben genannte, demnächst vollendete Verbindung Bulawayos mit Salisbury und Beira knüpfen sich hochgespannte Erwartungen und Hoffnungen auf die weitere Erschliefsung und Entwicklung Rhodesiens, insbesondere seiner Mineralschätze. Und da um dieser Hoffnungen und Voraussetzungen willen das grofse Publikum sein Geld für die von der Rhodesgruppe ins Leben gerufenen Minen- und Eisenbahnunternehmungen hergegeben hat, so empfiehlt es sich, der Frage, wie weit jene Hoffnungen berechtigt sind, etwas näherzutreten. Mit ihrer Beantwortung beantwortet sich auch die Frage nach dem Ziel und der Rentabilitätsaussicht der besprochenen Bahnbauten.

Als Cecil Rhodes 1889 die „Imperial British South Africa Company" gründete, verkündete er als einziges Ziel der Gründung die Erwerbung eines möglichst grofsen Landbesitzes für England. Das privilegierte Gebiet der Company, das später Rhodesia getauft wurde, ist ungefähr dreimal so grofs wie das Deutsche Reich. Um das für die wirkliche Okkupation dieses Riesengebietes, die Verwaltung, die Verkehrseinrichtungen etc. nötige Geld aufzubringen, erteilte die mit allen Machtvollkommenheiten ausgerüstete Chartergesellschaft vor allem Minenkonzessionen an zahlreiche Tochtergesellschaften und liefs sich von jeder sogleich die Hälfte des Gesellschaftskapitals überweisen. Dazu vermehrte die „Chartered Company" ihre Aktienausgabe jährlich. Zuerst war es (nach Paul Dehn) 1 Million Aktien zu 1 £, 1895 kam ¹/₂ Mill. Aktien zum Kurs von 3¹/₂ £ mit einem Erlös von 1750000 £ dazu, 1896 wiederum ¹/₂ Mill. Aktien zum Kurs von 2 £ mit einem Erlös von 1000000 £, 1897 nochmals ¹/₂ Mill. Aktien mit gleichem

Erfolg, 1898 ¹/₄ Mill. Aktien mit einem Erlös von 500000 ₤, 1899 625000 Aktien zum Kurs von 2¹/₂ ₤ mit einem Erlös von 1600000 ₤ und Schuldscheine von 1200000 ₤, so dafs die Company bis 1900 insgesamt über 8 Mill. ₤ = 163200000 Mark für ihre Aktien und Schuldscheine erhalten hat. Aber trotzdem hat die Gesellschaft eine jährliche Unterbilanz von Millionen, die stetig wächst; Dividenden hat sie noch nie gezahlt.

Mit allen Mitteln der Reklame hat die „Rhodesgruppe" das Publikum glauben gemacht, dafs das Land, für dessen weitaus gröfsten Teil das Wort Selous' gilt, dafs es wegen seiner Ungesundheit nicht als Land des weifsen Mannes betrachtet werden kann, reich an Gold, Kupfer, Kohlen und anderen Mineralschätzen sei. Dadurch trieb man den Kurs der 1 ₤-Aktien bis auf 9 ₤ (Ende 1895) und machte danach ein brillantes Geschäft. Aber obwohl 1900 etwa anderthalbhundert Gesellschaften mit einem Kapital von über 400 Mill. Mark in Rhodesia arbeiteten, ist doch noch keine auf ihre Kosten gekommen. Die Goldausbeute blieb klein (s. unten), die Goldfelder erwiesen sich als nur mittelwertig, die angelockten europäischen Einwanderer starben in dem ungesunden Klima in erschreckend grofser Zahl, und die Lage der Chartered Company wie ihrer Tochtergesellschaften verschlechterte sich in bedenklicher Progression.

Hatte Rhodes schon vorher versucht, durch den Anschlufs Rhodesiens an das südafrikanische Eisenbahnnetz und durch die Schaffung einer Bahnverbindung mit der Ostküste den Zustrom europäischer Einwanderer zu vermehren, die wirtschaftliche Entwicklung des Landes, namentlich des Bergbaues, zu beschleunigen und dadurch der Chartered Company neues Vertrauen, d. h. neue Gelder, zuzuführen, die dem imperialistischen Zweck und Ziel der Company dienen sollten, so beschritt er nun, da diese Mittel nicht schnell und kräftig genug wirkten, einen viel kürzeren, aber auch viel gefährlicheren Weg: der Einfall seines Freundes Jameson in Transvaal sollte ihm die ungeheuren Goldschätze Johannesburgs in die Hände spielen. Das Goldmonopol neben dem bereits erworbenen Diamantenmonopol würde allerdings nicht nur die Chartered Company saniert haben, sondern auch ein furchtbares politisches Machtmittel in der Hand eines Cecil Rhodes geworden sein. Die Ausführung des schönen Gedankens aber schlug fehl, nicht ohne die ganze Wirtschaft der Chartered Company und ihrer Hauptmacher, Rhodes, Beit, Philipps etc., so grell beleuchtet zu

haben, dafs das Unterhausmitglied Harcourt sie in öffentlicher
Sitzung das „schmutzige Bild einer Jobberrepublik" nennen durfte.

Da es nun mit diesem Plane, der Chartered Company gründlichst aufzuhelfen, nichts war, trat Rhodes alsbald mit einem neuen
grofsen Projekt hervor, dessen Gröfse geeignet war, das Publikum
zu blenden, Rhodesien von neuem in den Vordergrund des politischen und wirtschaftlichen Interesses zu schieben, der unter-
nehmenden Gesellschaft von neuem grofse Kapitalien zuzuführen
und die ungeduldigen Aktionäre der Chartered Company endlich
einmal mit einer fetten Dividende zu beschwichtigen. Dieses Projekt ist die Kap—Kairo-Bahn. Ich habe sie oben im Zusammenhang mit den projektierten Bahnen des südöstlichen Kongostaates besprochen, an die sich ja die Kap—Kairo-Bahn nach den
neueren Angaben anschliefsen soll (siehe Seite 62). Das Ganze
ist nichts als ein Blendwerk, das freilich unsere kolonialen Kreise
geraume Zeit in Aufregung gehalten hat. Seitdem aber das Bahnprojekt selbst vom Kolonialdirektor Dr. Stübel in amtlicher Äufse-
rung treffend „geradezu eine Utopie" genannt worden ist, beginnt
man bei uns allgemein das wahre Wesen dieses Projektes zu erkennen. Dafs es auch bei den Verständigen in England als eine
„chimerical idea" angesehen wird, kam sogar in der Londoner Royal
Geographical Society (Sitzung vom 14. April 1902) zum Ausdruck.
Und nun, nach Rhodes' Tode, wird es nie zur Ausführung kommen,
da es seine Werbekraft für die Chartered Company verloren hat.
Die deutschen Zeitungen, die mit der drohenden Kap—Kairo-Bahn
so emsig Stimmung für eine grofse deutsch-ostafrikanische Zentralbahn zu machen versucht haben, sind denn auch merkwürdig still
in diesem Punkt geworden.

Die Chartergesellschaft aber experimentiert weiter, um sich
so lange über Wasser zu halten, bis sie von England in den
sicheren Hafen der Verstaatlichung hinübergerettet wird. Indem
sie im Mai 1902 den Hypothekenbesitzern der „Rhodesia Railways Company" für ihre Obligationen Aktien der Chartered
Company zum Kurs von 5 £ (1 £ über Marktwert) gegeben hat,
fliefsen ihr sofort 500000 £, im Mai 1903 eine weitere Million
und im Mai 1904 eine zweite Million Pfund Sterling zu. Das
Staatsbudget der Chartered Company weist für 1900/1901 eine
Einnahme von 427000 £ auf, aber eine Ausgabe von 781000 £.
Die Goldproduktion Rhodesiens betrug 1899: 62313 Unzen, 1900:
91850 Unzen, 1901: 172060 Unzen, im ersten Halbjahr 1902:
83208 Unzen à 72 Mark. Seit Frühjahr 1902 geht die Goldaus-

beute stetig zurück. Der Juli ergab 15 226 Unzen, d. h. 616 Unzen weniger als der Juni 1902 und 425 Unzen weniger als der Juli 1901. Als Grund wird von den Minengesellschaften weniger der Mangel an Arbeitern als an Erz angegeben.

Die Eisenbahnen werden nach alledem trotz der immerfort für die „unermeßlichen Goldschätze" Rhodesiens und daneben in etwas bescheidenerer Weise für eine europäische Einwanderung und die landwirtschaftliche Ausnutzung des Bodens gemachten Reklame länger auf Rentabilität warten müssen, als ihnen lieb ist. Erst muß das große Kartenhaus der Chartered Company einstürzen ehe das relativ wenige Gute im dortigen Minenwesen zur Entwicklung kommen kann. Ob es dann aber ausreichen wird, ein so verzweigtes Bahnnetz wie das jetzige, das doch nur auf die unhaltbaren Unternehmungen der Chartered Company hin angelegt ist, zu erhalten, das ist mehr als fraglich.

V. Die Bahnen zum Nyassa- und Tanganyikasee.

1. Nyassagebiet.

a) Die englischen und portugiesischen Projekte.

In Ostafrika ist der gröfste, mit seinen Zuflüssen weit nach Westafrika übergreifende Strom, der Sambesi, als Wasserstraße für den nach Zentralafrika durchgehenden Verkehr unbrauchbar, weil er, wie alle afrikanischen Ströme, beim Abstieg vom innerafrikanischen Hochplateau mehrfach durch Kataraktenstrecken gesperrt ist. Die erste bedeutende Gruppe dieser Stromschnellen, die Schimaze- oder Karoabasafälle (Kebrabasafälle), liegen kurz oberhalb Tete unter 33° ö. L., die zweite, die Kansaloschnellen, unter 28° ö. L., die Victoriafälle unter 26° ö. L. Von der Mündung bis zu den Karoabasaschnellen ist die fahrbare Wasserstraße etwa 650 km lang, von den Karoabasaschnellen bis zur Karibaenge weitere 600 km.

Wenn daher die Karoabasafälle bei Tete, wo die englischen Flufsschiffahrtskompanien bereits Kontore eingerichtet haben, durch eine etwa 200 km lange Bahn umgangen würden, was ohne technische Schwierigkeiten ausführbar wäre und schon wiederholt, neuerdings auch von einer Hamburger Firma, ernstlich geplant worden ist, wäre der Strom zunächst bis zur Karibaenge rund 1200 km weit mit Flufsdampfern zu befahren und dem Verkehr nach Zentralafrika eine grofse Erleichterung geschaffen. Aber auch die Karibaenge ist bei gutem Wasserstand für kleine Dampfer passierbar. Dazu ist der Loangwa von seiner Mündung in den Sambesi bei Sumbo, dem portugiesischen Grenzfort, dem gegenüber jetzt ein englischer Handelsplatz entsteht, für sehr kleine Dampfboote weit nach Nord-Rhodesia hinein schiffbar, während der

noch weiter oben in den Sambesi mündende Kafukwe erst 60 km
oberhalb seiner Mündung schiffbar wird. Zwischen Chicôa oberhalb der Karoabasaschnellen und Sumbo wird demnächst ein
Dampfer fahren.

Freilich wäre die große Sambesi-Wasserstraße, wie wir
nachher sehen werden, nur in den Monaten großer Wasserfülle
durchgehends befahrbar, und da auch die Bahn bei den Karoabasa-
fällen eine zweimalige Umladung von den Flußdampfern des unteren Sambesi auf die Bahn und von der Bahn auf die Dampfer des
oberen Sambesi und vice versa nicht beseitigen könnte, würden die
Transportkosten für minderwertige Massenprodukte auf diesem
langen und nur wenige Monate benutzbaren Weg doch so hoch
werden, daß sie auf die Ausfuhr prohibitiv wirken müßten. Von
den wertvollen Produkten, wie Elfenbein und Kautschuk, allein kann
eine solche Bahn nicht leben, wenn sie nicht, wie die Kongobahn,
ein Teil eines großen Apparates ist, der mit allen Gewaltmitteln
einer monopolistischen Domanialpolitik die Ausbeutung ihres Wirt-
schaftsgebietes betreibt. Das haben auch die bisherigen Erwäger
einer solchen Sambesibahn erkannt, und deshalb liegt ihre Ausführung wohl noch in ferner Zukunft. Sehr verkürzt könnte dieser
Zukunftstermin nur dann werden, wenn die Goldindustrie im oberen
Sambesigebiet einen großen Aufschwung nähme, wozu aber bis
jetzt trotz der starken Reklame noch nicht viel Aussicht ist.

Um so lebhafter ist bereits der Verkehr auf dem von Schnellen
freien Unterlauf des Sambesi, aber nicht der Sambesiländer
selbst wegen, sondern weil der Unter-Sambesi mit seinem nördlichen
Tributär Schire, dem Abfluß des Nyassasees, der beste und
kürzeste natürliche Zugang zum Nyassasee ist, von wo der Verkehr in die näher und weiter benachbarten englischen, deutschen,
portugiesischen und kongostaatlichen Kolonisationsgebiete aus-
strahlt. Nicht nur Britisch Zentral-Afrika und die portugiesischen
und deutschen Uferländer des Nyassasees leiten den größten Teil
ihres ein- und ausgehenden Verkehrs über die Schire—Sambesi-Route,
sondern auch die südlichen und östlichen Länder des Kongostaates,
die nach Osten, zum Schire—Sambesi, einen viel kürzeren, leichteren
und billigeren Verkehrsweg haben als den Kongo hinab nach
Westen. Wie von der Westküste des Tanganyika der kongostaatliche
Verkehr, so kommt aus gleichem Grund von der Ostküste des
Tanganyika ein großer Teil des deutschen Verkehrs auf der Seen-
und Stromlinie zum Meer herab, und zum nicht geringen Teil
werden die deutschen Stationen am Tanganyika auf der Route

Sambesi—Nyassa oder Kilwa—Nyassa—Bismarckburg (Süd-Tanganyika) mit Waren und Vorräten versorgt, anstatt über den weiten Landweg Bagamoyo (oder Dar es Salam)—Tabora—Ujiji resp. Bismarckburg. Von Bagamoyo nach Ujiji kostet der Transport einer Tonne Waren 106 ℒ bei 60—70 tägiger Dauer, von Chinde nach Ujiji nur 55 ℒ bei etwas längerer Transportzeit; von Kilwa über Wiedhafen nach Bismarckburg betragen jetzt die Transportkosten durchschnittlich 50 ℒ pro Tonne bei einem Zeitaufwand von 70—75 Tagen, über Chinde nach Bismarckburg 62 ℒ bei etwas kürzerer Zeitdauer (Codringtons Berechnung von 52—60 ℒ resp. 49 ℒ ist ganz ungenau).

Mit dem Wasserweg und seinen auf gleichen Entfernungen viel billigeren Frachten können lange Landwege und ihre Trägerlöhne nicht konkurrieren. Nur Güter von hohem Wert können noch auf weite Entfernungen durch Eingeborenenträger transportiert werden. Einst machte sich auch der Transport von Gütern geringeren Wertes durch Träger auf weite Entfernungen noch bezahlt, aber nur dadurch, dafs man den die Last tragenden Eingeborenen selbst geraubt hatte, wie meist auch den Inhalt seiner Last, und den Träger schliefslich an der Küste als Sklaven verkaufte. Die bezahlten Träger der Jetztzeit machen den Transport so teuer und den ganzen Handel so schwierig, dafs die meisten Waren und Produkte diese Ausgabe nicht mehr tragen können. Wo daher ins Land reichende Wasserwege in Tropisch-Afrika ohne grofsen Aufwand schiffbar gemacht werden können, wendet sich europäische Unternehmung dieser Aufgabe zu; von dem Umfang des durch den Wasserweg und auf ihm ins Leben tretenden Verkehrs hängt das Mafs weiterer Verbesserung und Ergänzung, eventuell durch eingeschobene Bahnstrecken, ab.

Als kürzester und leichtester Verbindungsweg der genannten, dem Nyassa und Tanganyika benachbarten Länder mit dem Meere hat sich nun die Sambesi—Schire—Nyassa-Route sehr schnell entwickelt. Und dies, obgleich der Verkehr auf dieser Route noch voller Hindernisse ist. Fassen wir einmal nur den wichtigsten Teil, vom Meer zum Nyassasee, ins Auge, so ist gleich die Flufsfahrt nichts weniger als frei und offen. Während der Regenzeit und kurz nach ihr ist der Unter-Sambesi ein mächtiger Strom von stellenweise 5 bis 6 km Breite. Aber im trocknen Herbst windet sich ein kaum 50 m breiter Wasserlauf zwischen zahllosen Sandbänken hindurch, in dem die nur 18 Zoll Tiefgang habenden Heckraddampfer sich mühsam über die Untiefen wegarbeiten müssen. Wie die Fahrrinne im Flußlauf selbst, so sind auch die Mündungskanäle in fortwährender Änderung durch die Alluvien begriffen. Daher ändert auch die Schwemmlandbank, die den Hafenort Chinde trägt, ihre Gestalt so oft und so stark, daß z. B. das Areal der britischen Konzession sich in 3—4 Jahren um die Hälfte vermindert hat. Da der seichte Hafeneingang nur von flachgehenden Küstenschiffen passiert werden kann, müssen die Güter von den Überseedampfern, falls diese nicht schon in Lindi oder Beira für Chinde gelöscht haben, außerhalb der nur 3½ m tiefen Barre in Küstenschiffe und Leichter umgeladen werden und dann in Chinde aus diesen wiederum in Flußdampfer. Von den letzteren, Heckraddampfern, deren jetzt etwa 40 im Dienst der fast durchweg englischen Transportgesellschaften arbeiten, werden die Güter bis zur Mündung des Schire und diesen hinauf über die britische Grenzzollstation Chiromo bis Patima - Katunga resp. Chikwawa befördert; dort aber hindert eine Reihe von Stromschnellen (Murchison-fälle) die weitere Flußschiffahrt, so daß die Güterlasten von Trägern hinauf nach Blantyre (1010 m), dem Hauptort Britisch-Zentral-afrikas, geschafft werden müssen. Was für den Nyassa und weiter bestimmt ist, geht von Blantyre wieder per Träger hinab an den Schire bei Mpimbi, wo der Fluß von neuem schiffbar ist, und von da auf Flußdampfern nach Fort Johnston am Südende des Nyassa. Hier werden die Güter auf die den See befahrenden Dampfer und Segler umgeladen und den verschiedenen Uferstationen zugeführt, von wo sie endlich durch Träger zum Tanganyika, Ostkongogebiet u. s. w. befördert werden.

Nach alledem ist der Transport auf der Sambesi—Schire-Route trotz seiner relativen Kürze nichts weniger als einfach; Hochsee—Chinde Küstenschiffe, Chinde — Chikwawa Flußdampfer, Chik-wawa—Blantyre—Mpimbi Träger, Mpimbi—Fort Johnston Fluß-dampfer, Fort Johnston — Nyassa Seendampfer oder Segler, Nyassa — Binnenland Träger. Ein Transport von Chinde nach Blantyre dauert bei gutem Wasserstand etwa 10 Tage, ein Trans-port von Chinde nach dem Nord-Nyassa (Moaya) günstigstenfalls 20 Tage bei nur dreimaliger Umladung, meistens aber 1—2 Monate, und in der Zeit niedrigen Wasserstandes noch viel mehr. In An-betracht dessen wird man den Frachtsatz von ca. 40 ℳ für den Transport einer Tonne Güter von Chinde nach dem Nord-Nyassa (Moaya) und von ca. 22½ ℳ von Moaya über Land nach dem Süd-Tanganyika (Bismarckburg) nicht zu hoch bemessen finden.

Das gröfste Hindernis dieser Route sind. wie gezeigt, die Schirestromschnellen (Murchisonfälle). Die Notwendigkeit und Möglichkeit, diese durch einen Bahnbau zu umgehen, ist schon lange erwogen und ein dahingehender Konzessionsantrag 1897 bei der britischen Regierung gestellt worden. Aber erst die lebhafte Entwicklung Britisch-Zentralafrikas, der schnell wachsende Handel und Verkehr nach und von dem deutschen und kongostaatlichen Tanganyika und dem östlichen Kongostaat selbst und die Rücksicht auf den durch den riesigen Trägerbedarf eingetretenen Arbeitermangel in den Kaffeeplantagen des Schire-Hochlandes veranlafsten das britische Kolonialamt zur Erteilung einer Bahnkonzession. Am 3. September 1901 hat der vormalige Deutsche Scharrer (jetzt anglisiert Sharrer) für eine „Shire Highlands Railway Company" die Konzession erhalten, eine eingleisige Bahn mit 1,067 m Spurweite (Kapspur) von der britischen Grenzzollstation Chiromo am Schire über Blantyre und Somba (Sitz des Residenten) nach Fort Johnston am Süd-Nyassa ganz auf britischem Gebiet zu bauen. Die Bahn wird etwa 300 km lang werden und grofsenteils eine Gebirgsbahn sein (Blantyre 1010 m, Fort Johnston 480 m). Alles dafür nötige Bauholz darf im Krongebiet geschlagen werden. Fünfundzwanzig Jahre soll die Bahn ohne Konkurrenz bleiben und dann eventuell von der Regierung angekauft werden. Der Bau mufs innerhalb 15 Monaten begonnen werden, der Versand des Baumaterials hat auch bereits angefangen, und im Herbst 1902 beabsichtigt man die ersten Schienen zu legen.

Nach Vollendung der Bahn wird man Güter von Chinde nach dem Süd-Nyassa bei guten Wasserständen in etwa 10 Tagen mit einmaligem Umladen in Chiromo befördern können: Chinde—Chiromo 6 Tage, Chiromo—Bahn—Fort Johnston 4 Tage; Passagiere werden von Chinde den See in 7 Tagen zu erreichen vermögen. Die Ersparnis an Zeit und Arbeit wird also grofs sein; auch die Frachtkosten werden sich bedeutend verringern, da jetzt das Tonnenkilometer zwar auf dem Wasserweg flufsaufwärts nur 14,5 Pfennig und abwärts sogar nur 5,8 Pfennig kostet, aber auf der Trägerstrecke oft das Zehnfache, während die hauptsächlich die Trägerstrecke ersetzende Bahn kaum mehr als 15 Pfennig pro Tonnenkilometer (Ugandabahn sogar nur 6 Pfennig) für die den Hauptexport ausmachenden Massenprodukte, wie Erdnüsse, Mais, Sesam u. s. w., ansetzen wird. Importgüter können je nach ihrem Wert auch sehr viel höhere, nach Klassen geordnete Frachtsätze der Bahn leicht vertragen, wenn die Bahn kurz ist, wie die Shire

Highlands Railway. Und erst recht ist natürlich die Kürze dieser Linie (etwa 300 km) der Exportfähigkeit der vorhin erwähnten Massenprodukte günstig.

Infolge des den Trägerdienst ausschaltenden Bahnverkehrs werden hier viele Tausende von Eingeborenen — man schätzt etwa 40 000 — frei werden und zum einen Teil auf die Route Nyassa—Tanganyika, wo im englischen Gebiet chronischer Trägermangel herrscht, übergehen, zum anderen Teil aber zur Bodenbestellung zurückkehren. Das ist nicht allein wichtig für die an Arbeitermangel (und an den niedrigen Weltmarktpreisen des Kaffees) leidenden Kaffeepflanzungen im Schire-Hochland, denen zudem durch die Bahn eine große Betriebserleichterung geschaffen wird, sondern mehr noch für die Ausbreitung und Verbesserung der Eingeborenenkulturen im ganzen Seengebiet, denen als der Grundlage der künftigen Handelsentwicklung die größte Fürsorge zugewandt werden muß. Da die Kürze des Schienenwegs auf den Export der billigen eingeborenen Bodenprodukte nicht hinderlich wirken kann, wird der ohnehin schon lebhafte, aber jetzt außer auf den europäischen Import fast nur auf die wertvollen, quantitativ geringen Produkte des ferneren Inlandes, wie Kautschuk und Elfenbein, gerichtete und im Jahr 1901 schon bedenklich zurückgegangene Handelsverkehr der Sambesi—Nyassa-Route durch die eingefügte erleichternde Bahnstrecke voraussichtlich sehr gesteigert werden. Daß besonders Britisch-Zentralafrika einer solchen Steigerung dringend bedürftig ist, daß dort die Entwicklung vor allem infolge des durch den Trägerverkehr verursachten Arbeitermangels und ungenügenden Bodenbaues, außer durch den allgemeinen Preissturz des Kaffees, stagniert, beweisen folgende Zahlen. Die Gesamteinfuhr (außer Regierungsgütern) betrug 1899/1900 159 435 ℒ, 1900/01 141 383 ℒ, die Gesamtausfuhr 1899/1900 79 349 ℒ, 1900/01 38 723 ℒ. Der Import über Chiromo via Schire ist von 154 305 ℒ im Jahr 1900 auf 133 791 ℒ im Jahre 1901 zurückgegangen. Der Export über Chiromo via Schire, der 1900 78 514 ℒ betragen hatte, beläuft sich 1901 auf nur 37 332 ℒ, und zwar ist Elfenbein von 2329 ℒ auf 592 ℒ, Kautschuk von 13 189 ℒ auf 9332 ℒ, Kaffee von 62 233 ℒ auf 26 577 ℒ gefallen.

Durch die Schirebahn wird nun, wie erwähnt, ein zweimaliges Umladen auf der Sambesi—Nyassa-Route in Wegfall kommen. Trotzdem wird aber vom Meere bis zum Nyassasee noch ein viermaliges Umladen: 1) außerhalb der Barre von Chinde, 2) in Chinde, 3) in Chiromo, 4) in Fort Johnston, nötig sein. Und da ferner der

Hafen von Chinde so gut wie keiner ist und die Fahrzeit von
Chinde nach dem Nyassa via Sambesi und Schire-Bahn immer noch
vom wechselnden Wasserstand des Flusses abhängt, bestenfalls
aber nicht weniger als zehn Tage dauert, so hat man seit einigen
Jahren in englischen Kreisen eifrig dafür agitiert, den Nyassasee
mit dem Meere direkt nach Osten durch das portugiesische
Gebiet mittels einer Bahn zu verbinden. Einer der tätigsten
Fürsprecher für diese Bahn ist der Major A. G. Spilsbury, der im
Herbst 1900 im Auftrag der Companhia do Nyassa (der britischen
Nyassa Company) das Gelände zwischen der Pembabucht an der
Moçambiqueküste und der Zirambobai (Porto Arroyo) an der
portugiesischen Südostküste des Nyassasees auf die Möglichkeiten
eines Bahnbaues hin erkundet hat. Mit Geschick sucht er nachzu-
weisen (Journal of the African Society, Oktober 1901 und April 1902),
daß eine Bahn auf der von ihm gewählten kürzesten ostwestlichen
Linie nicht nur das durchschnittene, wirtschaftlich recht aussichtsvolle Land erschließt — freilich „mere capabilities of the country,
not actual realities" (!) —, sondern auch den ganzen Verkehr der
Sambesi—Nyassa-Route an sich ziehen muß. Die Bahn würde von
Port Amelia in der Pembabucht („the finest natural harbour on
the east coast of Africa and one of the finest in the world") in
stetiger Steigung auf die innerafrikanische Hochebene etwa 1200 m
hoch geführt werden, angeblich ohne alle Terrainschwierigkeiten
und nur am Schluß steiler zum Seeufer beim portugiesischen Porto
Arroyo hinab.

Die Gesamtlänge bemißt Spilsbury auf nicht 800 km, die
Kosten auf etwa 2 Mill. £. Die Spurweite soll 3′ 6″ (1,067 m)
betragen. Den jetzigen Gütertransport von Chinde nach Fort
Johnston schätzt Spilsbury auf rund 7000 Tons pro Jahr. Wenn
nun die Bahn für den 800 km weiten Transport bis zum See
durchschnittlich 10 £ (204 Mark) pro Tonne, also ca. 5 Penny pro
engl. Meile (genauer: 26,5 Pfennig pro Kilometer) nähme, werde die
Bahn eine jährliche Bruttoeinnahme von 70000 £ haben, und keine
einzige Tonne werde mehr den Sambesi—Schire hinaufgehen, wo
sie jetzt 35 £ zu zahlen hat und mehrere Wochen braucht gegenüber einer zwei- bis dreitägigen direkten Fahrt auf dieser Bahn.
Und wenn die Betriebskosten auch 2 Penny für die engl. Meile
(10¼ Pfennig pro Kilometer) ausmachten, werde die Bahn doch
jährlich 40000 £ netto an den Frachten profitieren und dazu etwa
10000 £ für Personenbeförderung (die jetzt auf der Flußroute
etwa 10 Personen täglich zu je 12 £ 10 s beträgt).

Das klingt sehr hübsch, aber die Rechnung hat doch den
Fehler, daſs sie nur auf die Einfuhr aufgebaut ist. Die Einfuhr
kann sich aber nicht lange so hoch halten, wenn ihr die Ausfuhr
nicht einigermaſsen entspricht. Für letztere jedoch, die vorwiegend
mit den billigen Massenprodukten rechnen muſs, ist die ganze
Bahnlänge von 800 km und ein Frachtsatz selbst von 10 Pfennig
pro Kilometer — die nach Spilsburys Anschlag schon allein die
Betriebskosten betragen würden — zu groſs. Der Export wird
also ganz überwiegend aus den küstennäheren Zwischengebieten
zwischen Nyassa und Meer kommen müssen, und dazu müſsten erst
diese Zwischengebiete, wo es vorläufig nach Spilsburys Beobachtung
keine „realities", sondern nur „capabilities" gibt, kultiviert werden.
Immerhin ist damit eine Rentabilitätsaussicht der Bahn gegeben,
wenn ein beträchtlicher Transitverkehr dazukommt.

Die für die Schirebahn bestehende Konzessionsvergünstigung,
daſs sie 25 Jahre vor Konkurrenz bewahrt bleiben soll, kann sich
wohl nur auf Bahnbauten im englischen Gebiet und auf
englische Gesellschaften beziehen. Die Pembabucht—Nyassa-Bahn
soll aber dem Projekt nach von einem portugiesischen Hafen aus
ganz durch portugiesisches Gebiet von einer wenigstens nominell
portugiesischen Gesellschaft gebaut werden. Die, Unternehmer
brauchten also auf die Schirebahn keine Rücksicht zu nehmen,
wenn nicht besondere englisch-portugiesische Abmachungen darüber
bestehen. Jedoch scheinen die Ungewiſsheit über die politische
Zukunft des an das deutsche Schutzgebiet angrenzenden portugiesischen Kolonieteiles und die wohlbegründete Scheu vor unbe-
rechenbaren Scherereien, denen ein Unternehmen in portugiesischem
Gebiet erfahrungsgemäſs ausgesetzt ist, dieses Bahnprojekt nicht
recht in Fluſs kommen zu lassen. Bisher hat die Companhia do
Nyassa zwar einen breiten Weg von Port Amelia nach dem See
angelegt, aber bis Juli 1902 waren ein Antrag auf Erteilung der
Bahnkonzession und die Bildung einer eigenen Bahngesellschaft
noch nicht erfolgt. Die englischen Hintermänner der Companhia
do Nyassa haben indessen so starkes Interesse an dem Projekt
genommen, daſs uns eine baldige Konzessionserteilung nicht über-
raschen darf.

Weniger haben wir eine Überraschung von den Bahnprojekten
Quelimane—Schiremündung und Quelimane—Blantyre—Matope zu
erwarten, die bis jetzt nur Projekte sind und an praktischer Ausführbarkeit dem Plan der genannten direkten portugiesischen
Linie Pembabucht—Nyassa ungemein viel nachstehen.

b) Die deutsch-ostafrikanische Südbahn.

In Deutschland schenkt man dem dargelegten **Projekt** einer portugiesischen Nyassabahn nicht viel Beachtung, **und doch sollten** gerade w i r uns dafür auf das allerlebhafteste interessieren, weil wir nördlich von dieser projektierten Bahnlinie eine **beträchtlich** kürzere Bahn durch einen von Natur viel günstigeren **Landstrich** und ganz durch d e u t s c h e s Gebiet nach dem **Nyassasee** bauen könnten. Vor Jahren schon haben die Herren Bernhard **und Oechel**häuser die Opportunität einer Bahnlinie Mikindani—Nyassa erwogen, dann hat die Deutsche Nyassa-Gesellschaft, L. **Deufs & Ko.,** den Bau einer Bahn Kilwa—Nyassa ins Auge gefafst, **worauf 1900** die Lindi-Handels- und Plantagengesellschaft Perrot **& Ko.** um die Konzession einer Bahn Kilwa (oder Lindi)—Wiedhafen **nachgesucht** hat. Neuerdings erheben sich wieder lautere Stimmen **für eine** solche „S ü d b a h n" unseres ostafrikanischen Schutzgebietes (z. B. Dr. W. Busse, A. Herfurth u. a.), aber bis jetzt ohne **praktische** Wirkung, ohne rechten Widerhall in der Presse und **in kolonialen** Kreisen, weil das Phantom der grofsen „Zentralbahn" immer noch die Mehrzahl .der überhaupt für kolonialen Bahnbau sich Interessierenden im Banne hält.

Es wäre auch ein taktischer Fehler gewesen, in eine energische Agitation für eine ostafrikanische „Südbahn" einzutreten, solange die für Kolonialbahnen ohnehin nur sehr geringe Bewilligungsneigung des Reichstags für den lange vorbereiteten Plan der auch von mir stets auf das lebhafteste befürworteten Stichbahn Dar es Salam—Mrogoro gewonnen werden sollte. Aber nun, da die Entscheidung über die sog. Mrogorobahn wiederum verschoben ist, da ferner die Verkehrsentwicklung in Deutsch - Ostafrika und der wirtschaftliche Fortschritt der . ganzen Kolonie stockt, und da drittens schwere Gefahr durch Inangriffnahme des oben erörterten Projektes der portugiesischen Port Amelia — Nyassabahn im Verzug ist, so ist zur Propaganda für eine deutsch - ostafrikanische Südbahn keine Zeit mehr zu verlieren. Wir brauchen die Stichbahn Dar es Salam—Mrogoro dringend, wir brauchen aber mindestens ebensosehr eine nach dem Nyassa gehende, relativ kurze Südbahn.

Eine deutsch-ostafrikanische Südbahn ist allen übrigen ins ostafrikanische Seengebiet führenden Bahnen überlegen. Gruppieren wir ihre Vorzüge nach den verschiedensten in Betracht kommenden Gesichtspunkten, so ergibt sich folgendes:

1) Eine Bahnlinie von Kilwa oder Lindi nach Wiedhafen ist die kürzeste Verbindung des Seengebietes mit der Küste. Während die Ugandabahn 935 km lang ist, die Route Sambesi—Schirebahn— Nyassa zwar nur etwa 670 km messen wird, aber von Chinde aus eine viermalige Umladung erheischt, die projektierte Port Amelia— Nyassa-Bahn etwa 800 km und die deutsche Zentralbahn Dar es Salam—Tanganyika nach den offiziellen Angaben ca. 1400 km Länge haben werden, wäre die deutsche Südbahn ungefähr 700 km lang und brächte die Güter von einem guten Ozeanhafen ohne Umladen zum besten Hafenplatz des Ost-Nyassa.

2) Gegenüber der bestehenden konkurrenzstärksten Route Sambesi—Schirebahn—Nyassa, die von Chinde über Chiromo— Schirebahn—Fort Johnston nach Wiedhafen mit einmaligem Umladen ungefähr einen Monat in Anspruch nimmt, würde die Südbahn mit nur einmaligem Umladen in Kilwa (oder Lindi) fünf bis sechs Tage brauchen, wenn wir für die Umladung etwa zwei Tage und für die Bahnfahrt von 700 km eine Fahrgeschwindigkeit von 20 km per Stunde ohne die reichlich zu bemessenden Aufenthalte annehmen. Die Reise von Europa nach Wiedhafen, die (nach A. Herfurth) jetzt auf direktem Weg von Southampton über Kapstadt—Beira— Chinde—Fort Johnston ca. 50 Tage dauert, würde auf der Route Southampton—Neapel—Kilwa (oder Lindi)—Wiedhafen in 28 Tagen und nach Wegfall des jetzigen Aufenthaltes in Sansibar und Dar es Salam in 24 Tagen zu machen sein, die bei beschleunigter Dampferfahrt im bloßen Passagierverkehr auf 20—21 Tage reduziert werden könnten. Auch ohne diese Reduktion wäre die Passage auf der etwa 20 Tage kürzeren deutschen Route (28 Tage gegenüber 50 Tagen) um rund 400 Mark in erster Klasse billiger als auf der englischen; die Tagesquote zu 20 Mark angenommen. Zu der Kürze und Billigkeit der Reise käme noch die außerordentlich viel größere Bequemlichkeit infolge der Vermeidung des mehrfachen Umladens resp. Umsteigens, des Wegfalls der hindernisreichen und ungesunden Flußfahrt und anderes mehr. Mit Naturnotwendigkeit würde daher der gesamte Passagierverkehr auf die deutsche Südbahn übergehen.

3) Während eine ca. 1400 km lange Zentralbahn rund 120 Mill. Mark kosten würde, wenn wir als Durchschnittspreis tropisch-afrikanischer Bahnen 85000 Mark pro Kilometer zu Grunde legen (in Wirklichkeit ist es etwas mehr), würde eine

ca. 700 km lange Südbahn, deren Bauterrain nicht schwieriger
ist als das der Zentralbahn. bei demselben Kilometerpreis höchstens
60 Mill. Mark kosten. Die Tonnenfracht für Massengüter, die auf
der Zentralbahn 70—140 Mark bei 5—10 Pfennig pro Tonnenkilometer betragen würde, käme auf der Südbahn auf nur 35—70
Mark zu stehen. Ein europäischer Reisender hat jetzt für die Beförderung von Chinde nach dem Nord-Nyassa (Moaya) 40 £ Sterl.
zu entrichten, während er auf der 700 km langen Südbahn in erster
Klasse bei Anwendung des Tarifs der Tangabahn (20 Pfennig pro
Kilometer) 140 Mark mit einem Zuschlag von ca. 20 Mark für die
Dampferfahrt Wiedhafen—Moaya zu zahlen hätte.

4) Nach dem bei afrikanischen Tropenbahnen durchschnittlichen
Maximalmaſs des Baufortschrittes von ca. 100 km im Jahr würde
die Zentralbahn in frühestens 13—14 Jahren den Tanganyika
erreichen, wogegen die Südbahn in 7 Jahren vollendet sein
könnte.

5) Gegenüber der Zentralbahn, die nur das mittlere Seengebiet und dieses nur auf seine wertvollsten, die Kosten eines so
langen Bahntransportes ertragenden Produkte erschlieſsen könnte,
aber aus Gründen, die wir im Kapitel über die Zentralbahn
kennen lernen werden, weder der Ugandabahn im Norden noch der
Schireroute im Süden Konkurrenz zu machen vermag, würde die
Südbahn bereits einen hochentwickelten Verkehr zum Nyassa und
Tanganyika vorfinden, den sie von der Schireroute ohne alles Zutun
einfach durch ihr Dasein überkommen würde. Die Südbahn würde
nicht nur, wie vorhin gezeigt, den gröſsten Teil des Verkehrs nach
dem Nyassa und dessen englischer und portugiesischer Nachbarschaft als kürzester, bequemster und im Gegensatz zur Wasserstraſse des Sambesi immer leicht benutzbarer Weg monopolisieren,
sondern sie würde auch den ganzen Verkehr nach dem Tanganyika und
dem Ost-Kongostaat über Wiedhafen nach Kilwa (oder Lindi) ableiten, weil dieser Weg dann immer noch wesentlich schneller, billiger
und bequemer ist als der über den Kongo und die Kongobahn nach
Westen oder der über den Schire und Sambesi nach Südosten. Und
wie schon jetzt ein groſser Teil des Verkehrs nach dem deutschen
Tanganyikagebiet über Kilwa (und Lindi) — Nyassa — Bismarckburg
geht, so wird ein noch viel gröſserer, wahrscheinlich sogar der
ganze sich auf dieser Linie bewegen, sobald die Landkarawanen-
straſse Kilwa (oder Lindi)—Nyassa durch die Südbahn ersetzt ist.

6) Die Südbahn würde aber nicht auf diesen Transitverkehr
allein angewiesen sein, sondern in dem Zwischenland zwischen

der Küste und dem Nyassa mehrere sehr produktionsfähige
Gebiete aufserhalb der Makuasteppe durchschneiden, die allein schon
fähig wären, eine so relativ kurze Bahn bezahlt zu machen, da dem
Export ihrer Massenprodukte keine hohen Frachtkosten entgegen-
ständen. Namentlich das dichtbewohnte, schon heute grofse
Mengen von Mais, Hirse und Ölfrüchten erzeugende Ungoni
liefse von seiner intelligenten, jetzt sehr fügsamen Bevölkerung,
deren Arbeitsleistungen durch Wanyamwesi, welche jährlich in
Scharen als afrikanische „Sachsengänger" dorthin kommen, hoch
gesteigert werden, eine riesige Produktion von exportierbaren
Feldfrüchten erwarten. Dazu gehört aber, dafs den Eingeborenen
nähere Anleitung durch sachkundige Europäer gegeben werde, dafs
ferner ein Zwang zum Anbau durch gröfsere Besteuerung oder
noch besser durch finanzielle Interessierung der Häuptlinge an
der Vermehrung der Bodenbestellung ausgeübt werde, und dafs
durch einen leichten, billigen, d. h. kurzen Bahnverkehr, wie
ihn eben die Südbahn bieten kann, die Möglichkeit geschaffen
werde, diese Erzeugnisse der Eingeborenenkulturen auf dem
Weltmarkt (Mais, Ölfrüchte) und auf den Märkten der Küste und
Sansibars (Reis, Hirse u. a.) mit denen aus anderen Produktionsgebieten konkurrieren zu lassen.

Schon jetzt findet ein bedeutender Export von Mtamahirse
aus Ungoni nach der Küste statt. Die jetzigen grofsen Mengen
von Bodenfrüchten sind aber in Ungoni fast nur das Arbeits-
ergebnis der Weiber. Wie kolossal müfsten sie zunehmen, wenn
erst die Männer in der vorhin bezeichneten Weise gezwungen
würden, gründlich mitzuarbeiten! Dann wird sich W. Busses
Voraussage schnell erfüllen: „Ungoni ist auf dem besten Wege,
die Kornkammer des Südens zu werden." (Beihefte zum Tropen-
pflanzer, Mai 1902.) Und da der politische Mittelpunkt des
Landes, Songea, in seiner hohen Lage von 1210 Meter ein an-
genehmer Aufenthalt für Europäer ist, wird es sich bald auch
zu hoher wirtschaftlicher Bedeutung auswachsen. Dabei
lasse ich die für Plantagenbau europäischen Betriebes hier
wie im Kondeland und angrenzenden Gebieten vorhandenen günstigen Bedingungen in Landesbeschaffenheit, Arbeitskräften, Transport-
entfernung u. s. w. ganz aufser Betracht. Ähnlich fruchtreich wie
Ungoni ist das Matengo-Bergland, sind grofse Teile des Konde-
landes, Bundali und andere, kleinere Landstriche, die von der Südbahn durchzogen würden. Und den Aussichten für Bodenprodukten-
ausfuhr stehen in allen diesen Ländern die Aussichten für Vieh-

export nicht nach. Namentlich für die Zucht von Rindern und
Wollschafen ist hier ein grofses, sehr günstiges Feld.

7) Was aber mit am meisten für eine Südbahn ins Gewicht
fällt, ist das Vorhandensein abbauwürdiger Kohlenlager am
Songwe-Kivira im deutschen nordöstlichen Nyassagebiet. Die
Kohlen sind zwar nach dem Gutachten der Geologischen Landes-
anstalt in Berlin durchschnittlich „nur von mittelmäfsiger Beschaffenheit", so dafs eine Verfrachtung nach der Küste auf 700 km
Länge der Südbahn und etwa 100 km Lokaltransport von der
Südbahn zu den Gruben (was zu dem auf afrikanischen Bahnen
bestehenden gewöhnlichen Minimalfrachtsatz von 10 Pfennig für
den Tonnenkilometer allein 80 Mark Frachtkosten ergeben würde)
zum Export oder zum Verkauf an die Ozeandampfer sich nicht
lohnt, da an der deutsch-ostafrikanischen Küste die beste englische
Kohle etwa 60—65 Mark pro Tonne, minderwertige aber und Briketts
nur 50—55 Mark kosten. Aber für die Feuerung der Nyassa-, Tan-
ganyika- und Schiredampfer und der Südbahn selbst ist die Qualität
dieser Kohlen durchaus genügend und die Beschaffung aus so
grofser Nähe nicht kostspielig, auch wenn keine Zechenbahnen vom
See zu den Gruben angelegt werden. Da sich die Regierung das
Regal an allen Kohlenfunden in Deutsch-Ostafrika vorbehalten hat,
ist zu warten, dafs die Kohlen unseres Nyassagebietetes stets zum
möglichst niedrigen Preis an die deutschen öffentlichen Verkehrs-
anstalten, wie Dampfer und Bahn, geliefert werden.

8) Wie die Trace der Südbahn im einzelnen zu führen sein
wird, hängt natürlich vom Befund genauer Geländestudien ab. Im
ganzen wäre jedenfalls an der Route Kilwa (oder Lindi)—
Songea—Wiedhafen festzuhalten, weil man da zunächst als
Ausgangspunkt einen guten Küstenhafen mit einem jahrhunderte-
alten und immer noch lebhaften Handel hätte, ferner ein leichtes
Bauterrain in kürzester Linie auf das höchst aussichtsreiche Ungoni
zu, weiter von Ungoni einen mäfsig steilen Abstieg durch das
Rukuhu-Tal zum Seeufer und schliefslich dort einen guten und
gesunden Seehafen in Wiedhafen, wohl dem besten an der ganzen
deutschen Nyassaküste; die wohl noch geschütztere Mbambabucht
liegt zu weit südlich und hat für eine Bahn zu steile Aufstiege
zum Hochland.

Die Wahl zwischen Kilwa und Lindi als Ausgangspunkten wird
auf Kilwa fallen müssen, und zwar auf Kilwa Kissiwani, weil
-westlich von ihm ein riesiger, absolut sicherer Hafen liegt, an dessen
Steilufer die Ozeandampfer direkt anlegen können, ferner weil es

gesunden Baugrund und gutes Quellwasser hat, und drittens weil
hinter Kilwa gar keine Geländeschwierigkeiten bestehen. Bereits
wird vom Gouvernement an der Herstellung einer Fahrstraße Kilwa
Kissiwani—Wiedhafen gearbeitet, die einen Bahnbau sehr erleichtern kann. Die von anderer Seite auch neuerdings wieder
sehr empfohlene Bahnführung von Mikindani durch das Tal des
Rovuma scheint mir der vorgenannten Route gegenüber bedeutend
im Nachteil zu sein, erstens weil Mikindani der ungesundeste
Platz unserer ganzen Küste ist und die Route durch ein
weites Inundationsgebiet des Rovuma führt, wo großenteils die
Eingeborenen sich durch Pfahlbauten zu sichern suchen (nach
W. Busse), ferner weil dieser Landstrich schwach bevölkert und
wenig bebaut ist, auch die vorwiegende Wayaobevölkerung nur
sehr mäßige Ackerbauer sind, drittens weil diese Linie viel länger
und erheblich teurer werden würde als die von Lindi oder Kilwa nach
Wiedhafen, und endlich weil sie im größten Teil ihrer Erstreckung
so dicht an der portugiesischen Grenze hinführen würde, daß die
Bahn unserem eigenen Lande nicht genügend zu gute kommen,
und dieses nicht alle Vorteile daraus ziehen könnte, die in der
Einflußsphäre einer Eisenbahn liegen.

9) Die Südbahn müßte, wie alle anderen tropisch-afrikanischen
Bahnen, als Schmalspurbahn gebaut werden. Daß eine Spurweite von 0,75 m ausreicht, beweist die Kongoeisenbahn, die den
stärksten Frachtverkehr im tropischen Afrika zu bewältigen hat;
0,75 m waren auch für das Zentralbahnprojekt und ursprünglich
für die Linie Dar es Salam—Mrogoro in Aussicht genommen. Eine
Spurweite von 0,60 m ist für die Anforderungen zu klein. Das
zeigt schon die Beirabahn, die deshalb auf die größere Kapspur um-
gebaut wurde. Auch die 0,60 m-spurige Bahn in Deutsch-Südwestafrika wird sich kaum jemals rentieren können, weil in diesen
Ländern noch mehr als bei unseren heimischen Kleinbahnen die
Betriebskosten in einem zu ungünstigen Verhältnis zur relativ
geringen Leistungsfähigkeit solcher Bahnen stehen. Leistungs-
fähiger als die 0,75 m-Spur ist natürlich die von 1 m. Drei Viertel
aller afrikanischen Tropenbahnen haben die Spurweite von 1 m
oder wenig darüber (Kapspur 1,067 m), und in Deutsch-Ostafrika
ist bereits die Usambarabahn auf die 1 m-Spur gebaut. Jedenfalls sollte man allen Linien in unserem Schutzgebiet die gleiche
Spur, sei es 0,75 oder 1 m geben, da die Einheitlichkeit des
Systems, die eine Verwendung des Materiales der einen Linie auf
einer anderen, die Übernahme eingeübter Bauarbeiter von einer

fertigen Linie auf eine neu zu bauende, und anderes·mehr gestattet, aufserordentlich viele Vorteile hat. Die einer 1 m-spurigen
Bahn gegenüber etwa ein Viertel niedrigeren Herstellungskosten
einer 0,75 m-spurigen Bahn werden durch die gröfsere Leistungsfähigkeit der 1 m-spurigen ausgeglichen. Es fragt sich nur, ob der
zu erwartende Verkehr dieses gröfsere Mafs von Leistungsfähigkeit
erfordert. Nach meinem Dafürhalten werden wir mit der 0,75 m-
Spurweite ebensogut auskommen wie die verkehrsreiche Kongobahn.

In der Entwicklung der Route Südbahn—Nyassa—Tanganyika
liegt es inbegriffen, dafs bei bedeutend wachsendem Verkehr
zwischen Nyassa und Tanganyika diese Landstrecke einmal durch
eine ca. 400 km lange Zwischenbahn überführt wird. Auf der
deutschen Seite böte dafür das Terrain sehr viel weniger Schwierigkeiten als auf der englischen. Aber das sind curae posteriores,
über die wir uns noch lange Jahre keine Bedenken werden zu
machen brauchen. Zunächst hat unsere ganze Aufmerksamkeit der
ostafrikanischen Südbahn anzugehören.

Die zwingende, dringende Notwendigkeit liegt vor, eine
Südbahn auf dem kürzesten Wege durch deutsches Gebiet von der
Küste zum Nyassa, also von Kilwa oder Lindi nach Wiedhafen, zu
bauen, und zwar so bald und so schnell wie nur möglich, da uns
sonst nicht nur die Schirebahn durch Ableitung eines Teiles unseres
Handels nach englischen und portugiesischen Häfen empfindlichen
Schaden tut, sondern auch die für uns noch viel gefährlichere
durch portugiesisches Gebiet geplante direkte Konkurrenzlinie Port
Amelia—Nyassasee zuvorkommen wird. Die aus allen den oben
unter 1—9 angeführten Umständen für den Erfolg einer Südbahn
sich ergebenden Garantien sind gegenüber den Aussichten
einer Zentralbahn so enorm grofs, dafs sich sicherlich das
Kapital zu diesem Unternehmen drängen wird, sobald die Regierung den Plan wohlwollend aufnimmt und seiner Ausführung
Förderung zusagt. Die Regierung hat jetzt sehr erfreulicherweise
in klarer Form die Vorlage der unentbehrlichen Stichbahn Dar es
Salam—Mrogoro von dem grofsen Zentralbahnprojekt geschieden
und sich in keiner Weise dem letzteren verbunden, aber dennoch
lebt das Zentralbahnprojekt in kolonialen Kreisen fort und lähmt
wie eine Hypnose alle andere wirtschaftliche Regsamkeit in
Deutsch-Ostafrika. Darum endlich los von der Utopie der Zentralbahn, damit ohne Hemmungen zur Vollführung eines auf der festen
Basis von Tatsachen stehenden, eminent nützlichen kolonialen
Werkes geschritten werden kann: der ostafrikanischen Südbahn!

2. Die deutsch-ostafrikanische Zentralbahn.

Unter allen deutschen Kolonialprojekten ist keines so viel und heifs umstritten worden, wie das der ostafrikanischen Zentralbahn. Während es die einen in den Mittelpunkt der ganzen wirtschaftlichen Kolonisation Ostafrikas zu rücken bemüht waren und noch sind, und alles Heil der Kolonie vom Bau einer Zentralbahn erwarten, sprechen die Gegner des Projektes seiner Ausführung nicht nur jede weitgehende Wirkung ab, sondern sehen darin eine Utopie, die durch ihre sensationelle Natur bestrickt und blendet, aber, wenn sie in die realen Verhältnisse gesetzt würde, in sich zusammenbrechen und durch ihren Zusammenbruch der Kolonie wie dem Mutterland den schwersten Schaden tun müfste.

Das Zentralbahnprojekt hat bereits eine mehr als 10jährige Geschichte. Da deren einzelne Phasen höchst lehrreich für die Wandlungen in unserer ganzen Kolonialpolitik sind und nicht minder für die Art und Weise, wie bei uns grofse (wenn auch utopische) kolonialwirtschaftliche Unternehmungen ins Werk gesetzt werden, sei der bisherige Entwicklungsgang des Zentralbahnprojektes in Kürze dargetan, wobei ich mich bis 1899 an die Schrift „Die Deutsch-Ostafrikanische Zentralbahn" von Wilh. Oechelhäuser, Berlin 1899, halte. Entstanden ist das Projekt im Schofs der Deutschen Kolonialgesellschaft, auf deren Veranlassung die Herren Baurat Hoffmann, Wolff, Hörnecke Kostenanschläge machten, und dann wieder aufgenommen worden von der Deutsch-Ostafrikanischen Gesellschaft. Gleich nach der im Februar 1887 vollzogenen Gründung der letzteren Gesellschaft befafste sich der Direktionsrat mit Eisenbahnplänen verschiedener Art, worunter ein Zentralbahnprojekt des Herrn Oechelhäuser, und entsandte daraufhin im April 1887 den Geometer von Haake zu Rekognoszierungen nach Ostafrika.

Der 1888 losbrechende Araberaufstand liefs die Sache nicht weitergedeihen, aber bald nach der Niederwerfung der Empörung wurden 1889 Vermessungen zunächst für eine Bahnlinie Dar es Salam—Bagamoyo vorgenommen, für welche sich ein bayerisches Konsortium gebildet hatte. Da dies zu keinem positiven Ergebnis führte, berief die Deutsch-Ostafrikanische Gesellschaft auf Drängen des Herrn Oechelhäuser im März 1891 eine „Konferenz der bedeutendsten Afrikaforscher" (Peters, Gravenreuth, Hoffmann, Krenzler u. a.), in der unter Oechelhäusers Vorsitz diese „autoritative Versammlung das entschiedenste Votum für eine Zentralbahn

von Dar es Salam und Bagamoyo nach den beiden
grofsen Seen Victoria-Nyanza und Tanganyika ab-
gab". Dabei kannte kein einziger der Konferenzteilnehmer das
in Betracht kommende Gebiet aufser der kleinen Anfangsstrecke;
die geographische und wirtschaftliche Kenntnis des grofsen Binnenlandes stak überhaupt noch in den ersten Anfängen; von der technischen Ausführbarkeit einer solchen Bahn konnte man, da jegliche
Unterlage fehlte. gar keine Ahnung haben und ebensowenig von
dem Betrag der erforderlichen Geldmittel.

Die „autoritative Versammlung" hatte jedoch aufser einer
Zentralbahn auch eine Bahn nach Usambara empfohlen, und da
für eine Zentralbahn erklärlicherweise noch keine Aussicht auf
Reichsunterstützung oder Beihilfe des Grofskapitals bestand, nahm
die Deutsch-Ostafrikanische Gesellschaft auf Betreiben der Herren
v. d. Heydt und Lucas erst die Usambarabahn in Angriff. Hier
wufste man doch wenigstens einigermafsen, wie das Ziel beschaffen war, auf das die Bahn losging, wenn man auch über die
Art der Bahnausführung im Unklaren war, so dafs es ohne mannig-
fache gründliche Verrechnung auch da nicht abging. Im November 1891 war die Baukonzession von der Regierung erteilt
worden, ohne Zinsgarantie, aber mit Landkonzessionen. Als man
jedoch zur Anteilzeichnung schritt, hielt sich das Grofskapital
zurück, und drei Viertel der Anteile (1¹⁄₂ Mill. Mark) verblieben
der Deutsch-Ostafrikanischen Gesellschaft. Dazu kamen beim Bau
selbst riesige Überschreitungen der Voranschläge. (Siehe nächstes
Kapitel.)

Erklärlicherweise war nach solchen Erfahrungen eine Beteiligung
des Grofskapitals an der Zentralbahn erst recht nicht zu erwarten,
wenn man ihm keine Zinsgarantie bieten konnte. Um diese zu
erreichen, mufste man der Regierung bessere Unterlagen für das
Projekt bieten, als man bisher besafs. Zu ihrer Beschaffung wurde
daher 1894 der Leutnant Schlobach ausgesandt, der die Terrain-
strecke bis Mafisi am Ķingani erkundete, die für die Linie Dar
es Salam—Tanganyika und für die vom Gouverneur v. Schele befür-
wortete Linie Dar es Salam—Nyassa als die gemeinsame Anfangsstrecke gelten konnte. Ende desselben Jahres 1894 gewann endlich
Oechelhäuser die Deutsche Bank (G. Siemens) für sein Zentralbahnprojekt, und nun trat auch der Kolonialdirektor Kayser dem Plane
näher. Im März 1895 kam es zwischen der Kolonialabteilung, der
Deutschen Bank und der Deutsch-Ostafrikanischen Gesellschaft zu
einem Vertrag, in dem die Genannten 300000 Mark für Vorarbeiten

zum Bahnbau zeichneten, nachdem die Deutsch-Ostafrikanische Gesellschaft ihren Widerstand gegen die Zentralbahn unter der Bedingung aufgegeben hatte, dafs der Usambarabahn dieselben Vorteile (Zinsgarantie) von der Regierung gewährt würden wie der Zentralbahn. Der Finanzminister Miquel und dann auch der Reichskanzler Fürst Hohenlohe erklärten sich mit einer Zinsgarantie einverstanden, und so stand der Bildung eines „Comités für die Deutsch-Ostafrikanische Zentralbahn" (April 1895) nichts mehr im Wege; Oechelhäuser wurde amtlich zum Vorsitzenden bestellt.

In den Verhandlungen plädierte nun die Deutsch-Ostafrikanische Gesellschaft (v. d. Heydt) sehr für den Bau einer kürzeren nördlichen Traceführung von Tanga nach dem Spekegolf des Victoriasees, wodurch zugleich die „notleidende Usambarabahn" saniert werden sollte, aber Oechelhäuser bestand auf der zentralen Linie Dar es Salam—Tabora—Victoria- und Tanganyikasee, mit Anschlufs von Bagamoyo an die Hauptlinie, und das Komitee entschied sich für den Oechelhäuserschen Plan, dem auch Wifsmann zustimmte.

Nachdem der Bericht des Leutnants Schlobach über seine Erkundung der Anfangsstrecke Dar es Salam—Ukami (Mrogoro) erstattet und die entsprechenden Voranschläge vom Geh.-Rat Bormann aufgestellt waren, wurde von Oechelhäuser eingehend an den Reichskanzler über den Plan berichtet. Besonders wurde dabei betont, dafs der erste Abschnitt Dar es Salam—Mrogoro auch selbständigen Wert habe, falls er nicht zur Seenbahn ausgebaut würde; „was für die Entschliefsungen der Regierung und des Reichstags von grofser Bedeutung sein wird". Man dachte also schon damals, alles weitere werde sich finden, wenn nur erst einmal ein Anfang gemacht ist; von der Anfangsstrecke Dar es Salam—· Mrogoro aber nahm man an, dafs sie „dem Plantagenbau, der Besiedelung und dem Absatz deutschen Kapitals grofse Vorteile bieten mufs und alle Momente der Rentabilität schon nach kurzer Entwicklungsperiode in sich trägt". Zur Bekräftigung dieser alles nur Wünschenswerte verheifsenden Prophezeiung ward ein Bericht des Leutnants Schlobach beigegeben (vom 23. Mai 1896), in dem über alle einschlägigen Wirtschaftsverhältnisse des von der Bahn durchzogenen Landes mit verblüffender Sicherheit geurteilt wird, die Bedingungen und Aussichten in den rosigsten Farben erscheinen und alle Hindernisse spielend übersprungen werden. Es ist derselbe modus procedendi, derselbe schwärmerische Stil, der in allen späteren Berichten und Denkschriften der Zentralbahnenthusiasten wiederkehrt und durch sein Übermafs von Beweisenwollen am meisten

dazu beigetragen hat, dafs auch das, was wirklich **gut und nützlich**
an der Sache ist, bei kühler Denkenden stark in Mifskredit geraten ist.

Für die B a u a u s f ü h r u n g der Zentralbahn wollte man „weder
rein provisorische Anlagen noch grofsartige Anlagen nach europä-
ischem Muster, vielmehr nach dem Vorgang aller Tropenbahnen
nur Anlagen, deren Leistungsfähigkeit nicht **auf die Ewigkeit**,
wohl aber auf absehbare Zeiten, **jedenfalls auf Dezennien hinaus**,
so aufser Frage steht, dafs es der **Aufstellung spezieller Berech-**
nungen über die Grenzen dieser Leistungsfähigkeit **kaum bedarf".**
Solcher Verzicht auf die nötigen Berechnungen war **freilich leicht,**
weil man gar keine positiven Unterlagen hatte, **aber man konnte**
doch nicht ohne Schätzungen und Versuche auskommen.   Nachdem
man die Systeme der Seilbahnen und Schwebebahnen geprüft und
sie für die ostafrikanischen Verhältnisse unzulänglich befunden, entschied man sich für eine s c h m a l s p u r i g e E r d b a h n v o n 75 cm
S p u r w e i t e; die 60 cm-Spur erkannte man als zu klein und nicht
leistungsfähig genug, die 1 m - Spur verwarf man, **weil sie bei nur**
wenig gröfserer Leistungsfähigkeit ein Viertel bis ein Drittel teurer
als die 75 cm - Spur ist.   Damit hatte man offenbar eine den ostafrikanischen Verhältnissen durchaus entsprechende Wahl getroffen.
Auch die Kongobahn hat diese Spur.

Für die Anfangsstrecke Dar es Salam — Mrogoro **wurden Vor-**
anschläge von den Herren Bernhard (Erbauer der ersten Usambara-
bahnstrecke), Wiskow, Bormann gemacht, worin die **Bahnlänge auf**
291 km, die Kosten auf 11 850 000 Mark, das heifst 10 750 000 **Mark**
für die Strecke Dar es Salam—Mrogoro und 1 100 000 **Mark für**
die Anschlufslinie nach Bagamoyo angegeben sind.   Die **Bauzeit**
schätzte man auf vier Jahre, die Betriebskosten bei 1 Zug täglich
in jeder Richtung auf 1962 Mark pro Tag, bei 2 Zügen **auf**
2438 Mark pro Tag. Zur Deckung der Betriebskosten von 1962 Mark
müfsten mit jedem Zug mindestens 6 Personen à 10 Pfennig **und**
2 Pfennig pro Kilometer und 10 Tonnen à 3 Pfennig pro Kilometer
auf ganzer Strecke befördert werden. Da nun ein Träger 15 Pfennig
für 100 Kilo auf 1 km bekomme, also 1,50 Mark pro Tonnenkilometer, so sei die Bahnfracht (3 Pfennig pro Kilometer) **um**
1,20 Mark billiger als die Trägerfracht, was eine enorme Steigerung
der zahllosen exportfähigen Güter zur Folge haben müsse u. s. w.

Wie optimistisch diese Kalkulationen waren, beweist **jede**
folgende, die jedesmal viel höhere Unkosten annahm als **die**
vorausgehende, und ebenso optimistisch verfuhr Bormann, **als er**
bei einer allgemeinen Schätzung der ganzen bis zum **Tanganyika**

1493 km langen Zentralbahnlinie die Gesamtkosten der ersten
Strecke (Dar es Salam mit Bagamoyo—Mrogoro 291 km) inklusive
Bauzinsen auf 41 667 Mark pro Kilometer, die der zweiten und
dritten Strecke (Mrogoro—Tabora 777 km, Tabora—Tanganyika
425 km) auf „allerhöchstens 33 000 Mark pro Kilometer" taxierte.
Später hat man amtlich nach den inzwischen gemachten Erfahrungen ungefähr das Doppelte dafür eingesetzt.

Offenbar fand denn auch die Regierung dieses ihr im Juni 1896
vorgelegte Material nicht genügend, um es als Vorlage an den
Reichstag zu bringen. Der Leutnant Schlobach wurde im August
1896 wieder zu weiteren Vorstudien nach Ostafrika geschickt.
Das Komitee entschied sich nun für eine direkte Linie Dar es Salam
—Mafisi(Kinganiübergang)—Mrogoro ohne Anschluſs an Bagamoyo,
und auf dieser Grundlage näherte man sich der Bildung der Bahngesellschaft mit den erwähnten Banken, als unerwartet der Kolonialdirektor Kayser im Oktober 1896 sein Amt niederlegte und an
seine Stelle der Freiherr von Richthofen trat. Nun „gewann die
der Zentralbahn feindliche", dem Weiterbau der Usambarabahn
freundliche Strömung (des Herrn v. d. Heydt) wieder Oberwasser.
Erst als der April 1898 zum Kolonialdirektor ernannte Herr
von Buchka den Ankauf der „notleidenden" Usambarabahn durch
das Reich durchsetzte, wurde „der Weg für die Zentralbahn wieder
frei". Als ein mit doppelter Energie einzuholendes Versäumnis
empfahl nun 1899 Oechselhäuser sein Projekt zur baldigsten Ausführung. Zwingende Momente seien auſserdem, daſs englische und
belgische Konkurrenzlinien im Vorrücken gegen unsere ostafrikanischen Grenzen seien; mit ihnen drohe die Rhodessche Transversalbahn unsern Handel nach Nord, West und Süd in fremde
Gebiete abzulenken, der Zentralbahnbau sei für uns eine Ehren-
sache, ein Prüfstein unserer kolonialen Kraft und Einsicht etc. etc.

Die Wirkung dieser groſsen Perspektiven auf das Publikum
blieb nicht aus. Man fragte sich nicht, ob nach Lage der realen
Verhältnisse eine Zentralbahn auch wirklich das leisten könne,
was der temperamentvolle Idealismus des Herrn Oechelhäuser davon
versprach, sondern man stimmte ohne genaue Prüfung der Dinge in
den Ruf nach einer Zentralbahn mit ein. Der Kolonialrat wollte im
Oktober 1899 2 Mill. Mark vom Reich für den Beginn der Zentralbahn bewilligt haben — die einzige öffentlich verneinende Stimme
war die des Seniors deutscher Afrikaforschung, Professor Schwein-
furt —, aber der Kolonialdirektor v. Buchka war bedächtiger und
brachte Anfang 1900 an den Reichstag nur eine Vorlage von

„100 000 Mark zur Ergänzung der Vorarbeiten für eine Eisenbahn
von Dar es Salam nach Mrogoro". Der Reichstag jedoch, der sich
nicht durch Bewilligung eines scheinbar kleinen Anfanges für das
unabsehbare Riesenunternehmen der Zentralbahn engagieren wollte,
verwies im Februar 1900 die Vorlage an die Budgetkommission,
die sie ablehnte. Die Agitation der Zentralbahnfreunde veranlaßte
nun aber doch die Regierung, durch den Oberstleutnant Gerding
von der Eisenbahntruppe und den Hauptmann Schlobach die geplante Bahnstrecke Dar es Salam — Mrogoro bereisen und neue
Kostenanschläge aufstellen zu lassen. Diese Bereisung dauerte von
Februar bis April 1900.

Im Juni 1900 trat eine Wendung ein, die auch für die ostafrikanische Bahnfrage von Bedeutung wurde: der erfahrungsreiche
vormalige Gesandte Dr. Stübel übernahm die Leitung der Kolonialabteilung. Das von seinem Vorgänger übernommene Erbe des Zentralbahnprojektes legte er mit den inzwischen fertiggestellen Berichten
und Anschlägen der Herren Gerding und Schlobach im Frühjahr 1901
dem Reichstag in neuer Gestalt als „Anforderung von 2 Mill. Mark
für den Bau einer von Dar es Salam ausgehenden Eisenbahn"
vor, aber als sich nun eine scharfe Kritik gegen die neue Begründung des Zentralbahnplanes und gegen die Zentralbahn selbst
erhob, änderte die Regierung die Vorlage noch vor der Beratung,
verständigte sich mit der Deutschen Bank über die Bildung einer
Bahnkonzessionsgesellschaft mit Zinsgarantie des
Reiches und forderte nun im April 1901 vom Reichstag nur noch
„die Übernahme einer Garantie des Reiches in Bezug auf eine Eisenbahn von Dar es Salam nach Mrogoro". Der darauf bezügliche Gesetzentwurf enthält kein Wort mehr davon, daß diese Bahn nur als
die erste Teilstrecke der riesigen Zentralbahn gedacht sei, sondern
beschränkt sich klar und fest auf die „Stichbahn" nach Ukami.
Nur in § 23 des Entwurfes wird der Gesellschaft das „Vorzugs-
recht auf die Konzession zur Fortsetzung der Eisenbahn bis zum
Tanganyikasee und Victoria-Nyanza eingeräumt".

Die dem Gesetzentwurf beigefügte Begründung nimmt an,
daß die auf 230 km Länge veranschlagte Bahn mit 16 500 000 Mark
reiner Baukosten, also rund 72 000 Mark pro Kilometer, und mit
22 Mill. Mark Gesamtkosten auszuführen sei. Mit diesem Gesetzentwurf hat sich die Regierung glücklich von dem phantasie-
reichen Projekt der Zentralbahn losgelöst und ließ darüber auch
im Reichstag keinen Zweifel bestehen. Zwar stimmten in der
Reichstagssitzung vom 24. April 1901 die Zentralbahnfreunde

(Hasse, Arendt, Siemens, Graf Stolberg) ausdrücklich nur deshalb für die Vorlage, weil sie darin immer noch den Anfang der grofsen Seenbahn sahen, aber die Regierung erklärte, dafs es sich für sie nur um die Stichbahn Dar es Salam—Mrogoro handle, und dafs man es der Zukunft überlasse, ob eine Weiterführung notwendig werde. Wenn der Reichskanzler dieser Zukunftsmöglichkeit eine längere Betrachtung widmete, so klang sie mehr wie eine Beschwichtigung an die ungestümen Zentralbahnenthusiasten, blieb aber gänzlich unverbindlich.

Zur finanziellen Prüfung wurde die Vorlage an die Budgetkommission verwiesen, wo sie zehn Monate verblieb, um erst im März 1902 wieder mit mannigfachen Abänderungen vor dem Plenum zu erscheinen. Diese zehnmonatige Zwischenzeit benutzten die Zentralbahnfreunde gründlich, in Wort und Schrift zu drängen und zu drohen, dafs endlich der Anfang zur grofsen Zentralbahn gemacht werden müsse, weil die nun vollendete englische Ugandabahn im Norden und die immermehr verbesserte Schire—Sambesi-Route im Süden den Handel bereits in fühlbarster Weise aus dem deutschen Schutzgebiet abzögen, weil die Ost-Kongobahnen und die Kap—Kairo-Bahn der Verwirklichung sich näherten, und weil gegen alle diese Gefahren wie gegen die bestehende wirtschaftliche Depression des Schutzgebietes das einzige Radikalmittel die grofse Zentralbahn Dar es Salam—Tanganyika sei.

Die mafsvollen Beurteiler der Sachlage wiesen dagegen immer wieder nach, dafs eine Zentralbahn niemals im stande sei, jene für unsere Kolonie teilweise wirklich vorhandenen Gefahren und Mifsstände zu beseitigen, sondern dafs zu deren Abwendung ganz andere Mafsnahmen getroffen werden müfsten, wie z. B. Änderungen im kolonialen Verwaltungssystem, im Finanz- und Etatwesen, in den militärischen Einrichtungen, im Steuerwesen, der Bevölkerungs- und Kulturpolitik, in der Schaffung von Stichbahnen, und namentlich einer zum Nyassasee gehenden Südbahn etc.). Der Reichstag legte darum und weil sich inzwischen auch die Finanzlage des Reiches sehr verschlechtert hatte, einen strengen Mafsstab an den Kommissionsbericht an, fand, dafs die Voraussetzungen der nun zehn Monate alten Kommissionsbeschlüsse nicht mehr zutreffend seien, und verwies am 7. März 1902 den Bericht nochmals an die Budgetkommission zurück. Von dieser wurde die Vorlage Anfang Mai nochmals redigiert und sollte alsbald ans Plenum gelangen, wurde aber, da die derzeitige Gruppierung im

Reichstag eine Ablehnung befürchten liefs, von der Regierung
zurückgezogen und der Herbstsession vorbehalten.

Die nunmehrige Kommissionsfassung hat folgende
Hauptpunkte zum Inhalt: Eine von einem Bankkonsortium unter
Führung der Deutschen Bank zu bildende Ostafrikanische Eisenbahngesellschaft erhält auf 88 Jahre die Konzession zum Bau und Betrieb
einer Eisenbahn von Dar es Salam nach Mrogoro. Ihrem Kapital wird
bis zu 22 Mill. Mark eine 3 %oige Verzinsung vom Reich garantiert;
die Anteile werden also in 87 Jahren mittels jährlicher Zahlungen
von 747 187,32 Mark verzinst und durch Auslosung zu 120 Mark
für jeden Anteil, beginnend in dem auf die Betriebseröffnung bis
Mrogoro folgenden Betriebsjahr, getilgt. Wenn die Jahresdividenden
mehr als 2 % des eingezahlten Kapitals betragen, nimmt das Reich
an dem Überschufs zur Hälfte teil. Das Reich behält sich das
Recht vor, das gesamte Unternehmen nach 45 Jahren seit der Betriebseröffnung zu übernehmen; Kaufpreis: 120 Mark für jeden
noch nicht gelosten Anteil und der zwanzigfache Betrag des im
Durchschnitt der letzten fünf Jahre über 3 % hinausgehenden
Reingewinnes. Nach Ablauf der Konzession (88 Jahre) geht das
gesamte Unternehmen unentgeltlich und schuldenfrei ans Reich
über. Die Konzession ist verwirkt und das Reich ist berechtigt,
das Unternehmen zu übernehmen, wenn die Gesellschaft wegen
Zahlungsunfähigkeit den Bau nicht vollenden oder den Betrieb
nicht ein- oder fortführen kann.

Die Konzessionsurkunde selbst enthält folgende Hauptpunkte: Die Spurweite soll 1,0668 m (Kapspur) betragen. Die Vollendung und Inbetriebnahme der Bahn von Dar es Salam bis Mrogoro
mufs innerhalb fünf Jahre von der Konzessionserteilung an erfolgen.
Die Zahl der Züge wird dem Ermessen der Gesellschaft anheim-
gestellt, desgleichen die Bestimmung der Tarife für die ersten zehn
Jahre; später kann das Reich die Tarife festsetzen, die aber nicht
unter die Höchstsätze der meisten anderen afrikanischen Tropenbahnen herabgehen dürfen. Die Gesellschaft mufs anderen Unter-
nehmern den Bau von Anschlufsbahnen gestatten, falls sie diese
nicht selbst bauen will. Dagegen erteilt das Reich auf die Dauer
dieser Konzession keinem andern die Konzession zur Anlage von
Bahnlinien, die in gleicher Richtung auf dieselben Orte laufen
würden. Alle dinglichen Rechte, welche dem Schutzgebiet an dem
für den Bahnbau erforderlichen Grund und Boden zustehen, tritt
das Schutzgebiet unentgeltlich an die Gesellschaft ab, auch sorgt
es dafür, dafs andere Besitzer das Gleiche gegen mäfsigen Entgelt

tun. Die Gesellschaft darf in den fiskalischen Wäldern des Schutzgebietes das für den Bahnbau nötige Holz im Einvernehmen mit
der Forstverwaltung unentgeltlich entnehmen; desgleichen Erde
und Steine aus fiskalischem Besitz. Für jedes fertig gestellte
Kilometer der Bahn darf die Gesellschaft aus dem fiskalischen oder
herrenlosen Land rechts und links innerhalb 100 km Entfernung
von der Bahn 2000 ha nach eigener Wahl in Eigentumsbesitz
nehmen; doch muſs innerhalb eines 3 km breiten Streifens auf
beiden Bahnseiten die Auswahl in (quadratischen) Blöcken von je
9 qkm Fläche so erfolgen, daſs zwischen zwei Blöcken je ein Block
frei bleibt. Soweit es sich um Gebiete handelt, in denen bisher
das Recht der Aneignung herrenlosen Landes der Deutsch-Ostafrikanischen Gesellschaft zustand (zwischen Dar es Salam und
Mrogoro etwa zwei Drittel des von der Bahnlinie durchzogenen
Landes), beschränkt letztere ihr Aneignungsrecht auf eine Zone
von 25 km zu beiden Seiten der Bahn. Innerhalb der ersten
15 Jahre kann die Eisenbahngesellschaft die ausgewählten Blöcke
gegen andere, nicht gröſsere, umtauschen. Während derselben Zeit
wird das Reich der Gesellschaft innerhalb der oben genannten
100 km-Zone auf Antrag Gebiete von 500 ha für jedes fertiggestellte
Kilometer zur ausschlieſslichen Gewinnung von Mineralien überweisen. Die ganze Bahnanlage ist für die Konzessionsdauer frei
von Grund- und Gebäudesteuern, und die Gesellschaft genieſst Zoll-
freiheit für alle zum Bau, Unterhalt und Betrieb der Bahn erforderlichen Materialien, Maschinen etc.

Auch in seiner jetzigen Fassung enthält die Kommissionsvorlage
wie die Konzessionsurkunde noch einige recht anfechtbare
Punkte, vor allem die Bestimmung der Spurweite von 1,0668 m,
der sogen. Kapspur, die jetzt, wo von einem Anschluſs dieser Bahn
an eine englische Kap—Kairo-Bahn keine Rede mehr sein kann
(siehe S. 92), sehr vom Übel für das Unternehmen ist. Die Kapspur ist für das Bedürfnis und den Bedarf der Dar es Salam-Bahn
viel zu groſs. Wenn sogar die Kongobahn mit 75 cm Spurweite
vollauf ausreicht, wäre die Kapspur für die Dar es Salam-Bahn
ein unrentabler Luxus, eine ökonomisch nicht zu rechtfertigende
Verschwendung, die dem Unternehmen nur schaden kann. Infolge
davon würde die Bahn nicht nur ca. ein Drittel teurer werden
und ungefähr ein Drittel längere Bauzeit brauchen, sondern es
müſsten auch wegen der höheren Herstellungs- und Betriebskosten die Tarife höher sein, so daſs sie den Verkehr, namentlich den Export von billigen Massengütern, auf den es hauptsäch-

lich ankommt, hindern und damit die Entwicklung der Landeskultur hemmen würden. Man sollte darum keinesfalls eine breitere
als die 75 cm-Spur anwenden. Auch Bernhard tritt in seinem
Buch über den „Eisenbahnbau in Deutsch-Ostafrika" (Berlin 1898)
entschieden für die 75 cm-Spur auf Bahnen ein, wo nur ein mäfsiger
Verkehr zu erwarten ist.

Die mehrfachen Bedenken gegen die Art der Finanzierung
des Unternehmens, gegen das „Recht" des Reiches, die Bahn,
wenn sie bankrott macht, in eigne Regie zu übernehmen, gegen
die Befugnis der Bahngesellschaft, die in Besitz genommenen Par-
zellen Konzessionsland nach 15 Jahren gegen andere umzutauschen,
gegen die Wahl Mrogoros als Endpunktes der Bahn anstatt eines
mitten vor dem Ulugurugebirge gelegenen und dem ganzen Gebirge gut zugänglichen Ortes u. a. m. werden überwogen durch die
kolonialpolitischen und -wirtschaftlichen Vorteile
und Fortschritte der Vorlage. Diese bestehen vor allem
darin, dafs das ungeheuerliche Zentralbahnprojekt nicht mehr mit
dem Plan der Stichbahn Dar es Salam—Ukami verquickt ist;
hat doch der Kolonialdirektor Stübel in der Kommissionsberatung
ausdrücklich erklärt: „Heute liegt kein Zentralbahn-,
sondern ein Stichbahnprojekt vor, mit dem Zweck,
ein fruchtbares Hochland (Ukami) mit der Küste zu verbinden." Der Fortschritt ist ferner darin zu sehen, dafs zum
erstenmal das Grofskapital zu einer bedeutenden kolonialwirtschaftlichen Unternehmung in Ostafrika herangezogen wird, und
weiter darin, dafs die in den fortgeschrittensten fremden Kolonien
bewährte Methode befolgt ist, die Bahn nicht in Reichsregie zu
bauen, sondern einer soliden Privatgesellschaft zu übertragen, die
vom Reich durch eine beschränkte Bürgschaft (Zinsgarantie) gedeckt und durch Land- und Minenkonzessionen selbst am meisten
an der Entwicklung des Landes interessiert wird. Es wird nun
sehr viel davon abhängen, wie die Kontrolle des Reichskanzlers
über die Ausübung der Konzessionsrechte und -pflichten gehandhabt wird.

Im ganzen kann man mit Zuversicht erwarten, dafs die auf
230 km Länge veranschlagte Dar es Salam-Bahn, wenn sie mit
75 cm-Spurweite gebaut wird, segensreich für das Land wirken
und rentabel arbeiten wird. Sie geht bis ans ostafrikanische Randgebirge. Diese Bergländer aber (Usambara, Unguu, Usagara,
Ukami u. s. w.) sind die „küstennahen Vorzugsgebiete" unserer
Kolonie, wie ich sie früher einmal kurz charakterisiert habe; sie

sind es, weil sie wegen ihrer Erhebung häufige lokale Niederschläge auch in der klimatischen Trockenzeit haben, weil sie darum sich reichlicher Bodenbewässerung, frischen Waldwuchses und mannigfaltiger Kulturenmöglichkeit erfreuen, und weil wegen ihrer Küstennähe ihre jetzigen beschränkten und künftigen massenhaften Produkte billig zum Küsten- und Weltmarkt gebracht werden können, sobald sie durch ein leichtes Verkehrsmittel, eine k u r z e Bahn mit den Hafenplätzen verbunden sind. Im Küstenstrich b i s zum Randgebirge aber durchschneidet die Bahn ein für die Massenkultur von Ölfrüchten, besonders Erdnüssen und Sesam, sehr geeignetes Land. Gerade davon ist viel zu erwarten, wenn ein gewisses Maſs von Arbeitszwang für die Eingeborenen, am besten wohl vermittels interessierter Häuptlinge, eingeführt wird. Noch sträubt sich die Regierung dagegen, aber sie wird durch den Druck und Drang der Verhältnisse ganz von selbst dazu geführt werden; Steuern allein tun es nicht, namentlich weil die dadurch verursachte Mehrarbeit doch wieder nur von den Männern auf die mühseligen und beladenen Weiber abgewälzt wird.

Mit Stichbahnen in die „küstennahen Vorzugsgebiete" hat die Usambarabahn den Anfang gemacht. Der erste Versuch ist uns teuer zu stehen gekommen, aber wir haben nun aus der Erfahrung gelernt, wie man es besser zu machen hat. Die Usambarabahn, die jetzt in der Steppenniederung Korogwe vor den äuſsersten südlichen Vorbergen Westusambaras gleichsam auf einen toten Strang ausläuft, wird sehr wahrscheinlich Leben bekommen, sobald sie bis zum Momboflüſschen unmittelbar am Westfuſs des Gebirges noch ca. 40 km fortgesetzt sein wird. Ob sich aber eine Weiterführung bis an den Kilimandjaro lohnt, ist mir bei der geringen Ausdehnung dieses Bergstockes und bei seiner immerhin beträchtlichen Entfernung von der Tangaküste (ca. 360 km Bahnlänge) sehr zweifelhaft. Eine Abzweigung von der Ugandabahn dorthin, etwa von Voi aus, hätte mehr Chancen, da sie viel kürzer wäre und für das Bestehen der Ugandabahn, die dem Transitverkehr nach Uganda dient, nur eine ganz nebensächliche Bedeutung hätte. Wegen der Kleinheit des Kilimandjarogebietes wird es auch immer nur wenig sein, was von und nach ihm über die Ugandabahn geht. Was aber für eine so weite Fortsetzung der Usambarastichbahn zweifelhaft ist, wird Gewiſsheit, wenn es sich um Projekte handelt, welche die Stichbahnen über die küstennahen Vorzugsgebiete Hunderte von Kilometern hinaus in die weiten Steppenebenen des Inneren, möglichst bis an den Victoria- und Tanganyikasee fortsetzen wollen.

Das weitestgehende dieser Projekte ist eben die von Dar es Salam nach dem Tanganyika gedachte Zentralbahn.

Wie oben bei der Besprechung der Genesis dieses Projektes gesagt, war die Länge der Zentralbahn auf 1493 km berechnet. Nehmen wir nur rund 1400 km an, so werden sich die Baukosten bei Zugrundelegung von 85 000 Mark als durchschnittlichem Kilometerpreis tropisch-afrikanischer Bahnen auf rund 120 Mill. Mark stellen. Womit kann eine solche Riesenausgabe für diesen Bahnbau motiviert werden? Zur Beantwortung führe ich aus meiner Broschüre „Zur Frage der Ostafrikanischen Zentralbahn", die ich aus meinen Artikeln der „Täglichen Rundschau", 1901, Nr. 18, 23, 24, zusammengestellt habe, das Wesentliche an:

Auch in Afrika bestimmen politische und wirtschaftliche Gesichtspunkte die Bahnbauten. Aus blofsen humanitären und zivilisatorischen Gründen bauen nur die Engländer Bahnen, wie sie bisweilen der friedliebenden Welt zu erklären für nötig halten. Man weifs sattsam, welche Bewandtnis es damit hat. Für die deutsch-ostafrikanische Zentralbahn ist bei ihren Verteidigern nicht viel von politischen Gründen die Rede. Gelegentlich findet man eine geheimnisvolle Andeutung, dafs bei sicher zu erwartenden Verwickelungen mit unseren kolonialen Nachbarn, insbesondere mit England, eine Zentralbahn das einzig wirksame Mittel zur Erhaltung unserer Kolonie sei. Ängstliche Gemüter und namentlich die grofse Zahl der Anglophoben mögen sich damit für den schleunigsten Bau einer Zentralbahn kirre machen lassen. Ich glaube jedoch, solange man mir nicht aus der Kolonialgeschichte das Gegenteil beweist, niemals, dafs die Entscheidung über das politische Schicksal eines Kolonialgebietes wie Ostafrika, in dem schon aus klimatischen Gründen keine europäischen Truppen operationsfähig bleiben können, im Innern dieses Kolonialgebietes fallen kann, sondern dafs sie an den Küsten und auf der See fallen mufs. Zur See stark sein: das ist alles, was wir zum politischen Schutz unserer Kolonie gegen andere Grofsmächte brauchen.

Auch Gründe der Verwaltung, der Aufrechterhaltung innerer Ordnung durch eingeborene Schutztruppen, der Missionspflege und anderes mehr sprechen natürlich bei einem Bahnprojekt mit, aber gegenüber dem kolossalen Apparat einer Zentralbahn wiegen sie alle nicht schwer genug.

So bleiben also als das Ausschlaggebende die wirtschaftlichen Gründe. Da werden nun Wunderdinge von ungeheurer Fruchtbarkeit des Innern, von „Landesprodukten, die in ungezählter

Menge auf dem fast überall gleich ergiebigen Boden gezogen werden können", von grofsen Reichtümern an Mineralien, von schönen, gesunden Hochgebieten für die deutsche Einwanderung und dergleichen mehr erzählt. Wenn man's so liest, mutet es einen an wie eine der poetischen Schilderungen aus der ersten Zeit der Petersschen Besitzergreifung und Stationsgründung: auch damals wurde Ostafrika als ein zweites Indien ausgerufen, dessen Schätze nur der bequemen Hebung harrten. Seitdem aber sind sechzehn Jahre vergangen, sechzehn Jahre eifrigster Arbeit in der geographischen Erkundung des Landes, einer Arbeit, für deren Durchführung und Ergebnisse die anderen kolonisierenden Nationen uns Deutschen offenste Anerkennung zollen. Was erfahrene kenntnisreiche Geographen, fachmännische Naturforscher und Landwirtschaftler uns über die Landesbeschaffenheit des ostafrikanischen Schutzgebietes gelehrt haben, das steht fest für alle Zeiten trotz der abweichenden Meinung so vieler „alter Afrikaner", die mit berufsmäfsiger Unerschrockenheit über alle ihnen vorkommenden politischen, militärischen, verwaltungsrechtlichen, geographischen, wirtschaftlichen Verhältnisse ein ganz sicheres Urteil fällen und überall das grofse Wort führen. So wie diese Herren das Land in seinen wirtschaftlichen Grundlagen und Entwicklungsmöglichkeiten schildern, sieht es nicht aus. Um den wirtschaftlichen Wert des Landes abschätzen zu können, mufs man vor allem den kausalen Zusammenhang der geographischen Erscheinungen verstehen, mufs man erkennen, in welchem Mafse das Zusammenwirken von Klima, Bodenbeschaffenheit, Bewässerung, natürlicher Vegetation, Arbeitskraft der Eingeborenen etc. eine Kultivation des Landes überhaupt ermöglicht. Dazu gehört aber mehr als „grofse Reisen gemacht" haben oder „jahrelang in Afrika gelebt" haben. Wir haben unter unseren „alten Afrikanern" eine ganze Reihe rühmlicher Ausnahmen von der kritiklosen Mehrheit, die sich ein sehr zutreffendes Urteil über das Land ihrer Tätigkeit gebildet haben; man hört nur nicht genug von ihnen und auf sie.

Die Summe unserer gegenwärtigen gesicherten Kenntnis des wirtschaftlichen Wertes Ostafrikas habe ich auf Grund der ernsthaften wissenschaftlichen Literatur und eigener Beobachtungen in meinem Buch „Der Kilimandjaro" (Kapitel 8) in Kürze zusammengestellt. Ich kann hier nur die Hauptpunkte wiederholen; es sind folgende: Das tropische Afrika ist ungemein einförmig, der gröfsere Teil Ostafrikas ist sterile, menschenarme Steppe. Diese Beschaffenheit ist klimatisch bedingt; an den klimatischen Elementen läfst

sich nichts ändern. Im Steppengebiet ist deshalb für höhere Kultur-
arten nur in kleinster Begrenzung eine Besserung der Ertragsfähig-
keit durch kostspielige künstliche Bewässerung möglich. Klimatisch
bevorzugt, vom Ausfall der Regenzeiten weniger abhängig und darum
erheblich ertragsfähiger ist die Küstenzone, das ostafrikanische Rand-
und Mittelgebirge, mehrere Strecken der mittleren Hochebenen,
wie Unyamwesi und Ungoni, und Gebirgsteile des Seengebietes.

Im Innern gibt es unter den vorhandenen Produkten außer
Kautschuk und Elfenbein nichts, was die Kosten langer Bahntransporte auch bei billigen Frachtsätzen tragen könnte, ohne dadurch für den Absatzmarkt zu teuer zu werden, ohne seine Kon-
kurrenzfähigkeit gegenüber den aus billiger zugänglichen Produktionsgebieten kommenden Erzeugnissen zu verlieren. Wenn ein
Produkt auf dem Weltmarkt einen durch die Zufuhren aus den
verschiedensten Ländern normierten Wert von 250—280 Mark pro
Tonne hat, wie z. B. Sesam, Palmkerne, Erdnüsse, kann der
Händler in e i n e m Produktionsland wohl 20—30 Mark mehr für
die Tonne bezahlen als die Händler in den anderen Ländern, ohne
von der Konkurrenz tot gemacht zu werden, aber niemals 100 Mark
mehr als die anderen. So viel würde aber die Fracht auf einer
1000 km langen Bahn bei einem Frachtsatz von 10 Pfennig pro
Tonnenkilometer betragen. In aller Welt hat jedes Produkt nach
seinem Produktions- und Marktwert ganz bestimmte geographische
Gewinngrenzen, die es auch bei den billigsten Transportkosten
nicht überschreiten kann. Je wertvoller ein Produkt ist, desto
weiter liegen, wie überall, so auch in Ostafrika, seine Gewinngrenzen im Innern; die geringwertigen M a s s e n produkte dagegen haben ihre Gewinngrenzen in der Nähe der Küste und
sind aus dem fernen Innern auch bei billigen Transportmitteln,
auch dann, wenn die Bahnfrachten die Trägerlöhne unterbieten,
nicht exportfähig, weil sie immer noch für den Absatzmarkt zu
teuer werden.

Die Behauptung, daß die Produkte im fernen Innern sehr
viel billiger als an der Küste seien und nur wegen der gegenwärtigen Transportschwierigkeiten und hohen Transportkosten
nicht exportiert werden könnten, geht von einer falschen Voraussetzung aus und zieht darum auch falsche Schlüsse. Wenn
man heute weit im Innern eine Last Mais oder Ziegenhäute
für eine Hand voll Perlen oder ein paar Ellen Baumwollstoff ein-
tauscht, die an der Küste nur wenige Pfennige kosten, so ergibt
doch die elementarste wirtschaftliche Überlegung, daß die euro-

päischen Tauschartikel durch den Transport ins ferne Binnenland
einen viel höheren Wert bekommen haben, für den man daher dort
mit Recht einen hohen Gegenwert in Landeserzeugnissen zu verlangen hat. Und aufserdem ist natürlich im küstenfernen Innern
die Nachfrage nach den Landesprodukten, das Angebot von Manu-
fakturwaren immer noch gering gegenüber der Produktionsmenge
des Landes. Wenn nun aber eine lange Eisenbahn schnell und
andauernd riesige Warenmengen ins Land bringt und den bisherigen Wert dieser Waren dadurch stark sinken läfst, wird die
lebhafte Nachfrage nach den Landesprodukten die bisherigen Preise
der letzteren rapide steigern, so dafs ein sehr billiger Einkauf nicht
mehr möglich ist. Die Erfahrung hat man schon bei den bisherigen
k u r z e n tropisch-afrikanischen Erschliefsungsbahnen, besonders am
Kongo, an der Guineaküste, in Angola, gemacht, dafs man nach
der Vollendung der Bahn die Produkte im Innern nicht mehr erheblich billiger kauft als an der Küste selbst. Bei den kurzen
Bahnen, wie zum Beispiel auch in Senegambien, bleibt aber immer
noch ein, wiewohl bescheidener Händlergewinn bestehen, da die
Transportkosten gering sind. Bei langen, ins ferne Binnenland
führenden Bahnen jedoch, wie sie die Zentralbahn werden soll,
würde dieser Händlergewinn gänzlich von den Transportkosten der
Bahn konsumiert werden.

Es ist also ein grober Irrtum, dafs die Erzeugnisse des
fernen Innern bisher nur deshalb nicht ausgeführt werden
könnten, weil die Kosten des Transportes durch Träger zu hoch
seien. Ein Verteidiger der Zentralbahn gibt die Trägerkosten
für einen Zentner Fracht zwischen Küste und Seengebiet auf
80—100 Mark an, vergifst aber hinzuzufügen, dafs dies fast nur
für den I m p o r t in das Innere gilt, für die Waren, die als Tauschartikel und als Bedarf der im Innern sitzenden Stationsbeamten
von den Küstenhändlern und vom Gouvernement ins Innere geschickt werden, aber nicht für den E x p o r t von Landeserzeugnissen
aus dem Innern. Für den Export gilt es zum Beispiel, dafs gegenwärtig (Mitte 1902) eine Trägerlast von 60—70 Pfund von Muanza
am Victoria-Nyanza nach Bagamoyo bei ca. 80 tägiger Transportzeit mit 35 Mark, also der Zentner mit ca. 50 Mark bezahlt wird.
Von den Tausenden von Trägern, die jährlich aus dem fernen
Innern zur Küste kommen oder zurückkommen, gehen in Wirklichkeit sehr viele, oft mehr als die Hälfte, leer, ohne Handelslast;
alle diese Menschen würden gern für ein paar Dutzend Mark
eine Last nach der Küste tragen, aber es gibt für diese Hälfte der

Trägermenge im Innern keine Erzeugnisse von hinreichendem Wert, um selbst bei niedrigen Ansprüchen der Träger den Transport zu lohnen. Die Leute kommen zur Küste, um sich mit I m p o r t waren für das Innere belasten zu lassen. Wegen dieses Leergehens so ungeheuer vieler aus dem Innern kommender Träger ist auch die so beliebte statistische Berechnung der Frachtmengen aus der An- zahl der Träger, die jährlich oder monatlich die Kontrollstationen passieren, absolut falsch. Eine viel deutlichere Sprache über diese Angelegenheit sprechen die von den Zollstationen regelmäfsig publizierten Angaben über die Art der Waren und Erzeugnisse und die Zahlen der Import- und Exportwerte; das starke Mifs- verhältnis der beiden kann man aus jedem Jahrgang der amtlichen Publikationen ersehen.

Die Ursache dieses Mifsverhältnisses liegt aber nicht, wie von den Zentralbahnfreunden konsequent behauptet wird, in der Mangel- haftigkeit der Verkehrseinrichtungen, sondern teilweise in der Un- produktivität des gröfseren Teiles der weiten steppenhaften Binnen- länder, teilweise in der Unwilligkeit der meisten Bewohner, mehr zu produzieren, als sie für den eigenen nächsten Bedarf brauchen, teilweise in der Geringwertigkeit der Landesprodukte im fernen Innern. Während von den Zentralbahnfreunden mit grofser Be- redsamkeit alle nur denkbaren Erzeugnisse aufgezählt werden, die dereinst von einer Bahn aus dem fernen Binnenland transportiert werden können, vermag kein berufener Sachkenner, kein über- legender Berechner ein Produkt zu nennen, das der ganzen Natur des Landes nach künftig einmal im fernen Innern in so hohem Wert gewonnen werden könnte, dafs es die, wenn auch sehr niedrigen Frachttarife einer bis dorthin reichenden grofsen Bahn vertragen könnte. Hirse, Mais, Ölfrüchte, Viehhäute, Felle, Salz, Eisen u. dergl. könnten vielleicht in Menge erzeugt werden, wenn der Neger dazu gezwungen wird, aber sie haben keinen hohen Wert und haben deshalb ihre Gewinngrenzen relativ nahe an der Küste; Elfenbein, Kautschuk, Wachs u. dergl. sind wertvoll und haben deshalb ihre Gewinngrenzen weiter im Innern, aber ihre möglichen Mengen sind gering.

Und was das Vorkommen von wertvollen Mineralien und von Kohlen im fernen Binnenlande betrifft, so spielen zwar die Funde von Glimmer, Graphit, Gold und Kohlen eine grofse Rolle in der Beweisführung der Zentralbahnfreunde für die sichere Rentabilität der Bahn, aber der Entdecker der Kohlen am Nyassa, des Graphites und des Glimmers in den Ulugurubergen, Bergassessor

Bornhardt, urteilt selber anders, wie man in seiner „Geologie
Deutsch-Ostafrikas", Berlin 1900, S. 143, 336, 458 lesen kann.
Immerhin dürften Glimmer und Graphit im Gegensatz zu Kohlen,
deren Bahnfracht zur Küste schon auf 700 km Entfernung
(à 10 Pfennig pro Tonnenkilometer) allein mehr betragen würde
als der Preis guter englischer Kohle in den ostafrikanischen
Hafenplätzen, zu den Mineralien gehören, die bei eventuellem
reichlichen Vorkommen guter Qualitäten auch aus dem fernen
Binnenland den Bahntransport ertragen können.

In noch viel höherem Maße gilt das letztere natürlich von
Gold und Edelsteinen. Von Edelsteinen ist außer „halbedlen"
Granaten noch nichts gefunden worden. Aber Gold hat man in
Irangi und in der Landschaft Usindja südlich vom Victoriasee in
abbauwürdiger Qualität und Quantität entdeckt. Wenn sich aus
den hierauf gerichteten bergmännischen Untersuchungen ein wirklicher Bergwerksbetrieb entwickeln sollte, so könnte ein solcher
noch am ersten zur Anlage einer großen Eisenbahnlinie führen,
denn wo reichlich Gold gegraben wird, fragt kein Gewinnlustiger
nach den Gefahren des Klimas, und es würde sich dort zweifellos
eine zahlreiche europäische Besiedelung mit allen Bedürfnissen
eines montanen Betriebes einfinden. Aber das ist Zukunftsmusik,
auf deren leise lockende Töne hin allein man noch keine große
Bahn für 120 Millionen Mark in die öde Steppe hineinbaut.

Bleibt also die europäische Plantagenwirtschaft, die
vielleicht die baldige Inangriffnahme einer großen Zentralbahn
erfordert? Plantagenwirtschaft ist in Ostafrika überall da möglich, wo es guten Boden mit reichlicher Bewässerung gibt und der
Verkehr zu den Hafenplätzen leicht, also billig ist. Das ist aber
nur in einigen Teilen des Küstengebietes und in einigen verhältnismäßig nahe dahinter gelegenen Landstrichen der Fall.
Im ganzen großen Binnenland gibt es zwar mehrere Gebiete,
wo Boden und Bewässerung den Plantagenbau erlauben, so
z. B. das Schirehochland, Nyassarandgebirge, Teile von Ruanda
u. a., aber wenn dahin keine billigen Wasserstraßen führen,
was nur am ·Schire-Nyassa der Fall ist, oder keine Bahnlinie mäßiger Länge, für die, wie für die projektierte Südbahn, ganz ungewöhnlich günstige Bedingungen vorliegen, machen
die hohen Transportkosten langer Schienenwege einen rentablen
Plantagenbau ganz unmöglich. Das Gesetz der geographischen
Gewinngrenzen gilt unverbrüchlich auch für den Plantagenbau,
wie sich an zahlreichen Beispielen in anderen tropischen Ländern,

besonders im kaffeebauenden Brasilien, zeigen läfst, wo es eine
Menge Stichbahnen gibt, aber keine bis 1000 km lange „Erschliefsungsbahn", obgleich dort das Land bei 1000 und mehr Kilometer Entfernung von der Küste sich ebensogut für Kaffeebau
eignet wie im Bereich der kurzen Stichbahnen.

Die blühendste und billigstproduzierende Plantage wird ihre
Erzeugnisse nicht auf dem Weltmarkt absetzen können, wenn sie
so weit im Innern liegt, wie die Zentralbahnfreunde ihre Bahn
führen wollen. Im fernen Innern unseres Schutzgebietes wird
auch eine Zentralbahn den Plantagenbau nicht möglich machen;
letzterer bleibt hauptsächlich auf die „küstennahen Vorzugsgebiete" beschränkt, und selbst da hat besonders der Kaffeebau
schwer unter der kolossalen Überproduktion zu leiden, die seit
Jahren die Preise auf dem Weltmarkt tief herabdrückt und
voraussichtlich noch Jahre anhalten wird. Betrug schon 1900/01
die Produktion 15 460 000 Sack zu 60 kg, was einen Produktions-
überschufs von 1 342 380 Sack über den Verbrauch ergab, so erwartet man vom laufenden Jahre 1902 sogar eine Produktion von
16 500 000 Sack. Darunter werden also schon die Plantagen des
küstennahen Usambara zu leiden haben. Und da soll der Plantagenbau im fernen Innern als Argument für eine grofse Zentralbahn mit gelten können?

Als weiteres Rüstzeug für den Nachweis der Notwendigkeit, der
wirtschaftlichen grofsen Wirkungen und der Rentabilitätsaussichten
einer ostafrikanischen Überlandbahn haben die Anhänger der
Zentralbahnidee auch das Beispiel der grofsen nordamerikanischen,
russischen und indischen Bahnlinien ins Feld geführt. Aber sie
vergessen dabei, dafs Ostafrika leider kein altes Kulturland ist,
wie Indien, dessen ungeheuer dichte, arbeitsame Bevölkerung
den Boden in intensivster Weise bebaut und, was die Bahnen anbetrifft, zwischen den einzelnen Landstrichen einen so lebhaften
Lokalverkehr unterhält, dafs die Bahnen von diesem fast allein
existieren können und für den langen Transitverkehr mit Landesprodukten (Getreide, Baumwolle etc.) so aufserordentlich niedrige
Frachtentarife ansetzen können, dafs die Massenprodukte exportfähig werden und bleiben. Nordamerika aber und Sibirien sind
aufsertropische, überall von Europäern bewohnbare, fruchtbare und
an Naturschätzen reiche, riesige Siedelungsgebiete, die in aller und
jeder Beziehung dem tropischen Ostafrika unvergleichbar sind.

Die Pacificbahn wurde gebaut, um das herrliche Frucht-
und Goldland Kalifornien über Wüsten hinweg mit den östlichen

Vereinigten Staaten zu verbinden und ihm den Strom weifser Kolonisten zuzuführen; sie wurde gebaut, um im Zwischengebiet weite Landstriche leicht zugänglich zu machen, wo der weifse Ansiedler in den günstigsten Daseinsbedingungen leben kann, und wo sich zahllose natürliche Quellen zu industrieller Ausnutzung bieten; sie wurde gebaut, um den Atlantischen Ozean mit dem Pazifischen zu verbinden und dem grofsen Verkehr eine offene, bequeme Strafse über den prachtvollen Hafen San Francisco nach Japan, China, Ozeanien zu schaffen. Bevor aber die Amerikaner dieses Werk unternahmen, beauftragten sie eine Kommission mit dem gründlichen Studium der damals noch wenig bekannten Gebiete zwischen dem Mississippi und Stillen Ozean. Lange Jahre hat diese Kommission gearbeitet und endlich das Resultat in vierzehn stattlichen Bänden niedergelegt. Wo sind die vierzehn oder auch nur sieben oder gar nur ein Band über das Gebiet der ostafrikanischen Zentralbahn?

Ganz ähnlich verhält es sich mit der transkanadischen Eisenbahn. Und was die russisch-asiatischen Schienenwege anbetrifft, auf deren angeblich analoge Verhältnisse die Zentralbahnfreunde so gern hinweisen, so hat die transkaspische Bahn, die sich mit dem einen Zweig nach Afghanistan, mit dem anderen nach Ferghana richtet, eine eminent strategische Bedeutung in dem Vordringen Rufslands gegen Persien und Vorderindien. Die transsibirische Eisenbahn aber dient nicht nur der russischen Expansion in Ostasien, hat also China, Japan und deren Verbündeten gegenüber eine vitale Bedeutung für Rufsland, sondern führt auch einen stetigen Strom von russischen Kolonisten in die ungeheuren sibirischen Ackerbauebenen und reichen Mineralgebiete und verbindet zahllose grofse und kleine Städte miteinander, deren Zwischenverkehr dem Transitverkehr der Bahn mindestens gleichkommt.

Alle diese grofsen amerikanischen und asiatischen Transkontinentalbahnen haben also in jungfräulichen Ländern gemäfsigten Klimas den Ackerbau, die Industrie, den Handel entwickelt und teilweise zu grofser Blüte gebracht, weil sie fruchtbare und an Naturschätzen reiche Gegenden durchschneiden, die von Weifsen in unbegrenzter Zahl bewohnt und bearbeitet werden können. Und nicht viel anders steht es mit den langen Bahnstrecken in Südafrika und Australien. Wo liegt da die Analogie aller dieser Bahnen mit der tropisch-afrikanischen Zentralbahn?

Es ist nicht zu begreifen, dafs selbst ein sonst so scharf-

sichtiger Kolonialpolitiker wie Carl Peters diese gänzliche In-
kongruenz der beiden Bahnarten, der aufsertropischen, für und
von Europäerverkehr lebenden und der tropischen, fast ganz auf
der Kulturarbeit der Farbigen beruhenden, nicht erkennt. Er will
für Ostafrika die Zentralbahn, einen grofsen Schienenweg wie das
„grofsartige Eisenbahnsystem des Cecil Rhodes. Diese englischen
Unternehmer fingen nicht mit peniblen Rentabilitätsberechnungen
an, sondern sie wagten den Sprung ins Dunkle; sie schlugen das
eiserne Band über den Boden Südafrikas, und auf ihm zogen
Handel und Verkehr, der Kaufmann, der Landwirt und der Minen-
techniker ins Land." In Ostafrika würden diese neuen mit einem
grofsen Bahnbau einziehenden Elemente „neue Werte schaffen und
damit den Anstofs für die nationalökonomische Entwicklung Deutsch-
Ostafrikas geben. So zog die Kultur in das Herz und den Westen
der Vereinigten Staaten, so sehen wir sie heute von allen Seiten
in Südafrika einziehen." Sehr schön und gut, wenn nur die weifsen
Einwanderer im tropischen Deutsch-Ostafrika in Massen leben und
arbeiten könnten, wie in den von Peters vergleichsweise genannten
Ländern! So aber stimmt die ganze Rechnung nicht.

Dafs das von Peters genannte „grofsartige Rhodessche Eisenbahnsystem" in seiner nördlichen Fortsetzung nach dem ursprüng-
lichen Plan als Kap—Kairo-Bahn den Westen von Deutsch-Ostafrika durchschneiden sollte, habe ich schon oben (S. 62 und 92)
erwähnt und ebenso, dafs diese „chimärische Idee", wie es ein
Engländer nennt, niemals ernstlich der Rede wert war. Desgleichen sagte G. Schweinfurth schon vor drei Jahren: „Jede
Erörterung afrikanischer Eisenbahnfragen hört auf, eine ernste zu
sein, von dem Augenblick an, wo man das Problem der Rhodesschen
Meridianbahn durch Afrika mit zum Gegenstand der Besprechung
zu machen beliebt." Indessen ist es von den Zentralbahnanhängern
lange und oft mit viel Lärm als Droh- und Druckmittel benutzt
worden, um den Anschlufs ihrer Zentralbahn an die Rhodesbahn
zu erreichen, die sonst angeblich den gesamten Handel unseres
westlichen Gebietes nach Norden und Süden in englische Hände
und Häfen ableiten werde. Als mache der Verkehr den englischen Bahnen zuliebe grofse Umwege und ginge nicht stets auf
dem kürzesten und billigsten Weg zu seinem Ziel.

Ebenso hat man für die Ausführung der Zentralbahn mit der
Verkündung der Gefahr operiert, die unserem Handel durch die Ableitung nach Nordost, West und Süd durch die Ugandabahn, die projektierten Ost-Kongobahnen und die Schirebahn resp. portugiesische

Nyassabahn droht, und die durch eine Zentralbahn abzuwenden sei. Das erstere ist richtig: natürlich ist unser Handel insofern gefährdet, als er im Norden durch die Ugandabahn nach Mombassa, im Süden durch die Schirebahn—Sambesiflußfahrt nach Chinde gelenkt wird — der ungeheuer weite Weg nach Westen, den Kongo hinab, kommt den beiden kürzeren anderen Routen gegenüber gar nicht mehr in Frage   , aber das zweite, daß eine Zentralbahn dies hindern könne, ist falsch. Sie würde bestenfalls die Einflußsphären der genannten Nord- und Südrouten beschränken, aber sie niemals paralysieren, niemals verhindern können, daß die Landstriche, die jenen Routen näher oder bequemer liegen als einer Zentralbahn, ihren Ein- und Ausweg über jene Routen nehmen.

Bis jetzt ist von einer solchen Ablenkung an den Zollstatistiken noch wenig zu merken, im Norden nur an dem bißchen Handel des der Ugandabahn benachbarten kleinen Kilimandjarogebietes, aber wenn sie auch bald stärker zu fühlen wäre, dürfen wir nicht vergessen, daß doch anderseits der Entwicklung unserer in der Einflußsphäre der Ugandabahn und Schireroute gelegenen Gebietsteile auch große Vorteile erwachsen. Gegen wirkliche Gefährdung unserer wirtschaftlichen Interessen im Seengebiet unserer Kolonie kann ein wirksames und siegessicheres Gegenmittel niemals eine Zentralbahn sein, sondern einzig und allein eine Südbahn von Kilwa Kissiwani oder Lindi nach dem Nyassasee. Über deren große Vorzüge habe ich mich ja oben eingehender geäußert (S. 102).

Also, kurz zusammengefaßt, ein System von möglichst zahlreichen, von den besten Hafenplätzen in die küstennahen Bergländer führenden Stichbahnen und als Seenbahn die relativ kurze und ungemein aussichtsvolle Südbahn, aber keine an 1400 km lange Zentralbahn, das muß die Quintessenz unserer ostafrikanischen' Verkehrspolitik sein.

———

VI. Die Bahnen zum Victoriasee.

1. Die Usambarabahn.

In dem Werk „Durch Massailand zur Nilquelle" (Berlin, 1894) meines früh verstorbenen Freundes und Reisegefährten Dr. Oskar Baumann findet sich eine Erörterung der deutsch-ostafrikanischen Seenbahnen, in der Baumann vor allen anderen Projekten der Nyassaroute den Vorzug gibt (S. 258), unter den dem Victoriasee zugewandten Plänen aber einem Schienenweg Tanga—Korogwe —Aruscha—Manyara—Spekegolf. Baumann hatte diese Route unter anderem auf Veranlassung der „Eisenbahngesellschaft für Deutsch-Ostafrika" 1891 bereist und damit den kürzesten Weg für eine Victoriaseebahn ausfindig gemacht. Ein Profil dieser Bahn ist seinem Buch beigegeben und die Linie auf seine Karte eingetragen. Die rekognoszierte Strecke ergab eine wahrscheinliche Schienenlänge von 850 km.

Das Projekt fällt auf den ersten 85 Kilometern mit der Usambarabahn Tanga—Korogwe zusammen, die 1895 bis Muhesa gediehen war, aber damit ihr Kapital aufgebraucht hatte. Der Verwaltungsrat der „Eisenbahngesellschaft für Deutsch-Ostafrika, Usambaralinie" trat denn auch, als 1895 die Frage nach der Traceführung einer Seenbahn zur Entscheidung kam (s. oben S. 111), sehr warm für das Baumannsche Projekt ein, namentlich auch K. von der Heydt in der Denkschrift vom 24. Juli 1895; aber diese Nordlinie unterlag gegen das Oechelhäusersche große Zentralbahnprojekt.

So schied die Usambarabahn aus den Kombinationen mit den Seenbahnen aus, wurde aber als Stichbahn ein Stück fortgesetzt. Sie ist eine Schöpfung der deutsch-ostafrikanischen Gesellschaft.

In einem Vertrage vom 3. August 1891 zwischen der deutschen Regierung und der Deutsch-Ostafrikanischen Gesellschaft übernahm

die letztere die Verpflichtung, die Konstituierung einer Eisenbahngesellschaft herbeizuführen, deren Aufgabe der Bau und Betrieb
einer Eisenbahn von Tanga nach Korogwe am Pangani bilden
sollte. Unter dem Namen „Eisenbahngesellschaft für Deutsch-
Ostafrika (Usambara-Linie)" entstand eine Gesellschaft, die im
November 1891 die Baukonzession von der Regierung erhielt, und
in deren Verwaltungsrat die Herren v. d. Heydt und Oechelhäuser
den Vorsitz führten. Das Grundkapital dieser Gesellschaft betrug
2 Mill. Mark, eingeteilt in 1500 Anteile zu je 1000 Mark und
2500 Anteile zu je 200 Mark. Welche Erfahrungen bei dieser
Gründung gemacht wurden, habe ich schon oben (S. 110) bei Besprechung des Zentralbahnprojektes, dessen Vorgeschichte mit den
Anfängen der Usambarabahn eng verknüpft ist, erwähnt.

In erster Linie zielte der Bahnbau auf die Verbindung Tangas
mit den fruchtbaren Gebieten Ost-Usambaras (Handeï), das in
Sichtweite von unserer Tangaküste gelegen ist, und seines hügeligen
Vorlandes Bondeï ab, welche die Aufmerksamkeit der Pflanzer in
hohem Mafse auf sich gezogen hatten. Besonders die Tatsache,
dafs in Mrogoro (Ukami) und Derema (Usambara) das Gedeihen des
Kaffeebaumes nachgewiesen war, und die Gründung der Usambara-
Kaffeebaugesellschaft, welche am 7. Juni 1893 in Berlin erfolgte
und bei der Konstituierung der Eisenbahngesellschaft vorbereitet
wurde, machte viel Stimmung für die projektierte Bahnlinie.

Die Eisenbahngesellschaft wurde in dem Vertrage seitens der
Reichsbehörde zur Herstellung eines Geleises mit einer Spurweite
von mindestens 1 m verpflichtet, hatte indessen das Recht, die
Bahn für den doppelgeleisigen Betrieb einzurichten. Die Vorarbeiten mufsten innerhalb 6 Monate, vom Datum der erteilten
Konzession an gerechnet, beginnen, und spätestens in vier Jahren
sollte die Strecke von Tanga nach Malianga (5° 8′ 9″ s. Br., 38°
50′ 10″ ö. L.) fertiggestellt und dem Betriebe übergeben werden.
Jede weitere betriebsfähig hergestellte Bahnstrecke sollte längstens
innerhalb dreier Monate nach ihrer Vollendung dem Verkehr übergeben werden. Für Materialien, Maschinen, Werkzeuge und sonstige
Bedürfnisse des Baues und Betriebes der Eisenbahn wurde der
Gesellschaft die zollfreie Einfuhr in das ostafrikanische Schutzgebiet gewährt.

Die Festsetzung des Tarifs für den Personen-, Waren- und
Viehtransport (s. unten) wurde dem Ermessen der Gesellschaft
so lange überlassen, als nicht für zwei aufeinander folgende Ge-
schäftsjahre der Gesellschaft aus dem Betriebe der Eisenbahn

ein Reinertrag von mehr als je 10% für das in dem Unternehmen jeweilig angelegte Kapital nachgewiesen würde. Nach Eintritt dieses Nachweises sollte die Kaiserliche Regierung befugt sein, eine Neuregelung des Tarifes zu verlangen. Für die Herstellung der Linie Malianga—Korogwe wurde die Maximalfrist auf zwanzig Jahre bemessen. Die Befugnis, Fahrten und Tarife eigenmächtig festzusetzen, sollte nach fünfzig Jahren, vom Tage der Eröffnung des Betriebes an gerechnet, für die Gesellschaft erlöschen.

Unter diesen Bedingungen wurden 1891/92 die Vorarbeiten zum Bahnbau ausgeführt; da aber die beauftragten Ingenieure einer nach dem anderen wegen Krankheit Ostafrika bald wieder verlassen mufsten, waren die Vorarbeiten absolut unbrauchbar, als der Bauinspektor Bernhard, der nachmalige Erbauer der Bahn, im Mai 1893 sein Amt antrat. In seinem ausgezeichneten Buch „Der Eisenbahnbau in Deutsch-Ostafrika, besonders der Linie Tanga—Muhesa", Berlin 1898, in dem er nicht nur die Geschichte des Usambarabahnbaues, sondern auch eine Fülle wertvoller technischer Erfahrungen im und für den Bahnbau überhaupt mitteilt, kann er mit Recht sagen, dafs „bei Inangriffnahme der Bahn weder die Eisenbahngesellschaft noch der bauleitende Beamte eine genaue Kenntnis von der Eigenart des Landes und dessen Bewohnern besessen haben". Es war darum eine schwere Arbeit, diese erste Eisenbahn in unserer ostafrikanischen Kolonie. 1895 hatte sie Bernhard vollendet, und heute ist sie bis Korogwe durchgeführt (86 km).

Auf dieser Strecke beträgt die stärkste Steigung 1 : 40, der kleinste Radius der freien Strecke 150 m. Ausgangspunkt und Sitz der Verwaltung der Bahn ist Tanga. Der Bahnhof liegt aufserhalb der Stadt. Ein Hafengeleise mit Pier zum direkten Beladen der Güterwagen aus den Schiffen und zur Verbindung mit dem Bahnhof bildet den Anfangspunkt des Betriebes. Zuerst durchschneidet die Bahn die mit Mangobäumen und Palmen bedeckte Umgebung der Stadt; dann begleiten abwechselnd Waldungen und Pflanzungen der Eingeborenen und Europäer die Strecke. Bei Kilometer 7 berührt die Bahn die Kalksteinbrüche, in denen Schotter, Bruchsteine und Kalk zur Herstellung des Bahnbaues von Anfang an gewonnen wurden. Von Station Pongwe ab (14 km) durcheilt die Bahn in mannigfachen Windungen das Bondeïland, welches leicht bewaldet ist, oft aber Steppencharakter trägt. Die Steigungen, welche die Bahn hier zu überwinden hatte, waren zum Teil beträchtlich. Über Ngomeni (29 km) erreicht die

Linie das Dorf Muhesa (40 km). Muhesa ist 200 m über Tanga
gelegen und wird in 3 Stunden von Tanga aus erreicht, während
die Rückfahrt Muhesa—Tanga nur 2 Stunden Fahrzeit beansprucht.
Die Fahrgeschwindigkeit darf 25 km pro Stunde nicht überschreiten.

Die Fortsetzung der Bahn über Muhesa nach Korogwe führt
am Südrande der Ost-Usambaraberge entlang. Durchlässe, Brücken,
Einschnitte und Dämme zeugen auf diesem Teil von den Schwierigkeiten, welche sich dem Bau entgegenstellten. Die Bahn überschreitet den Nyussi und Luengera, durchzieht das hügelige Vor-
land der Berge und erreicht den Pangani bei Korogwe an den
südlichen Vorbergen West-Usambaras. Seit Frühjahr 1902 ist die
Strecke bis Korogwe im Betrieb (Tanga—Muhesa 40 km, Muhesa—
Korogwe 44 km).

Die projektierte Fortsetzung der Bahn würde dem Pangani-
flusse folgen, um im Dörfchen Mombo den Fuß von West-Usambara
selbst zu erreichen, von wo im Tal des Mombobaches entlang die
Höhe des Gebirges auf Fahrwegen unschwer zu ersteigen ist.

Die erste fertiggestellte Strecke der Usambara-Linie, Tanga—
Pongwe (15 km), wurde am 15. Oktober 1894 eröffnet. Gerade
diese Strecke hatte mit manchen Geländeschwierigkeiten, besonders
infolge der starken Steigungen, zu kämpfen. 1895 wurde Muhesa
erreicht, doch war die Beschotterung der Strecke noch unvoll-
kommen; erst nach Einstellung einer geeigneten Steinbrechmaschine
konnten genügende Steinschlagmengen zur Unterstopfung des Oberbaues geliefert werden. Die Schwellenfrage fand insofern eine
glückliche, wenn auch provisorische Lösung, als in steigender
Konkurrenz Angebote arabischer und indischer Großunternehmer
zur Lieferung von Hartholzschwellen aus Waldungen des deutsch-
ostafrikanischen Küstengebietes den weiteren Bezug von Eisenschwellen aus Deutschland zunächst überflüssig machten, nachdem die Strecke Tanga—Ngomeni mit Eisenschwellen (1,70 lang,
24 kg pro Meter schwer) ausgerüstet war. Der indische Groß-
kaufmann Sewa Hadji hatte sich sogar, wie Bernhard berichtet, er-
boten, den ganzen Bahnbau für einen Kilometerpreis von 54 000 Mark
auszuführen, was schließlich nur daran scheiterte, daß ihm die
zu bauende Strecke zu kurz, der Gewinn zu klein war. Schade,
denn Sewa Hadji war, wie ich ihn kenne, ganz der Mann zur
Durchführung eines solchen Unternehmens. Namentlich die Anwerbung und Festhaltung der Arbeiter hätte ihm sehr wenig
Schwierigkeiten gemacht. Besondere Mühe und Kosten verursachte
die Kaianlage im Hafen von Tanga, welche aber zur Landung des

Eisenbahnmaterials durchaus notwendig war. Nach dieser Zweck-
erfüllung blieb der Pier einige Jahre unbenutzt und verwetterte.

Als Lokomotiven wurden Tenderlokomotiven von 17½ Tonnen
Dienstgewicht und mit 2454 kg Zugkraft angeschafft, während die
ebenfalls 1 m-spurige Ugandabahn Lokomotiven von 28 Tonnen
Dienstgewicht und 5000 kg Zugkraft hat. Die Personenwagen
sind luftige Durchgangswagen und haben nur zweite und dritte
Klasse; die Güterwagen haben eine Tragfähigkeit von 7500 kg.

Die Bahnhofsbauten sind fast lauter solide Steingebäude, viel
zu stattlich und zu teuer für die kleine Bahn. Einfache, schnell
und billig zu errichtende Häuser aus Fachwerk und Wellblech,
wie sie die Ugandabahn und unsere südwestafrikanische Linie
haben, hätten den Ansprüchen an Verkehr und Klima viel besser
genügt.

Über die Kosten des Bahnbaues drückte sich die Gesellschaft
sehr vorsichtig aus. In dem Geschäftsbericht von 1895 hiefs es
nur: „Über die Kosten unseres Bahnbaues haben wir im Bericht
vom 10. Oktober 1894 gesagt, es sei zu erwarten, dafs wir mit
unserem Anteilskapital von 2 Mill. Mark bis Muhesa gelangen würden.
Diese Erwartung kann heutzutage als bewahrheitet gelten; wir
brauchen fremde Mittel nicht in Anspruch zu nehmen, um Muhesa
zu erreichen. Damit wird allerdings anderseits unsere Kraft
völlig erschöpft sein." Im Herbste 1896 hatte die Usambarabahn
auf der Strecke Tanga—Muhesa allerdings schon einen verhältnismäfsig regen Personen- und Frachtverkehr. Die Einnahmen aus
diesem Verkehr deckten aber noch lange nicht seine Kosten.
Man hoffte auf eine bessere Rentabilität nach Ausbau der Bahn
bis Korogwe und stützte sich in dieser Annahme besonders auf die
Vermehrung der Plantagenanlagen in Bondeï, Handeï und West-
Usambara.

Einen argen Strich durch diese Rechnung machten aber bereits
1896 die gewaltigen Regengüsse, welche die Bahn derartig be-
schädigten, dafs der Gesellschaft ein Schaden von 50000 Rupies
(60000 Mark) erwuchs, abgesehen von dem Ausfall an Güter- und
Personenbeförderung infolge der Betriebsstörungen. Und die
Wiederherstellung der Strecke wurde besonders durch die fort-
während Erkrankungen unter dem Baupersonal gehemmt, so
dafs erst am 10. April 1897 der Verkehr auf der ganzen Strecke
Tanga-Muhesa wieder aufgenommen werden konnte. Auch die
Durchlässe, mit denen man die Bahn versehen hatte, funktionierten,
da sie alle zu eng für die tropischen Regenmengen angelegt waren,

nicht in genügender Weise, als im Mai 1897 anhaltende Regengüsse
eintraten. Der Verkehr mußte wieder infolge von Überflutung
und Beschädigungen des Dammes zeitweilig ausgesetzt werden.

So kam es, daß bei der Wiedereröffnung des Betriebes bereits
die Unterstützung der Regierung in Anspruch genommen werden
mußte. Und diese Hilfe der Regierung mußte im Jahre
1897 die Eisenbahngesellschaft nach dem Versagen der Deutsch-
Ostafrikanischen Gesellschaft zur Vorschußleistung, auf welche
sich das Bahnkonsortium verlassen hatte, in noch erhöhtem
Maße nachsuchen. Eine Monatssubvention von 6000 Mark seitens
der Regierung hielt das Unternehmen aufrecht. Aber die Verlängerung der Strecke über Muhesa nach Korogwe durchzuführen,
überstieg die finanzielle Kraft der Eisenbahngesellschaft für
Deutsch-Ostafrika; sie liquidierte, und das Reich übernahm
vom 1. April 1899 ab die fertiggestellten Arbeiten der Gesellschaft
gegen eine Zahlung von 1 300 000 Mark und die Weiterführung
der Strecke über Muhesa nach Korogwe. Der Fahrpark bestand
zu dieser Zeit aus 3 Lokomotiven, 3 Personenwagen und 39 Güterwagen. Der Personen- und Güterverkehr im Betriebsjahre 1899
ergab: Weiße 685, Farbige 9205; Vieh 58; Güter 2 466 448. Die
Gesamteinnahme aus diesem Verkehr betrug 47 215 Rupies. Die
Beförderungen von Personen und Gütern zur Instandsetzung der
alten Strecke und zum Bau der neuen Linie sind dabei nicht berechnet.

Das Reich betrieb nun energisch den Weiterbau der Strecke
Muhesa—Korogwe, welche auf 45,5 km festgesetzt wurde.
Die Arbeiten wurden an selbständige Unternehmer vergeben, die
Ende April 1900 ca. 2000 farbige Arbeiter beschäftigten. Der
Gesundheitszustand unter diesen war oft recht ungünstig, und
unter dem weißen Personal herrschte besonders im Frühjahr 1900
die Malaria infolge des andauernd feuchten Wetters in hohem Grad.

Vom April 1900 an verkehrte nach jeder Richtung täglich ein
Zug auf der Strecke Tanga—Muhesa, während 1899 die Zahl der
Fahrten sich auf vier bis sechs in der Woche beschränkt hatte.
Namentlich der schlechte Zustand des Materials, in erster Linie
der Lokomotiven, welches das Reich von der Eisenbahngesellschaft
für Deutsch-Ostafrika übernommen hatte, erschwerte den Verkehr
sehr. Überhaupt war die Kaufsumme für die Bahn viel zu hoch,
wenn man den Zustand der Bahn betrachtet, in dem sie das Reich
übernommen hatte. Nicht weniger als 300 000 Mark mußten zur
nötigsten Ausbesserung der Strecke Tanga—Muhesa verwandt

werden, um diese überhaupt betriebsfähig zu erhalten. Besonders kostspielig gestaltete sich die Unterhaltung des Teiles der alten Strecke, die noch Holzschwellen besafs. Erst die völlige Ersetzung der morsch gewordenen und von den Termiten zerfressenen Holzschwellen durch Eisenschwellen beseitigte diesen Übelstand. Zu allem Überflufs litten die neuen Arbeiten auf der Strecke Muhesa— Korogwe im Jahre 1899 empfindlich unter den Desertionen Farbiger in der Erntezeit, für welche der Ersatz weither geholt werden mufste. Überdies waren im Durchschnitt sechs Kranke auf hundert Arbeiter vorhanden, wovon 4% auf Fieberkranke kamen.

Aber allmählich besserten sich die Verhältnisse; der Wagenpark wurde vermehrt, zwei neue Lokomotiven eingestellt und aufser den täglichen regelmäfsigen Zügen Materialzüge für die Strecke Tanga—Muhesa eingelegt. Infolge der vermehrten Fahrgelegenheit stieg auch die Menge der Personen und Güter und dementsprechend die Einnahme. Das Jahr 1901 brachte dann die Vollendung der Verbesserungen am Pier im Hafen von Tanga, dessen Erstanlage sich als unzureichend erwiesen hatte. Während die Regengüsse der ersten Hälfte 1901 den Fortschritt der Eisenbahn namentlich dadurch hemmten, dafs im Luengera-Tale der fertiggestellte Bahnkörper überflutet wurde und eine Aufschüttung des Planums um 50 cm nötig machte, wurden die Verhältnisse in der zweiten Häfte 1901 besser. Die Station Bombuera (50,5 km) ward Anfang 1901 eröffnet, und Ende September 1901 konnte die Strecke bis Niussi (69 km) dem Verkehr übergeben werden. Seit 1. April 1902 ist die ganze Strecke Tanga—Korogwe dem Verkehr offen, worauf sich mehrere Tausende der früheren Arbeiter, meist Wanyamwesi und Wasukuma, zu beiden Seiten der Bahn angesiedelt und Pflanzungen angelegt haben, die besonders im Bezirk Tanga durch den Anbau von Mais und Erdnüssen bereits ausgezeichnete Erfolge für die Hebung der Eingeborenenkultur gehabt haben. Neben den täglich verkehrenden Materialzügen laufen 1902 wöchentlich zwei durchgehende Züge morgens von Tanga zur Endstation und kehren abends nach Tanga zurück.

Die Kosten des Bahnbaues stellen sich nach offiziellen Angaben für die alte Strecke Tanga—Muhesa auf 63 000 Mark pro Kilometer, aber ausschliefslich der Hafen- und Pierbauten in Tanga. Die ganze 84 km lange Strecke von Tanga bis Korogwe hat 6 643 000 Mark, also 79 000 Mark pro Kilometer ohne Pier- und Hafenbauten gekostet (d. i. so viel wie die 75 cm-spurigen Kleinbahnen im Königreich Sachsen), während in den Voranschlägen

von 1895 38000 Mark und von 1896 41667 Mark als Kilometerkosten angegeben waren, und Bernhard diese beim Baubeginn auf
45000 Mark berechnet hatte. Für die projektierte Fortsetzung
nach Mombo (44 km) ist dem Etat für 1902 ein Kostenanschlag
von 3270000 Mark beigefügt, was einem Kilometerpreis von
74300 Mark entspricht; in der Ausführung wird es aber etwas
mehr werden, da einige schwierige Sumpfstrecken zu passieren sind.
    Die E i n n a h m e n des Betriebsjahres April 1900 bis April 1901
betrugen 117493 Mark gegen 68278 Mark im Vorjahr 1899/1900;
die Ausgaben sind viel höher. Für das Jahr 1902 rechnet der
Etat bei 247266 Mark einen Überschuſs von 30 Mark heraus,
was, wenn es zutrifft, immerhin ein Schritt zum Besseren wäre, wiewohl es noch ziemlich weit hinter den 540000 Mark zurückbleibt,
die anfänglich Bernhard als jährliche Rentabilität kalkuliert hatte.
Eingehende Rentabilitätsberechnungen, die der Wirklichkeit am
nächsten kommen dürften, stellte neuerdings der Eisenbahn-
ingenieur G. Sell in der Kolonialen Zeitschrift, dritter Jahrgang, an.
    Der bisher gültige T a r i f (siehe Anhang) ist der von der Eisen-
bahngesellschaft aufgestellte, er unterliegt aber der Erwägung auf
Abänderungen. Man könnte wohl damit eine Mehreinnahme von
etwa 45000 Rupies unter Zugrundelegung einer Tarifermäſsigung
erzielen, wenn es gelänge, dadurch den noch immer erheblichen
Trägertransport, welcher noch täglich für 150—200 Träger, vermehrt durch gelegentliche Lasteselzüge, auf dem Karawanenweg
Tanga—Korogwe in beiden Richtungen genügende Lasten bietet,
der Bahn ganz zuzuwenden. Die hauptsächlichen Benutzer der
Usambarabahn, die Pflanzer,. um deren Willen die Bahn gebaut
worden ist, würden natürlich eine Tarifermäſsigung freudig begrüſsen.
Tatsächlich sind ja auch die Tarife bisher viel höher als auf der
benachbarten Ugandabahn und anderen tropisch-afrikanischen
Bahnen. 100 kg Güter zahlen für die 40 km von Tanga nach
Muhesa 120 pesa, ein Stückgut also 66 Pfennig pro Tonnenkilometer. Würde aber auch eine Tarifermäſsigung von $1/3$, also ein
Satz von 44 Pfennig pro Tonnenkilometer eingeführt, so würde
auch das den Plantagen bei ihren hohen Betriebskosten und den
niedrigen Kaffeepreisen des Weltmarktes noch nicht viel helfen. Die
Plantagen, die ja ganz auf den Kaffeebau eingerichtet und angewiesen sind, befinden sich seit zwei Jahren in schlimmer Krisis.
Nachdem man durch langes Experimentieren viel verloren, haben
sich, als man endlich aus den Erfahrungen sicherere Grundlagen zu
gewinnen begann, widrigerweise neue tierische Schädlinge eingestellt,

die ungemein grofsen Schaden getan haben. Einige Besserung
trat 1901 ein, die Arbeiterverhältnisse sind durch vermehrten Zuzug von Wanyamwesi und Wasukuma, die jetzt 4—5000 Köpfe
stark im Akkord arbeiten, viel vorteilhafter für die Pflanzer geworden, und der Kaffeeexport hat sich von 3000 Zentner (1900)
auf 3700 Zentner (1901) gehoben. Aber wenn es auch zehn- und
zwanzigmal so viel wird, und sich damit auch der Bedarf der
Plantagen entsprechend ausdehnt, so ist es doch immer noch eine
kleine Transportmenge für eine Eisenbahn.

Der Übelstand ist, wie ich in einem Kapitel meines Buches „Der
Kilimandjaro" (Berlin 1900) ausführlich dargetan habe, der, dafs
die Bahn jetzt auf ein viel zu kleines Gebiet, Ost-Usambara, angewiesen ist. Sie kann sich erst rentieren und dem Land wirklich
Nutzen bringen, wenn ihre direkte Wirkungssphäre vergröfsert
wird und ihr durch die Ausdehnung anderer Kulturen mehr Ex-
port- und Importmengen zugeführt werden. Das aber kann nur
geschehen erstens durch umfangreichen Anbau von Nähr-, Öl- und
Faserpflanzen (Hirse, Mais, Erdnüsse, Sesam, Kokos, Agaven), von
dem nach Klima und Bodenbeschaffenheit die künftige Entwicklung
unserer Kolonie grofsenteils abhängt, im Grofsbetrieb und als
Eingebornenkulturen im Niederland, und zweitens durch die Fortführung der Bahn zu einer bequemen Aufstiegstelle nach West-
Usambara und seinem Plantagenland, d. i. zum Momboflüfschen,
wodurch zugleich das hohe West-Usambara in kleinem Umfang für
Europäer besiedelbar werden würde, was jetzt vor allem wegen der
Verkehrsschwierigkeiten nicht möglich ist (auch nach den jüngsten
Untersuchungen des kolonialwirtschaftlichen Komitees). Dann erst
könnte Hoch-Usambara auch als Gesundheitsstation für tropenkranke
Europäer eine grofse Bedeutung für unsere Kolonie erlangen.

Zum Momboflüfschen fortgesetzt, wird die Bahn mit 128 km
Länge immer noch so kurz sein, dafs ihre Transportkosten dem Export
von Massenprodukten kein Hindernis bieten. Über Mombo hinaus
aber wird die Fortsetzung erst dann möglich sein, wenn das Gebiet
bis zum Kilimandjaro hin nicht mehr eine so menschenarme
Steppenwildnis sein wird wie heute, in der die etwas besser beschaffenen Bergstöcke Pareh und Ugueno nur kleine und Usambara
gegenüber niedrige, ärmliche Inseln sind. Bis zum Kilimandjaro
ist da nichts für eine Bahn zu holen und nichts durch eine Bahn
auszurichten; der Kilimandjaro selbst aber ist ein zu kleines Gebiet, als dafs er allein eine solche Bahnfortsetzung bezahlt machen
könnte. Wir werden es darum nicht hindern können, dafs das

Wenige, was er produzieren kann, der ihm nahen Ugandabahn bei
Voi zufließen wird. Auch das wieder aufgetauchte Projekt, den
Wasserweg des Pangani, der nach Lents Untersuchungen (Tagebuch-
berichte, 1894) von Buiko bis nahe an Klein-Aruscha immer für
kleine Dampfbarkassen schiffbar sein soll, in Buiko an die
Usambarabahn anzuschließen, wird schwerlich zum Ziele führen,
weil das Flußbett im Oberlauf sehr eng und sehr gewunden ist
und der Endpunkt der Schiffbarkeit immer noch eine gute Tage-
reise vom Fuß des Kilimandjaro entfernt ist. Zudem ist es mir
höchst zweifelhaft, daß der Fluß zu allen Jahreszeiten genug
Wasser für Dampfboote führt.

Ganz andere Aussichten bekäme die Usambarabahn, wenn die
Goldfunde in Irangi, die so viel versprochen haben, sich bei den
jetzigen Untersuchungen so abbauwürdig herausstellten, daß dort
eine Minenindustrie ins Leben tritt. Dann wäre die Usambarabahn der gegebene Zugang und eine Fortführung von Korogwe
nach dem in Luftlinie ca. 275 km entfernten Irangi durch die
ganz ebene Steppe nur eine Frage der Zeit. Und kommt es gleichzeitig zu einer großen Entwicklung der Goldfelder am deutschen
Südufer des Victoriasees, zu deren Erschließung jetzt die Ugandabahn viel beiträgt, so käme in dieser Zukunft auch eine Fortsetzung der Bahn von Irangi dorthin in Betracht. Etwas Besseres
könnte jedenfalls der Usambarabahn und dem ganzen Norden
unseres Schutzgebietes nicht zu teil werden. Solange jedoch diese
Möglichkeit einer Goldindustrie nicht zur Wirklichkeit geworden,
wird die Usambarabahn sich auf das küstennahe Gebiet beschränken
müssen, dessen Namen sie führt, und auch da innerhalb der Entwicklung, die ich vorhin skizzierte, ihre Aufgabe erfüllen.

Tarif der Usambarabahn. Personenverkehr.
(1 Rupie = 64 pesa, 1 pesa = 2,2 Pfennig.)

Von Tanga nach	Einfache Fahrt:						Hin- u. Rückfahrt:			
	II. Kl.		III. Kl.		IV. Kl.		II. Kl.		III. Kl.	
	Rp.	pesa	Rp.	pesa	Rp.	pesa	Rp.	pesa	Rp.	pesa
km 7	2	—	—	48	—	16	3	—	1	—
Steinbruch (11 km) .	2	—	—	48	—	16	3	—	1	—
Pongwe (14 km) . .	2	—	—	48	—	16	3	—	1	—
Ngomeni (29 km) . .	4	—	2	—	—	32	6	—	3	—
Muhesa (40 km) . .	6	—	3	—	—	48	9	—	4	32

Güterverkehr.

Von Tanga nach	pro 30 kg pesa	pro 100 kg pesa	Wagenladungen im Gewicht von		
			5000 kg Rupies	7000 kg Rupies	12 500 kg Rupies
km 7	9	30	7	15	27
Steinbruch . .	9	30	14	23	40
Pongwe . . .	12	40	22	30	54
Ngomeni . . .	24	80	44	60	108
Muhesa . . .	36	120	66	90	160

Für die Strecke Muhesa—Korogwe gibt es noch keinen amtlichen Tarif.

2. Die Ugandabahn.

Im Jahre 1886 wurden die deutsche und englische Interessen-
sphäre an der ostafrikanischen Küste gegeneinander abgegrenzt;
England erhielt die einst bedeutenden Küstenplätze Mombassa und
Malindi. 1888 wurde die „Imperial British East Africa Company"
gegründet, mit königlichem Freibrief ausgestattet und wählte
Mombassa als Ausgangspunkt ihrer Tätigkeit. In das Jahr 1890
fällt dann der vielbesprochene deutsch-englische sogen. Sansibar-
Vertrag, der die Inseln Sansibar und Pemba, das Küstensultanat
Witu und die grofsen binnenländischen Reiche Uganda und
Unyoro an England überliefs. Damit war für die I. B. E. A. C.
(Imperial British East Africa Co.) ein riesiges Arbeitsfeld gegeben.
Schon vor dem „Sansibar-Vertrag" hatte sie auf Veranlassung der englischen Regierung den Plan eines Bahnbaues nach dem Victoriasee aufgestellt, zu dessen Motivierung in einer für die englische Politik so bezeichnenden Weise
angegeben wurde, dafs eine solche Bahn das beste und auch
billigste Mittel zur Unterdrückung des Sklavenhandels sei, da sie
etwa 110 000 ℒ pro anno billiger zu stehen komme als eine Flotten-
station, die man anderenfalls gegen den Sklavenhandel unterhalten
müsse. Als nun die mahdistische Bewegung unter Abdallah, dem
zweiten Mahdi, immer weitere Kreise zog, auch nach Abessinien erfolgreich übergriff und den Bestand des für England so aufserordentlich wertvollen Ägypten von Süden her gefährdete, da veranlafste
die I. B. E. A. C. auf das Gutachten des Sir G. Molesworth die Aus-
sendung einer Expedition unter dem Ingenieurkapitän Macdonald,
welche die für einen Bahnbau von 1 m Spurweite geeignetste
Richtungslinie erkunden sollte. Die Expedition war 1891—1892

unterwegs, hielt sich wegen der Terrainschwierigkeit hauptsächlich
an den zum englischen Ostufer des Victoriasees führenden Karawanen-
pfad und vermaſs die Höhen zunächst nur barometrisch. Vom
Ausgangspunkt Kilindini bei Mombassa ging ihre Vermessungslinie
durch die Wüsten und Steppen östlich am Kilimandjaro vorbei
nach Kikuyu (2300 m), weiter in der ostafrikanischen Grabensenke
entlang am Naivaschasee vorbei nach der Mau-Hochebene, von dort
zum Nzoiafluſs und mit diesem zur Berkeleybucht des Victoriasees. Diese rund 1000 km lange Bahnlinie glaubte Macdonald
mit 43500 Mark pro Kilometer bauen zu können, und so wurde
sein Bericht 1893 dem Parlament vorgelegt. Aber ein neues von
Sir Molesworth eingeholtes Gutachten ergab einen Voranschlag
von 90000 Mark pro Kilometer (auſser den leichten ersten 160 km).

Unterdessen waren in Uganda Unruhen ausgebrochen, die 1894
zur Übernahme dieses Gebietes durch den Staat führten. 1895
übernahm der Staat auch Britisch-Ostafrika, unter Auflösung der
I. B. E. A. C., und damit die Ausführung des Bahnprojektes
auf Staatskosten, „vornehmlich aus politischen Gründen", wie
das amtliche Deutsche Kolonialblatt (1899, Nr. 18) richtig sagt.
Nachdem das Parlament 3 Mill. Pfund Sterling für den Bahnbau bewilligt hatte, begann Anfang 1896 der Oberingenieur Whitehouse
mit seinem Stab die Vermessungsarbeiten von Mombassa aus. Erste
und oberste Forderung war die möglichst schnelle Ausführung des
Werkes; alle Maſsnahmen muſsten sich dem unterordnen. Man
unterschied daher von vornherein die Herstellung der „temporary
line", provisorischen Bahnlinie, welche möglichst schnell mit den
Schienen den See erreichen sollte, von der „permanent line", der
definitiven Strecke, zu welcher dann die erstere allmählich ausge-
staltet werden sollte. Für den Bau wurde die 1 m-Spur gewählt,
nicht die in Britisch-Afrika vorwiegende Kapspur (1,067 m), weil
man gleich damit rechnete, daſs die Bahn sich auf die Erfahrungen
und Einrichtungen der indischen Bahnen stützen müsse, die zu
40% die 1 m-Spur haben. Deshalb war auch wie in Indien ein
kleinster Kurvenradius von 180 m vorgesehen. Die Stahlschienen
sind 10 Yards (9,14 m) lang, wiegen 50 Pfund pro Yard (24,6 kg
pro Meter) und ruhen je auf 14 Schwellen, die erst aus Holz ge-
fertigt waren, jetzt meist aus gepreſstem Stahl bestehen. Die
Brücken sollten nicht mehr als 15 m hoch sein.

Mit Rücksicht auf die geforderte groſse Beschleunigung des
Baues muſste man zunächst sehr oft von den Normen abweichen
und sich provisorisch nach Möglichkeit behelfen. Die Brücken

wurden dabei grofsenteils nicht in Stein- und Eisenkonstruktion,
sondern in Holz ausgeführt, sogar die über den 500 m breiten
Makupa-Meeresarm bei Mombassa war 1898, als ich darüberfuhr,
noch aus Holz. Es gab zahllose viel zu scharfe Krümmungen und
zu steile Steigungen, viele trockene Bachbetten wurden einfach
auf der Sohle des Bettes hin durchquert, das Geleise wurde meist
ohne Schotterlager direkt auf den Erdboden gelegt etc. Da sich
die ohnehin nur in geringer Zahl vorhandenen Eingeborenen absolut
unbrauchbar zur Bahnarbeit erwiesen, führte man indische
Kulis und indische Unterbeamte von dortigen Bahnen ein, was
wegen des Verbotes der Ausfuhr indischer Arbeiter einen besonderen Parlamentsbeschlufs erforderte.

    1896 begann man mit 3948 Indiern, 1898 waren es 13000,
1900 über 20000. Jeder Kuli bekam 12 Rupies Monatslohn,
also 56 Pfennig pro Tag, während man nur ca. 20 Pfennig
veranschlagt hatte. Sie alle mufsten genährt, gekleidet, be-
haust werden; ganze Städte von kleinen und grofsen grünen
Waterproof-Zelten, jedes mit den Buchstaben U. R. (Uganda-
Railway) gezeichnet, zogen sich am Bahnkörper entlang. Zur
Aufrechterhaltung der Ordnung und zum Schutz gegen feindliche
Eingeborene wurden Polizeikorps geschaffen, für die Kranken (bis
15% des ganzen Personenbestandes!) wurden an den Hauptstationen Lazarette errichtet, für die Beamten Wohn- und Speise-
häuser aus Wellblech gebaut etc. etc. Und alles für die Menschen
und den Bahnbau Nötige wurde in regelmäfsigem Transportdienst
aus England und Indien herbeigeschafft, da es in Ostafrika nichts
gab; ein Apparat wie für eine im Feld stehende Armee. Streiks
in England, der in Südafrika ausgebrochene Krieg und andere
Vorkommnisse verursachten zahlreiche Lieferungs- und Verkehrs-
stockungen, Malaria und Dysenterie dezimierten die indischen und
europäischen Arbeitskräfte, und zu den vielen örtlichen Schwierigkeiten gesellte sich öfters schwerer Nahrungsmangel, da im Lande
selbst sehr wenig wächst, und Wassermangel für Menschen und
Maschinen. Bis Nairobi, 521 km weit, mufsten die Maschinen mit
Wasserwagen von Kilindini aus fahren, wo Kondensatoren aufgestellt waren.

    Der Bahnbau selbst aber war oberhalb der Küstenterrasse
bis Nairobi durch die allmählich zu 1660 m ansteigende
Steppe leicht, schwierig durch das bergige Kikuyu mit starken
Steigungen und Gefällen, noch schwieriger beim 450 m tiefen Abstieg in die ostafrikanische Grabensenke, wo eine mehrgliederige

Drahtseilbahn erbaut werden mufste, und beim Aufstieg aus der
Senke zum Mauplateau (2520 m), von wo ein starkes Gefälle zum
Port Florence an der Ogowebucht des Victoriasees hinabführt.
Nur diese letzte Strecke weicht von der projektierten Macdonald-
schen weiteren, aber leichteren Linienführung ab. In jeder Be-
ziehung hatte man die Schwierigkeit des Werkes weit unterschätzt.
Man hatte Schwierigkeiten erwartet wie bei den Bahnbauten im
Sudan, in Rhodesien, in Nordwestindien, aber sie stellten sich so
grofs heraus wie bei der Kongobahn.

Trotz aller dieser Hemmungen schritt aber der Bahnbau in
dem hohen Mafs von durchschnittlich 13,6 km monatlich fort; im
April 1897 hatte man 50 engl. Meilen vollendet, im April 1898 war
man bei der 150., im März 1899 bei der 279., im November 1900
bei der 326., Februar 1901 bei der 476., Mitte Dezember 1901 bei
der 583. Meile am Seeufer mit der Schienenlegung angelangt. In
Luftlinie mifst die 583 engl. Meilen (935 km) lange Bahn nur
435 Meilen (700 km), so dafs 235 km auf Kurven und Gradienten
entfallen.

Seit Erreichung des Seeufers mit den Schienen sind die Arbeiten
an der „permanent line" im Gang. Die Brücken werden, soweit
es noch nicht geschehen, von amerikanischen Ingenieuren in Eisenkonstruktion ausgeführt, mit Stein- oder Stahlpfeilern bei 30 m
gröfster Spannweite; Beschotterung wird wegen der tropischen
Regengüsse auf der ganzen Linie mit ca. 6500 Mark pro Kilometer
hergestellt. Die Holzschwellen werden durch Stahlschwellen ersetzt,
und Holzschwellen, mit Kreosot imprägniert, werden nur da ge-
lassen, wo Salzhaltigkeit oder andere chemische Bestandteile des
Bodens das Eisen zu stark angreifen; auf der ganzen Linie werden
die oft viel zu starken Kurven und Steigungen gemäfsigt, auf den
wüstenhaften Strecken, wie Voi—Mazeras, Wasserleitungen gelegt,
und vieles andere mehr. Zudem werden in Kilindini und Port
Florence mit grofsen Kosten umfängliche Hafenbauten errichtet,
da der Hafen von Mombassa selbst zu eng und klippenreich ist
und in Port Florence die Möglichkeit geschaffen werden mufs, mit
den Dampfern unmittelbar am Bahndamm anzulegen. Die in Port
Florence ankommenden Passagiere werden dann direkt auf die
beiden Doppelschraubendampfer übersteigen können, die die verschiedenen Stationen am See anlaufen. Ein Dampfer schwimmt
seit Sommer 1902 auf dem See. Diese Schiffe haben 6 Fufs Tiefgang und sind 175 Fufs lang. Sie werden von Port Florence in
einem Tag Entebbe, den Regierungssitz des Uganda-Protektorates,

erreichen, so dafs Reisende in 24 Tagen von London nach
Entebbe gelangen können, und dafs, wie bezeichnenderweise im
Bericht des Kommandanten Whitehouse, der jüngst die Schiff-
fahrtsverhältnisse des Sees untersucht hat, hinzugefügt wird,
Truppen von Bombay in 16 Tagen nach Uganda — mögen es auch
8—14 Tage mehr sein, es ist immer noch schnell genug — gebracht
werden können.

Wegen all dieser Ergänzungsarbeiten ist der volle Betrieb auf
der „permanent line" nicht vor Ende 1902 zu erwarten. Diesem
durch die Verhältnisse gebotenen Verfahren zufolge haben natürlich
auch die Kosten den Voranschlag weit überschritten. 1895 hatte,
wie oben erwähnt, das Parlament 3 Mill. £ für den Bahnbau bewilligt, aber im Mai 1900 mufste es weitere 1,93 Mill. £ bewilligen, und damit ist die Rechnung noch lange nicht beglichen.
Oberst Gracey schätzt in seinem Bericht von 1901 die Gesamtkosten der „permanenten Linie" inklusive rollendes Material auf
5 206 000 £, also 106 358 000 Mark, was pro Kilometer 113 700 Mark
ergeben würde. Ende März 1901 betrugen die Bruttoausgaben
4 196 150 £, wovon 2 919 841 £ auf den Bau, 467 655 £ auf das
Betriebsmaterial, 397 941 £ auf die Verwaltung kommen, und im
letzten Parlamentsetat (1902) sind 8505 £ pro mile (108 440 Mark
pro Kilometer) als Kosten genannt, aber es heifst, dafs noch
etwas nachkomme. Man wird daher nicht viel fehlgehen, wenn
man nach den bisherigen auf der Ugandabahn gemachten Erfahrungen 115—120 000 Mark endgültige Kilometerkosten annimmt.

Bei der Vollendung der „temporary line", dem Erreichen des
Seeufers, hatte die Bahn rund 100 Lokomotiven, 180 Personen-
und 900 Güterwagen. Von allen diesen waren fast ein Drittel
„second hand", gebrauchte aus Indien. Auch die neuen Wagen
haben den indischen Typ und sind für Personenbeförderung sehr
bequem eingerichtet. Die ganze Linie hat 41 Stationen (davon 8
ohne Wasser!), welche den Dienstbetrieb von 4—5 Zügen nach
jeder Richtung innerhalb 24 Stunden erlauben; freilich fahren
nicht so viele. An den Hauptstationen Mombassa, Makindu,
Nairobi, Nakuru sind indische Ansiedelungen mit zahlreichen
indischen Händlern entstanden. Nairobi z. B. hatte Anfang 1902
ca. 8000 Einwohner, aber weitaus die meisten Bewohner dieser
neuen Ortschaften leben nur für die Bahn und von der Bahn; die
Eingeborenen halten sich, soweit sie nicht direkt mit dem Bahnbetrieb zu tun haben, fern. Nur die in der Nähe der Bahn
sitzenden Stämme betreiben etwas mehr Ackerbau und bekommen
für ihre Produkte kolossale Preise, aber auf den Exporthandel

und auf die Hebung der Landeskultur hat das noch gar keinen Einfluſs.

Die ganze Strecke Mombassa—Port Florence, die früher eine 60—70 tägige Karawanenreise beanspruchte, wird jetzt mit einem durchgehenden Zug in 53 ½ Stunden zurückgelegt. Im allgemeinen fahren die Züge mit einer Durchschnittsgeschwindigkeit von 16 Miles (25,6 km) pro Stunde, was für eine tropisch-afrikanische Schmalspurbahn schon eine recht gute Leistung ist. Die Maschinen feuern Kohlen, da das Brennholz wenig taugt und die Eingeborenen nicht zum regelmäſsigen Holzschlagen angehalten werden können. Die Kohlen kosteten 1901 (nach Gracey) an der Küste 52 Rupies pro Tonne, in Nairobi aber am Zentrum der Bahn schon 103¼ Rupies, also pro Zugmeile 17 Annas = 0,93 Mark pro Kilometer. Später sind die Kohlenpreise in Kilindini auf 37 Rupies (51,8 Mark) pro Tonne gesunken, wodurch sich die Feuerungskosten pro Zugkilometer um ein Drittel billiger stellten. Immerhin sind sie noch so hoch, daſs sie die Frachtsätze höchst ungünstig beeinflussen müssen; Beispiele nachher.

Die Passagierpreise betragen nach dem Tarif vom 15. November 1901 auf kurze Entfernungen in erster Klasse 3 Annas, in zweiter Klasse 1½ Annas, in dritter Klasse ½ Anna pro mile (1 Anna = 8¾ Pfennig). Für 100 engl. Meilen zahlt man in erster Klasse 1.5.0 £, in zweiter Klasse 0.12.6 £, in dritter Klasse 0.4.2 £. Die ganze Fahrt von Mombassa bis Port Florence kostet in erster Klasse 7.6.0 £ (also 0,15 Mark pro Kilometer), in zweiter Klasse 3.13.0 £, in dritter Klasse 1.4.4 £. Rückfahrtkarten mit einmonatiger Gültigkeit haben den Preis von 1⅛, die mit sechs Monat Gültigkeit den Preis von 1½ einfachen Karten. Rindvieh wird zum Meilenpreis von 2 Annas befördert, aber auf der Gesamtstrecke Mombassa—Victoriasee für 4.17.4 £. Für Pferde, Esel, Schafe, Ziegen sind die Transportkosten billiger. Die Handelsgüter sind in fünf Frachtklassen eingeteilt. Bei Import zahlt die erste Klasse (Baumaterial, Lastwagen, Kohlen, Eisenwaren, Maschinen, Salz, Sämereien, Schiffsteile etc.) 2 ⅛ Annas pro Tonnenmeile; die zweite Klasse (Bier, Baumwollwaren, Mehl, Häute, Grundnüsse, Mais, Fleisch, Hirse, Öl, Kartoffeln, Reis, Kautschuk, Rohzucker, Weizen, Stückgüter etc.) 3½ Annas pro Tonnenmeile; die dritte Klasse (Perlen, Wollsachen, Bücher, Schuhwerk, Chemikalien, Kaffee, Kupferwaren, Sattelzeug, Möbel, Glaswaren, Leder, Matten, Seife, Gewürze, Tee, Weine etc.) 5 Annas pro Tonnenmeile; die vierte Klasse (Munition, Waffen, Pulver, Strauſsenfedern, Vogelbälge, Opium, Seide, Jagd-

trophäen etc.) 1 Rupie pro Tonnenmeile; die fünfte Klasse (Elfenbein, Nilpferdzähne, Branntwein, Parfümerien) 1²/₃ Rupie pro
Tonnenmeile = 1,42 Mark pro Tonnenkilometer.

Für den küstenwärts ausgehenden Frachtverkehr besteht
der Einheitssatz von 1 Anna pro Tonnenmeile = 5¹/₂ Pfennig
pro Kilometer, doch sind von dieser Ermäßigung ausgenommen
alle in Klasse vier und fünf genannten Güter und in Klasse zwei
der Kautschuk, also die wertvollsten Handelsprodukte (Elfenbein,
Kautschuk, Straußenfedern), wogegen die für den Bahnverkehr
wichtigsten Massenerzeugnisse, wie Getreide, Bohnen, Kokosnüsse,
Kokosöl, Grundnüsse, Häute, Mais, Hirse, Reis, Rohzucker, Kaffee,
Gewürze, Matten, Tabak nur 1 Anna pro Tonnenmeile = 5¹/₂ Pfennig
pro Tonnenkilometer zu bezahlen haben. Auf die ganze 935 km
lange Strecke Port Florence—Mombassa ergibt dies für die Export-
Massenprodukte eine Bahnfracht von 51,42 Mark pro Tonne.

Das scheint das Äußerste zu sein, was die Eisenbahn zugestehen kann. Der Tarif ist auch wirklich sehr niedrig im Vergleich zu den analogen Tarifen anderer afrikanischer Tropenbahnen.
Es fragt sich aber immer noch sehr, ob unter diesen Umständen
die genannten Massenprodukte im Exporthandel mit den gleich-
artigen Indiens konkurrieren können, wo die Frachtsätze nur ³/₄
bis höchstens 2¹/₃ Annas betragen gegenüber den von 1 Anna bis
1²/₃ Rupies auf der Ugandabahn. Bis Mitte 1902 war in dieser
Richtung ein Wachstum des Exportes über Mombassa nicht zu be-
merken. Nach den amtlichen englischen Angaben waren die Ein- und
Ausfuhren in Britisch-Ostafrika 1899—1901 folgende: 1899/1900
Import 6 641 910 Rupies, Export 1 825 284 Rupies; 1900/1901 Import
6 662 131 Rupies, Export 1 259 385 Rupies. Im Jahr der Eröffnung
der ganzen Bahnstrecke hatte also der Import um rund 20 000 Rupies
gegen das Vorjahr zugenommen, der Export aber war in derselben
Zeit um 566 000 Rupies zurückgegangen, und zwar ist diese starke
Abnahme vor allem durch Elfenbein und Kautschuk verursacht;
der Elfenbeinexport ist von 1 013 881 Rupies 1899/1900 auf
620 057 Rupies 1900/1901 gesunken, der Kautschukexport von
260 728 Rupies auf 153 976 Rupies. Seitdem ist nun aber in dem
Finanzjahr 1901/1902 höchst bemerkenswerterweise der über Mombassa gehende Handel Britisch-Ostafrikas und Ugandas noch mehr
gesunken. Nicht nur die Einfuhr hat sich auf 5 229 489 Rupies,
also um rund 1 433 000 Rupies, vermindert, was sich aus der ver-
ringerten Materialzufuhr der nun fertigen Bahn erklärt, sondern
auch der Export ist auf 1 115 923 Rupies gesunken, also um rund

144000 Rupies gegen das Vorjahr; in den Ausfuhrartikeln hat
sich Elfenbein wieder etwas gehoben (916688 Rupies), aber Kautschuk ist von rund 154000 Rupies auf 25812 Rupies herabgegangen,
Kopal beträgt nur 5909 Rupies, Häute, Hörner und dergleichen
58010 Rupies, andere Waren 2936 Rupies, und nur Kopra aus dem
nächsten Küstengebiet beläuft sich auf 106568 Rupies. Auch die
Einnahmen und Ausgaben Britisch-Ostafrikas sind gesunken;
1899/1900 Einnahme 69770 $\mathcal{L}$, Ausgabe 183869 $\mathcal{L}$, 1900/1901 Einnahme 64749 $\mathcal{L}$, Ausgabe 157886 $\mathcal{L}$. Und solchen Tatsachen
gegenüber schreien chauvinistische Eiferer über den enormen Aufschwung, den der dortige Handel bereits infolge des beendeten
Bahnbaues genommen habe!

Die Einnahmen der Ugandabahn selbst betrugen 1898
1555219 Rupies, die Betriebskosten (die aber nicht alle Aus-
gabeposten enthalten) 1426847 Rupies; 1899 die Einnahmen
3853081 Rupies, die Betriebskosten 3472387 Rupies. 1900 waren
die Einnahmen aus der Personenbeförderung 226000 Rupies, aus
dem Gütertransport 5,14 Mill. Rupies, denen 5,25 Mill. Rupies Betriebskosten gegenüberstehen. Diese Einnahmen sind zu fünf
Sechstel dem Import von Bedürfnissen der Beamten und Truppen
Ugandas und Britisch-Ostafrikas zu danken, zu ein Sechstel dem
Handel. Mitte 1901, kurz vor Erreichung des Seeufers, berichtete
Oberst Gracey in einem amtlichen Bericht über den Verkehr auf
der Bahn, daß der Passagierverkehr vorwiegend in indischen
Händlern und Kulis, Karawanenträgern, Truppen und Beamten des
Protektorates, aber sehr wenig Eingeborenen bestehe. „Der öffentliche Güterverkehr besteht hauptsächlich in Vorräten für das Protektorat, Konsumartikeln für die Arbeiter und Beamten der Eisenbahn, etwas Elfenbein und ein klein wenig Landesprodukten. Das
Ganze beträgt nicht vier oder fünf Waggons täglich, und die Einnahmen von Passagieren und Gütern (worin also alles Obengenannte
inbegriffen ist) übersteigen nicht 100000 Rupies monatlich. Nach
Erreichen des Sees wird es wohl etwas steigen, aber viel ist für
den Anfang nicht zu erwarten." Doch sind, wie Oberst Gracey
weiter sagt: „die Rentierungsaussichten der Bahn in den nächsten
paar Jahren nicht glänzend, da Berechnungen zeigen, daß selbst
dann, wenn nur ein Zug täglich in jeder Richtung fährt, die Unkosten doch nicht viel weniger als 200000 $\mathcal{L}$ betragen werden,
die Einnahmen aber in nächster Zukunft nicht mehr als 100000 $\mathcal{L}$,
so daß die Regierung 1902/1903 jährlich 100000 $\mathcal{L}$ wird aufbringen
müssen. Diese werden sich vielleicht 1910 auf nichts vermindert

haben, und dann wird man wohl eine geringe Verzinsung des auf-
gewendeten Kapitals erwarten dürfen." Am Ende fügt Oberst
Gracey hinzu: „Der Wert der Ugandabahn kann aber nicht nach
dem unmittelbaren Rentieren der Kapitalanlage berechnet werden,
da es ohne die Bahn unmöglich wäre, für längere Zeit die Gebiete
am Oberlauf des Nil zu halten" u. s. w.

Hier haben wir also die Erklärung, daß es den Engländern
beim Bau der Ugandabahn vorwiegend auf die
Schaffung eines Mittels ankam, ihre Herrschaft
über die Länder am Oberlauf des Nil aufrechtzuer-
halten. Und dieselbe Erklärung gibt der oberste Beamte des
Uganda-Protektorates, Sir Harry Johnston. In seinem Verwaltungs-
bericht (1901) fragt er sich bei Aufzählung der hohen Verwaltungs-
und Bahnbaukosten, welche „Rechtfertigung" es für diese Ausgaben
gebe, und warum England Uganda halte, und kommt zu der Antwort: „Wir haben ein ganz besonderes Interesse an der Wohlfahrt
Ägyptens, weil dieses Land gegenwärtig eine so wichtige Station
auf dem Weg nach Indien ist." Uganda aber ist mit dem großenteils schiffbaren Nillauf der natürliche Oberteil Ägyptens und wäre,
wenn im Besitze einer anderen Macht, die schwerste Bedrohung
der englischen Herrschaft in Ober- und Unter-Ägypten und eine
eminente Gefährdung des Weges nach Indien. „Daher," sagt
Johnston, „ist der Besitz der Kontrolle über das Uganda-
Protektorat und über das Britisch-Ostafrikanische
Schutzgebiet erfordert durch unsere Fürsorge für
die politische Zukunft Indiens."

Das ist der eine und vornehmlichste Grund des Baues der
Ugandabahn. Gegenüber den in unseren kolonialen Kreisen vor-
herrschenden Anschauungen habe ich von Anbeginn den Standpunkt
vertreten, daß die Bahn nicht zur „wirtschaftlichen Erschliefsung"
Britisch-Ostafrikas, Ugandas und des Seengebietes gebaut wurde,
sondern daß sie in erster Linie politischen Zielen dienen soll, die
außerhalb dieser Gebiete liegen. Uganda ist mit seinen Nachbar-
staaten der Seenregion zwar sicherlich eins der wertvollsten Länder
Mittelafrikas, mit einer ziemlich dichten, intelligenten Bevölkerung
von relativ hoher Negerkultur, aber auch seine natürliche Aus-
stattung steht sehr weit hinter jener der asiatischen und amerikanischen Tropenländer zurück und, von dem nächsten Verschiffungshafen seiner Produkte durch das 1000 km breite, größtenteils aus gänzlich unproduktiven Steppen und Wüsten bestehende
Britisch-Ostafrika getrennt, kann es auch bei sehr billigen Bahn-

frachten seine Erzeugnisse — wenn sie nicht hohen Wert haben, wie Kautschuk, Elfenbein, Edelmetalle — nur schwer auf den Weltmarkt bringen. Selbstverständlich wird Uganda mit seinen Nachbarländern der Bahn allmählich wachsende Frachtmengen zuführen, aber wegen der gegenüber anderen Tropenländern geringen Produktionskraft und wegen der grofsen Küstenferne können jene allein mit ihrem Gegenwert als Import nimmermehr einen so kostspieligen Bahnbau und -betrieb lohnen.

Weshalb also hat England die Bahn gebaut? Der Bau wurde, wie oben bemerkt, unternommen, als der Mahdismus von neuem mächtig anschwoll und immer weitere Gebiete in den mittleren Nilländern eroberte. Dieser erste Anlafs, die Freihaltung der mittleren Nilländer, ist auch heute, nach der Niederwerfung der Mahdisten, noch der oberste Daseinsgrund der Bahn: denn nur wer das obere Nilgebiet in sicherem Besitz hat, kann die mittleren Nilländer beherrschen. Englands Nilpolitik ist, wie Englands gesamte Politik, eine Politik der wirtschaftlichen Beherrschung. Für den Imperialismus des Gelderwerbes setzt England seine ganze Macht mit rücksichtsloser Energie und mit erstaunlicher Einmütigkeit seiner ganzen Bevölkerung ein. Indem der Staat dieses Gewinnstreben des gesamten Volkes zur Richtschnur seines mit allen seinen Machtmitteln unterstützten Vorgehens macht, wird eben das britische Erwerbsinteresse zur britischen Staatspolitik. Diese Politik des Erwerbes und Handels vollzieht sich nach weit umspannenden, jedes Für und Wider gründlich abwägenden Plänen. Dem Erwägen folgt meist unmittelbar das Wagen; oft gehen auch beide zusammen. Derartig planvoll und schnell im Vorgehen ist auch die britische Politik im nördlichen und mittleren Ostafrika, von Ägypten bis Mombassa. Englands Hauptreichtums- und Machtquelle ist Indien. Zur Sicherung Indiens gehört aber unbedingt die Beherrschung des Suezkanals, und diese ist ohne den Besitz oder doch die Besetzthaltung Ägyptens unmöglich. Der Beherrscher des Suezkanals beherrscht aber auch anderen gegenüber die Weltstrafse nach Asien und hat damit ein ungeheures Machtmittel in der Hand.

Abgesehen von dieser Bedeutung Ägyptens für England ist jedoch Ägypten auch an sich ein brillantes Geschäft für den britischen Okkupator. In dem Mafse wie ihm die Beseitigung der jahrhundertelangen mohammedanischen Mifswirtschaft gelingt, wirft die schier unerschöpfliche Produktionskraft Ägyptens Gewinn ab, und die kolossalen Anlagen englischen Kapitales tragen ebenso

riesige Zinsen. Noch aber ist einer der Hauptzuflüsse des vor-
maligen Reichtums Ägyptens gröfstenteils verstopft: der Sudanhandel. Schon um diesen wieder in Blüte zu bringen, mufste
England alles zur Wiederöffnung des mittleren Nil aufbieten, und
nachdem es endlich die Mahdisten besiegt hat, scheut es keine
Mühen und Kosten, um den mittleren Nil schiffbar zu machen und
in eine billige Wasserstrafse zu verwandeln. Aufserdem sieht sich
aber England zur Wiederöffnung und Beherrschung des mittleren
Nil auch gezwungen durch die Nachbarschaft Abessiniens und der
dort in einer für Englands Interessen in bedenklichem Mafse
wachsenden französisch-russischen Einflüsse, die, gestützt auf das
vortreffliche abessinische Heer, zu einer furchtbaren Gefahr für
Englands ägyptische Herrschaft werden könnten. Der Vorgang
von Faschoda hat gezeigt, was dort für England auf dem Spiele
steht. Also unter allen Umständen mufs England die Vorherr-
schaft im mittleren Nilgebiet aufrecht erhalten. Von Norden aus
allein kann aber der Mittelnil nicht beherrscht werden. Er
mufs den Engländern auch von Süden her offenstehen, um den
Abessiniern und der eventuell wieder auflebenden Mahdibewegung
den Rückhalt an den Obernilländern zu entziehen. Darum mufs
England Uganda im Besitz halten, und hierzu braucht es die
Ugandabahn.

Ferner ist nicht zu übersehen, dafs die Ugandabahn für England von strategischer Bedeutung dadurch ist, dafs bei Kriegs-
zeiten, wenn etwa durch den Feind der Suezkanal unpassierbar
gemacht und die Strafse von Perim gesperrt wäre, auf dem Landweg Truppen von Ägypten nach Indien via Nil—Uganda—Mombassa
geschafft werden könnten. Freilich gehört dazu eine sehr viel
bessere Schiffbarmachung des Nil bis nach Uganda, da die britischen
Truppen, wie die Erfahrungen gelehrt haben, in ihrer Schwerfällig-
keit und Verwöhnung nicht so leicht durch das tropische Mittel-
und Obernilgebiet nach der Ostküste bewegt werden können wie
tropengewöhnte indische Truppen von der Ostküste nach dem Obernil.
Allein kann der Landweg Ägypten—Uganda—Mombassa ein ge-
fährdetes Indien nicht entsetzen, denn das Heil des englisch-
indischen Imperiums liegt auf dem Wasser, auch wenn in einem
Krieg der Seeweg nach Indien notgedrungen einmal ums afrikanische Südkap führen müfste; aber zur Unterstützung des
weiten Seeweges um das Kap der guten Hoffnung kann der ganz
durch englischen Herrschaftsbereich führende ostafrikanische Landweg doch von gröfster Bedeutung werden.

Schliefslich hat die Ugandabahn eine wichtige Beziehung zu Britisch-Indien insofern, als sie die indische Einwanderung nach Britisch-Ostafrika und Uganda ermöglicht, die von den Engländern in Aussicht genommen ist. Sir Harry Johnston sagt hierüber in seinem genannten Bericht: „Mit Rücksicht auf unser indisches Reich sind wir gezwungen, der britischen Kontrolle einen grofsen Teil Ostafrikas vorzubehalten. Indischer Handel, indische Unternehmungslust und Auswanderung verlangen einen geeigneten Auslafs (outlet). Ostafrika ist und sollte von jedem Gesichtspunkt aus sein: das ‚Amerika des Hindu'.“

Indiens ungeheurer Menschenüberflufs braucht eine Ableitung zur Sanierung der inneren Zustände Indiens, mit denen England nicht fertig wird. Kann der indischen Auswanderung und damit dem indischen Handel ein Abflufs nach Britisch-Ostafrika und Uganda gesichert werden, so wird Indien erleichtert, ohne dafs die Auswanderer in nicht-britischem Gebiet für England verloren gehen, und Britisch-Ostafrika erhält zugleich das Allerwichtigste, was es braucht: Menschen. Uganda selbst hat allem Anschein nach Bewohner genug; aber das menschenleere, von der Ugandabahn in zwei Drittel ihrer Länge durchschnittene Ostafrika bedarf der arbeitsamen, bodenbauenden, farbigen Besiedler, um sich aus seiner jetzigen Wertlosigkeit erheben zu können. Aus den von der Natur begünstigteren, ziemlich dicht bewohnten innerafrikanischen Ländern kann man die Eingeborenen nicht in so grofsen Mengen wegnehmen, dafs sie den menschenarmen Gebieten wirklich nützlich werden könnten; denn erstens liegt der Wert jener innerafrikanischen Länder gerade mit in ihrer relativ dichten Bevölkerung, und zweitens wäre es eine schlechte Bevölkerungspolitik, grofse Menschenmengen aus besseren Landstrichen zwangsweise in schlechte, wie Britisch-Ostafrika, zu verpflanzen, wo sie einen ungewohnt schweren Existenzkampf führen müssen. Darum ist die Herbeiziehung indischer, aus ähnlich schlechten Landstrichen Indiens durch die dortige Übervölkerung herausgedrängter Ackerbauer das weitaus zweckmäfsigste Mittel.

Auch Oberst Gracey betont in seinem Bericht wiederholt die Notwendigkeit, Ackerbauer aus dem indischen Punjab herüberzubringen, von wo sie ihre Methoden künstlicher Bewässerung auf den dürren Boden Britisch-Ostafrikas übertragen und dadurch das Land nutzbar machen könnten. Freilich ist es in vielfacher Hinsicht zweifelhaft, ob die indische Besiedelung praktisch in so grofsem Umfang ausführbar ist, dafs dadurch das Land auch für

europäische Kolonisations- und Handelszwecke auf eine wesentlich
höhere Stufe gehoben werden könnte. —

Ich habe von der Ugandabahn verhältnismäfsig ausführlich
gesprochen, weil wir aus ihr für unsere eigenen ostafrikanischen
Bahnpläne viel lernen können, und weil auf sie wie auf die Kongobahn ganz besonders hingewiesen wird, wenn man für unser ost-
afrikanisches Schutzgebiet die Notwendigkeit einer grofsen, bis zum
Tanganyikasee reichenden Zentralbahn motivieren will. Wie viel
oder wie wenig beide Bahnlinien einander ähneln, wie viel oder
wie wenig der Verkehr des deutschen Schutzgebietes durch die
Ugandabahn gefährdet ist, haben wir bei Besprechung der deutschen
Eisenbahnprojekte gesehen.

VII. Die Bahnen im mittleren Nilgebiet und Abessinien.

1. Ägyptischer Sudan.

Im englisch-ägyptischen Herrschaftsbereich gehört die Bahn, die von Wadi Halfa am mittleren Nil durch Nubien nach Chartum geht und im Norden über Korosko Anschluſs an die oberägyptische Bahnlinie bei Assuan haben wird, der Tropenzone an. Diese ägyptische Sudanbahn W a d i H a l f a — C h a r t u m (Halfijeh) ist eine Militärbahn. Sie ist von der englischen Armee beim Vordringen gegen die Mahdisten als strategisches Werkzeug gebaut worden und hatte, wie der ganze Mahdifeldzug, den politischen Zweck, das Imperium Englands über das riesige Handelsgebiet des östlichen Sudan zu stützen und nicht nur den europäischen Mitbewerbern (Frankreich, Kongostaat, Italien), sondern auch dem gefährlich erstarkenden abessinischen Nachbar ein überlegenes Machtmittel entgegenzustellen. Also ein Anlaſs und ein Ziel, wie es ganz ähnlich der Ugandaeisenbahn (S. 148) zugeschrieben werden muſs.

Die Bahn umgeht die natürlichen Hindernisse des mittleren Nil, dessen fünf Kataraktenstrecken zwischen Wadi Halfa und Chartum die Beförderung des englischen Heeres auf dem Nil selbst ganz unmöglich gemacht hätten, und durchschneidet auf dem kürzesten Weg die nubische Wüste zwischen Wadi Halfa und Abu Hamed, von wo sie am Nilufer entlang nach Chartum läuft resp. nach Halfijeh, das Chartum gegenüber auf dem nördlichen Ufer des Blauen Nil liegt. In Chartum beginnt die Schiffbarkeit des Stromes wieder, der weite, offene, vielverzweigte Weg in den Sudan, West-Abessinien und die oberen Nilländer.

Die Zweiglinie nach D o n g o l a wurde im Feldzug ebenfalls

zur Überwindung zweier Kataraktenstrecken ausgeführt und dient
der Vorhut gegen Darfur und seine französische Nachbarschaft; die
andere Seitenbahn B e r b e r — S u a k i m, die etwa 60 km weit von
Suakim aus im Bau ist, sichert den Verkehr dieser alten, kürzesten
Verbindung zwischen Rotem Meer, Mittelnil und Sudan dem Hafen
Suakim, der seit 1899 englisch ist, erleichtert sehr die Truppen-
bewegungen und kontrolliert die Pilgerscharen, die seit Jahr-
hunderten aus dem ganzen mohammedanischen Sudan diesen Weg
nach Dschidda—Mekka und zurück wandern. Auch ist sie nach
dem Zeugnis Slatin Paschas von großer Wichtigkeit für die Zu-
fuhr von Kohlen nach dem Mittelnil, dessen Holzbestände für den
Dampferbedarf bereits rar werden. Eine dritte Zweiglinie, vom Nil
(wahrscheinlich Berber) nach Kassala, das, von den Italienern den
Engländern überlassen, ein wichtiger Stützpunkt gegen das nördliche Abessinien ist, dürfte nicht lange auf sich warten lassen.

Daß aber von Chartum den Nil hinauf die Bahn ins zentrale
Afrika fortgesetzt werde, wie die Gläubigen des Rhodesschen
Kap—Kairo-Projektes immer noch annehmen, hat nach so manchen
anderen verständigen Deutschen und Engländern kürzlich auch
der beste Kenner des Ostsudan, der im englisch-ägyptischen
Generalstab stehende Slatin Pascha, als eine Torheit zurück-
gewiesen. Er sagt: „Eine Bahnfortsetzung von Chartum nach
Süden wäre nur eine Geldverschwendung. Ohne immensen Kapital-
aufwand wäre eine Bahn von Chartum nach Uganda nicht auszuführen, und während der Regenzeiten würden unter allen Umständen so viele Unterbrechungen eintreten, daß eine Bahn tatsächlich unbrauchbar wäre."

Sind es also zunächst politisch-militärische Gründe, welche
die Engländer diese zusammen 1254 km (Ende 1900) langen Sudanbahnen bauen ließen, so wird sich doch natürlich der Handel
ihrer bedienen, soweit er es nicht billiger und der Preisbestim-
mung seiner Waren vorteilhafter findet, die Kataraktenstrecken
des Nil auf den alten Wegen zu umgehen und im übrigen die
schiffbaren Stromteile zu benutzen. Für den Transport der meisten
Sudanprodukte nach Ägypten wird das immer noch ein wesentlich
billigeres Verfahren sein als die Beförderung auf der von Chartum (Halfijeh) nach Wadi Halfa 930 km langen Eisenbahn, geschweige denn auf der ganzen, mehr als noch einmal so langen
Bahn von Chartum nach Kairo, wenn die ganze Linie einmal ausgebaut sein, also die jetzt noch bahnlose Strecke von Wadi Halfa
nach Assuan einen Schienenweg erhalten haben wird. Jetzt wird

der Verkehr zwischen diesen beiden Plätzen durch Nildampfer besorgt, welche Anschluſs an die Postzüge der beiden Bahnlinien haben.

Der Bau der ägyptischen Sudanbahn begann 1896 mit dem Vormarsch des englischen Heeres, als die Niederlage der Italiener durch die Abessinier bei Adua ihre bedenklichen Folgen auch im Niltal fühlbar machte. Jetzt endlich raffte sich England zur Wiedereroberung des seit 1884 dem Mahdismus preisgegebenen Sudan auf, und daſs das schwere Werk in drei Kampagnen gelang, ist mit in erster Linie dem schnellen Bau der Eisenbahn zu verdanken. Im Sommer 1898 eroberte Kitchener Omdurman-Chartum, und die Bahn folgte dicht darauf, da die Armee gänzlich auf sie angewiesen war. Die Bahn ist unter Leitung der englischen und indischen Ingenieurtruppen und gröſstenteils von ihnen gebaut. Sie ist eingeleisig und hat die Kapspurweite von $3^{1}/_{2}$ Fuſs (1,067 m), während die ägyptischen Staatsbahnen die Normalspur (1,435 m) haben. Die Bahnausführung erfolgte mit der denkbar gröſsten Geschwindigkeit, obwohl in den Wüstenstrichen bisweilen viele Kilometer eben vollendeten Schienenweges durch Sandstürme vernichtet wurden, und obwohl auf der Strecke zwischen dem Atbara und Chartum die schweren Regenfälle dieser Zone den Bahnkörper oft weithin zerstörten. Letzteres geschieht auch jetzt noch in der Regenzeit.

Im Januar 1900 konnte bereits die ganze Linie Wadi Halfa—Chartum dem öffentlichen Verkehr übergeben werden, so daſs auf die Summe von 930 km eine Bauzeit von $3^{1}/_{2}$ Jahren oder 220 km jährlich entfällt. Das ist eine im tropischen Afrika unerhörte Baugeschwindigkeit, die sich hier nur aus dem Zwang des Krieges und aus der äuſsersten Vegetationsarmut des Steppen- und Wüstenbodens erklären läſst. Die Bahn hat verhältnismäſsig sehr wenige Kunstbauten; der bedeutendste ist die 400 m lange Eisenbrücke über den Atbara, ein amerikanisches Werk. Amerikanischer Herkunft sind auch die Mehrzahl der Lokomotiven und Wagen. Die Kosten des Bahnbaues sind leider unbekannt, da sie in den Kriegskosten mitverrechnet worden sind; jedenfalls sind sie ganz auſserordentlich hoch.

Zwischen Kairo und Assuan läuft täglich ein Expreſszug in jeder Richtung, 880 km in 22 Stunden, von Assuan nach Wadi Halfa (360 km) fahren die Nildampfer $2^{1}/_{2}$ Tage, und von Wadi Halfa nach Chartum (Halfijeh) braucht der Expreſs, der im Winter zweimal, im Sommer einmal wöchentlich in jeder Richtung fährt, 26 Stunden für 930 km.

Die Bahn wird voraussichtlich stets Zuschüsse brauchen. Aber wenn sie sich auch nicht selbst bezahlt macht, was gewiſs niemand erwartet hat, ist sie doch mittelbar eine höchst produktive Anlage, da sie den Engländern die Herrschaft im östlichen Sudan sichert.

2. Französisch-Somaliland und Abessinien.

Auf der Ostseite des afrikanischen Festlandes hatten in der einzigen französischen Kolonie, Côte des Somalis, die Franzosen die Konzession zum Bau einer Bahn vom Hafen Djibuti nach der abessinischen Grenze an eine Kompanie erteilt, welche 1894 durch Vermittlung des abessinischen Staatsministers Ilg, eines Schweizers, vom Kaiser Menelik das Monopol des Bahnbaues im südlichen Abessinien, besonders von Adis Harar nach der Landeshauptstadt Adis Abeba und eventuell weiter nach dem Nil, erhalten hat. Die Linie Djibuti—Adis Harar—Adis Abeba wird den Hauptverkehr des aussichtsreichen Abessinien nach dem französischen Hafen ableiten, den Einfluſs, den England von allen Seiten auf Abessinien anstrebt, lahmlegen helfen und die wirtschaftliche Erschlieſsung Äthiopiens, der Gallaländer und der Kaffa-Hochebene vollenden.

Die Gesellschaft „Compagnie impériale des chemins de fer éthiopiens", die 1896 mit einem Kapital von 18 Mill. Frank gegründet ward, war 1897 energisch ans Werk gegangen und hatte durch andere Unternehmer Ende 1900 die Schienen bereits bis an die abessinische Grenze gelegt. Im Mai 1901 wurden die ersten 157 km (bis Las Harat) dem Betrieb übergeben, im Dezember 1901 die Strecke bis Adagalla, 201 km, befahren. Am 1. August 1902 wurden die Güter per Bahn bereits bis Mello (247 km) befördert, und vor Ende 1902 wird die 296 km lange Linie Djibuti—Adis Harar (Neu-Harar am Ahmarberg) eröffnet werden. Darauf wird man sich sofort an den Bau der zweiten, ca. 450 km langen Linie Adis Harar—Adis Abeba (mit 80 km langer Zweigbahn von Adis Harar nach Harar) machen, und von dort gedenkt man eine Linie über Gondar nach dem Sudan, eine andere nach Kaffa zu führen.

Die Linie Djibuti—Adis Harar ist eingeleisig, mit 1 m Spurweite. Die 10 m langen Schienen sind aus Stahl und wiegen 20 kg pro Meter. Die 27 kg schweren Schwellen sind ebenfalls stählern. Die nötigen Arbeiter hat man an Ort und Stelle anwerben können, während für die Spezialarbeiten Italiener und Griechen verwandt werden. Die Hauptunternehmer führen die Arbeiten nicht direkt aus, sondern vergeben sie in Teilstrecken von einigen Kilometern an Akkordunternehmer (meist Italiener und Griechen, selten Franzosen), denen sie die nötigen Werkzeuge und Maschinen liefern. Kunstbauten sind zahlreich. Die Fracht beträgt bei Bergfahrt 25 Rupies für die „Kamellast" von 250 kg, also 100 Rupies pro Tonne, bei Talfahrt 14 Rupies für die „Kamellast". Den Waren, welche über das französische Gebiet eingeführt werden, gewährt die Bahn besondere Vergünstigungen, was natürlich den über das englische Zeilah gehenden Handel stark beeinträchtigt. 1901 sind bereits 3378 Tonnen zahlender Güter und 3481 Reisende auf der Bahn befördert worden.

Ehe der Bahnbau aber so weit gedieh, wie er heute ist, hatte er schwere Hindernisse zu überwinden. 1901 geriet die Kompanie in finanzielle Schwierigkeiten — sie hatte die Kosten, wie immer, unterschätzt — und fand nur bei e n g l i s c h e n Gesellschaften Unterstützung, die unter der Bedingung Kapital gaben, dafs sie Sitz und Stimme im Verwaltungsrat bekämen, und dafs der Djibuti benachbarte englische Hafenplatz Zeilah an die Hauptlinie angeschlossen würde. Bald war von den 28 000 Aktien der französischen Bahngesellschaft fast die Hälfte in englischem Besitz. Es lag auf der Hand, wo England hinauswollte. Gewann England das Übergewicht in der Bahngesellschaft, so verlegte es den Schwerpunkt des Unternehmens und des Verkehrs nach dem englischen Zeilah und stellte Djibuti und die ganze französische Kolonie kalt. Im Norden, im Westen und Süden hat England bereits Abessinien umklammert. Bekam England auch noch die Harar-Bahn in seine Hand, so beherrschte es auch die wichtigste ö s t l i c h e Ausgangspforte des Negusreiches, das aufser Deutsch-Ostafrika allein noch der Verwirklichung eines grofsen englisch ostafrikanischen Imperiums ein mächtiges Hindernis entgegenstellt.

Diesmal aber griff der französische Kolonialminister ein. Er legte im Februar 1902 der Kammer einen Gesetzentwurf vor, wodurch der Bahngesellschaft eine jährliche S u b v e n t i o n von 500 000 Frank auf 50 Jahre bewilligt werden sollte, und wirklich haben Kammer und Senat bereits im April 1902 diese Subvention bewilligt. Auf Grund dieser Garantie nahm nun die Gesellschaft zunächst eine Anleihe von 12 Mill. Frank auf, wovon 3 Mill. Frank zur Rückzahlung der von dem englischen Konsortium aufgenommenen Kapitalien verwandt werden, während mit den übrigen

9 Mill. Frank der Bahnbau fortgesetzt wird. Damit ist der englische Plan, sich die Linie und mit ihr den beherrschenden Einfluſs
auf Abessinien zu sichern, gescheitert. Das englische Zeilah, das
bis vor kurzem den weitaus gröſsten Teil des abessinischen Handels
vermittelte, hat einen sehr beträchtlichen Rückgang erfahren. Von
375 900 £ 1898/1899 ist der Export auf 293 700 £ 1900/1901 gesunken, der Gesamthandel im gleichen Zeitraum von 748 400 £
auf 661 200 £. (Journal of the Chamber of Commerce, London 1902).

Man rüstet sich aber in englischen Unternehmerkreisen, dem
abessinischen Gebiet von dem weiter südöstlich als Zeilah in
Britisch-Somaliland gelegenen Hafenplatz B e r b e r a aus durch eine
Bahnlinie beizukommen. Kurz nach dem Friedensschluſs in Pretoria,
der England wieder für andere als südafrikanische Aufgaben frei-
gab, hat sich ein Syndikat gebildet, das den Bau einer von
Berbera bis in die Nähe Harars führenden, ca. 350 km langen
Schmalspurbahn ins Auge gefaſst hat, das nötige Kapital auf
750 000 £ (15 000 000 Mark) veranschlagt — wohl nur die eigent-
lichen Baukosten, denn für das Ganze wären 41 000 Mark pro
Kilometer viel zu wenig — und von der britischen Regierung eine
3 %ige Garantie verlangt hat. Die Regierung ist dem Projekt
geneigt, bekommt doch dadurch die Kolonie Britisch-Somaliland
eine nicht nur den Grenzstreifen (wie beim Projekt Zeilah—Harar)
durchschneidende, sondern das halbe Kolonialgebiet durchziehende
Bahnlinie. Mit Bezug auf Abessinien wird sie freilich der viel
kürzeren französischen Linie Djibuti—Harar kaum Konkurrenz
machen können. Der im Sommer 1902 gemachte Versuch der
Engländer, den Negus Menelik gegen die Franzosen und ihre
Bahn aufzuhetzen, ist miſslungen, nachdem Ruſsland mit drohen-
dem Ton die Solidarität der französischen und russischen Interessen auch in Abessinien verkündete.

Wie wichtig die Linie Djibuti—Harar für den Verkehr werden
muſs, erhellt schon daraus, daſs in der halbjährigen Handelssaison
von Oktober 1899 bis April 1900 die Einfuhr nach Abessinien über
Harar sich auf ca. 16 Mill. Frank belief, während der Wert der
Ausfuhr Abessiniens über Harar ca. 11½ Mill. Frank betrug,
darunter allein Gold für ca. 2 300 000 Frank und Kaffee für fast
4 Mill. Frank. Fügt man zu den natürlichen Reichtümern des
Landes die geographisch und klimatisch auſserordentlich mannig-
faltige Gestaltung des Gebietes, die für afrikanische Verhältnisse
ziemlich dichte Bevölkerung von etwa 4 Millionen auf 540 000 qkm,
die hoch über den Negerkulturen stehende Zivilisation, die staat-

liche Festigung, die geordnete Verwaltung etc., so kann man sich
kaum günstigere Vorbedingungen für eine Eisenbahn in den afrikanischen Tropen denken als dort.

3. Eritrea.

In der italienischen Kolonie E r i t r e a gab es bisher nur die
26,9 km lange 1 m-Schmalspurbahn von M a s s a u a ü b e r M o n k u l l u
n a c h S a a t i; abgesehen von der ganz bedeutungslosen kleinen
Küstenstrecke Abdelkader—Arkiko. Saati liegt 145 m hoch auf
einer Vorstufe des abessinischen Hochlandes und vermittelt den
Verkehr von Massaua hinauf zu dem den Italienern gehörenden
Randgebiet Hoch-Abessiniens, wo das 2330 m hoch gelegene Asmara
jetzt Regierungssitz der Kolonie Eritrea ist. Von dort geht die
Hauptverkehrsstraße über die italienische Grenze nach Adua ins
abessinische Gebiet, was dieser Route neben ihrer großen Handels-
wichtigkeit auch eine hohe politische Bedeutung gibt. Es ist darum
natürlich, daß die Italiener, nachdem sie sich von den Schicksals-
schlägen des Jahres 1896 erholt hatten, und nachdem sie gesehen,
wie energisch die Franzosen von Djibuti aus mit ihrem Bahnbau
dem südlichen Abessinien zu Leibe gingen, sich zur Fortsetzung
der Bahnlinie Massaua—Saati nach dem abessinischen Hochland
hinauf entschlossen.

Unter Leitung des Ingenieurs Gregolatti ist der neue Plan
auf Kosten der Kolonie ausgearbeitet und die Bahn bereits
8 km weit von Saati bis Mai Atal verlängert worden. Von dort
will man den Bau in drei Teilstrecken b i s A s m a r a ausführen:
1) Mai Atal — Ghinda 35 km, 2) Ghinda — Nefasit 35 km, 3) Nefasit—
Asmara 45 km; im ganzen also 115 km resp. von Massaua 150 km.
Die Baukosten sind auf 25 Mill. Lire, also auf rund 217 000 Lire pro
Kilometer veranschlagt, was in Anbetracht der großen technischen
Schwierigkeiten keineswegs zu hoch bemessen erscheint; hat doch
die Bahn von Saati bis nach Asmara auf 47 km Entfernung in
Luftlinie rund 2200 m Höhenunterschied zu überwinden, wodurch
sich die Bahnlinie als echte Gebirgsbahn in zahlreichen Serpen-
tinen auf 123 km in die Länge zieht. Die größte Steigung beträgt
30 : 1000, der kleinste Kurvenradius 80 m. Die Spurweite ist 1 m,
wie auf der Strecke Massaua—Saati. Daß der Bau, wie ausge-
macht, in drei Jahren vollendet sein wird, ist bei so schwierigen
Terrainverhältnissen höchst unwahrscheinlich. Eine spätere Weiter-

führung der Bahn von Asmara über Adi Ugri (italienisch) nach
Adua (abessinisch) ist bereits in Aussicht genommen.

Die Bahn wird den Italienern nicht nur die Ausnutzung des
küstennahen, aber 2000 m über der Küste gelegenen besten Teiles
ihrer Kolonie, wo ein kühles Klima viele Vorteile gewährt, ermöglichen, sondern auch den Verkehr zu und aus der ganzen Nord-
hälfte des abessinischen Reiches über Massaua leiten, in analoger
Weise, wie die Südhälfte Abessiniens über die französische Bahn
nach Djibuti ausmündet. Kaiser Menelik läfst dem italienischen
Bahnbau alle Förderung angedeihen, weil ihn diese Linie unabhängig von dem drohenden Monopol der Franzosen macht, wie er
auch die Fortsetzung der Telegraphenlinie von Asmara (das schon
seit einem Jahrzehnt mit Massaua in Verbindung steht) über Adua,
Makalle nach seiner Residenz Adis Abeba, die in diesem Sommer
fertig werden soll, in jeder Weise begünstigt hat, um von dem
Monopol der französischen Leitung Adis Abeba—Obok freizu-
werden.

Die Aussichten für die Rentabilität dieser italienischen Schmalspurbahn wie für den Nutzen, den sie der Kolonie Eritrea bringen
kann, sind also günstig. Die Kolonie ist aber auch eines solchen
Belebungsmittels recht bedürftig, denn die Entwicklung stagnierte
seit den politischen Umwälzungen der neunziger Jahre und beginnt
sich erst seit 1900 wieder beträchtlich zu heben, namentlich in
der Ausfuhr. 1899 betrug die Handelseinfuhr nach Massaua
9 071 391 Lire, die Ausfuhr 1 628 154 Lire; 1900 die Einfuhr
9 376 543 Lire, die Ausfuhr 2 745 470 Lire.

VIII. Die Eisenbahnen der ostafrikanischen Inseln.

1. Madagaskar.

Für die Rieseninsel Madagaskar tauchten Bahnpläne gleich nach der französischen Eroberung auf, und zwar dachte man in erster Linie an die Verbindung des die Hauptstadt Antananarivo tragenden zentralen (ca. 1400 m) Hochlandes mit der Küste. Als Ausgangspunkt der Bahn an der Küste kam vor allem Tamatave in Betracht, weil es einen guten Hafen hat und die Bahn dahin die klimatisch und kulturell begünstigte Ostseite der Insel durchschneidet. Erst wollte man eine Bahngesellschaft mit Land- und Minenkonzessionen bilden, aber die Verhandlungen zerschlugen sich. Auch aus der Schaffung einer Gesellschaft mit Zinsgarantie wurde nichts, aber es kam 1897 zur Bildung einer Kompanie, die sich nach den Vermessungen des Kommandanten Roques bereit erklärte, den Bau der 396 km langen Linie Tamatave—Aniverano—Antananarivo in Teilstrecken auszuführen, wenn der Staat und die Kolonie zusammen 2 800 000 Frank jährliche Transporte für 15 Jahre garantierten und der Kompanie 100 000 ha Land nach freier Wahl überliefsen. Im April 1900 hat das französische Parlament die Vorlage, nach welcher der Bahnbau 60 Mill. Frank kosten soll, angenommen und noch einige Konzessionen gemacht.

Unter dem energischen Betreiben des Generalgouverneurs Gallieni wurde bereits die 290 km lange Strecke von Aniverano, dem Schiffahrtsende des Wohitraflusses im Unterland, nach Antananarivo in Angriff genommen. Die Bahn ist eingeleisig, mit 1 m Spurweite und wird zwölf Tunnel, eine grofse und zahlreiche kleine Brücken haben; die Kosten werden auf 47$^{1}/_{2}$ Mill. Frank geschätzt.

Zunächst baut man die Teilstrecke von Aniverano nach dem halbwegs bis Antananarivo gelegenen Flufstal des Mangoro, wofür
ca. 27 Mill. Frank veranschlagt sind. Die Arbeiten begannen Anfang März 1901 und werden in kleinen Abteilen an verschiedene
Unternehmer vergeben; zeitweise sind 6000 Arbeiter beim Bau und
in den Werkstätten tätig. Dann will man vom Mongorotal einerseits hinauf nach der Hauptstadt Antananarivo und anderseits von
Aniverano nach dem nächsten Hafenplatz, A n d e v o r a n t e (106 km),
und nach dem ferneren Tamatave die Linie ausbauen.

Da die Bahn in zwei durch das Mangorotal getrennten Gebirgs-
stufen von 900 und 1400 m das zentrale Hochplateau zu gewinnen
hat, sind die technischen Schwierigkeiten nicht gering. Der Kostenanschlag von 60 Mill. Frank für 396 km, also von 151 500 Frank
pro Baukilometer, und von 170 000 Frank pro Kilometer inclu-
sive rollendes Material, ist deshalb keinesfalls zu hoch; mit den
Tunneln und Brücken dürfte er sogar noch wesentlich überschritten
werden. M. Duportal berechnet, dafs der Bahnbau weit mehr als
95 Mill. Frank kosten werde, und bedauert, dafs man nicht mit
dem oben erwähnten leistungsfähigen Konsortium abgeschlossen
hat, das sich verpflichtet hatte, die Bahn in vier Jahren für
90—95 Mill. Frank zu bauen. Aber das Unternehmen erscheint
trotzdem nicht aussichtslos, weil der von der Bahn durchzogene
Ostabfall der Insel reiche und regelmäfsige Niederschläge hat, die
einen intensiven Bodenbau begünstigen, so dafs die Bahn nicht
blofs auf Transitverkehr von der Küste zur Hauptstadt und umgekehrt angewiesen sein wird, sondern einen reichlichen Zwischenverkehr auf der ganzen Linie erwarten kann.

Hand in Hand mit der Verkehrserleichterung der Bahn gehen
die Bemühungen des Generalgouverneurs Gallieni, die Bodenkulturen
der Eingeborenen zu heben und zu erweitern, um die Ausfuhr
des Landes zu vermehren. Trotz der enormen Ausgaben, die
Frankreich an das Land gewandt hat, ist die Kaufkraft der Eingeborenen jahrelang nicht gestiegen. Erst das Jahr 1900 zeigt
eine beträchtliche Zunahme der Ausfuhr: 10 624 000 Frank gegen
7 955 000 Frank 1899. Dabei ist auch die französische Einfuhr von
25 Mill. Frank 1899 auf 35 Mill. Frank 1900 (Gesamteinfuhr
40 470 000 Frank) gestiegen, wovon freilich ein grofser Teil auf das
Bahnmaterial entfallen mag. 1901 ist aber die Ausfuhr um volle
1 650 000 Frank zurückgegangen (8 975 000 Frank gegen 10 624 000
Frank im Jahre 1900), woran vor allem Kautschuk mit einem
Minus von 1 164 000 Frank beteiligt ist; die Einfuhr hingegen hat

die bedeutende Zunahme von 5 562 000 Frank (46 033 000 Frank
gegen 40 471 000 Frank im Jahre 1900) aufzuweisen, was namentlich den Baumwollstoffen und dem Reis zu danken ist. Die
zu befördernde Gewichtsmenge des Gesamthandels 1901 betrug
110 000 Tonnen.

Gallieni ist, wie seine Mafsnahmen erkennen lassen, auf dem
richtigen Weg zur wirtschaftlichen Hebung der Insel. Dazu wird
die nur 396 km lange und deshalb voraussichtlich mit mäfsigen
Tarifen arbeitende Bahn wesentlich mithelfen, wie sie daraus selbst
erheblichen Nutzen ziehen wird.

2. Réunion.

Die Bahn der Insel R é u n i o n ist nur eine Küstenbahn. Da
die Insel eigentlich nur ein ungeheurer, über 3000 m hoher, alter
Vulkan mit zahlreichen Nebenaufschüttungen ist, von denen aus
zahllose, wasserreiche Schluchten und Kesseltäler radial zur Küste
hinlaufen, und da alle gröfseren Ortschaften an der Küste liegen,
so hatte hier eine Bahn die nächste Aufgabe, die Küstenplätze
miteinander zu verbinden und ihre wie die aus dem gebirgigen
Hinterland kommenden Produkte dem Haupthafenplatz S t. D e n i s
zuzuführen. Eine solche die Insel umkreisende Küstenbahn mufste
aber der Natur des Landes nach auf grofse Schwierigkeiten bei
den vom zentralen Gebirge ins Meer laufenden Bachschluchten und
Berggraten stofsen. Die Bahn hat demzufolge eine grofse Anzahl
von eisernen Brücken und einen Tunnel durch Basaltfelsen von
nicht weniger als 10$^1/_2$ km Länge. Kein Wunder, dafs die Baukosten enorm sind. Der Bahnbau wurde von der Kolonieregierung
einer Konzessionsgesellschaft übertragen, die dafür 34 Mill. Frank
aufbrachte. Der Staat garantierte eine Jahreseinnahme von
1 925 000 Frank.

Der Bau begann 1878 auf der Strecke St. P i e r r e — St. D e n i s
um die Westhälfte der Insel; Spurweite 1 m. Im Juli 1882 ward
diese 125 km lange Linie in Betrieb gesetzt, 1898 arbeitete sie mit
16 Lokomotiven und 350 Wagen und verursachte 484 000 Frank
Betriebskosten. Die Einnahmen aus dem Betrieb einschliefslich der
damit zusammenhängenden Hafensporteln von St. Denis und der
von der französischen Regierung und der Kolonie gewährten Subventionen beliefen sich 1897 auf 5 670 000 Frank, so dafs bei der
Ausgabe von 4 425 000 Frank noch ein Überschufs von 1 245 000 Frank
blieb. Auch 1898 ergab sich ein Gewinn von 9140 Frank pro

Kilometer. Aber schon mehrere Jahre vorher hatte der Staat den Betrieb der Bahn und des Hafens in eigene Regie genommen. Jetzt steuert Frankreich für die Bahn und den St. Denis-Hafen eine Subvention von 2292000 Frank bei.

Von St. Denis hat man dann die Bahn weiter nach der Ostküste bei St. Benoît gebaut und im Süden von St. Pierre nach St. Philippe traciert, so dafs nur die jungvulkanische, sterile Südostseite der Insel ohne Bahn bleibt. Die ganze Linie St. Philippe— St. Benoît ist 156 km lang. Von den ganz französischen Verhältnissen der Insel, der musterhaften Ordnung, dem eifrigen, namentlich auf Kaffee, Zucker, Reis, Vanille gerichteten Plantagenbau der Bevölkerung (87 pro qkm), die es 1898 auf über 15 Mill. Frank Ausfuhr und ebensoviel Einfuhr gebracht hatte, kann die Bahn nur Gutes erwarten; und wesentlich dem leichteren Bahnverkehr ist es zuzuschreiben, dafs 1900 die Einfuhr bereits auf 22 Mill., die Ausfuhr auf 17$\frac{1}{2}$ Mill. Frank, 1901 die Einfuhr auf 23,8 Mill., die Ausfuhr auf 18,2 Mill. Frank gestiegen war.

Die Bahn ist keine Erschliefsungsbahn, sondern eine Ausbeutungsbahn, die es von vornherein mit sicheren Werten zu tun hatte.

3. Mauritius.

Die 1810 aus französischem in englischen Besitz übergegangene Insel Mauritius ist wie die französische Nachbarinsel Réunion eine vulkanische Erhebung, die im Südwesten der Insel eine Höhe von 826 m erreicht. In der Mitte der Insel flacht sich das Bergland zu einer Hochebene aus, wo das Städtchen Curepipe in frischer Höhenluft den Pflanzern des Unterlandes während der heifsen Monate als Erholungsaufenthalt dient. Hauptstadt ist der an der Nordwestküste gelegene vortreffliche Hafen Port Louis mit 70000 Einwohnern.

Das tropisch heifse Unterland ist vermöge seines fruchtbaren vulkanischen Bodens und seiner ziemlich guten Bewässerung ein riesiges Kulturland für Plantagenbau, der von der zahlreichen Bevölkerung (198 pro qkm), meist Kreolen französischer Blutmischung, in grofser Ausdehnung betrieben wird. Als eigentliche Plantagenarbeiter überwiegen indische Kulis über Chinesen. Die weit vorherrschende Kulturpflanze ist das Zuckerrohr. Eine Zeitlang im Niedergang, hat sich seit 1890 diese Kultur wieder bedeutend gehoben und nimmt jetzt zwei Drittel des ganzen Exporthandels der Insel ein. Daneben werden Kaffee, Tee, Zimt, Vanille, Baumwolle u. a.

gebaut und auf den sterileren Flächen viel Mauritiushanf, der auch nach Deutsch-Ostafrika überpflanzt worden ist und dort im Küstengebiet eine wichtige Rolle zu spielen verspricht. 1899 betrug die Einfuhr der Insel 2,87 Mill. £ Sterling, die Ausfuhr 2,51 Mill. £; 1900 war die Einfuhr auf 3,20 Mill. £, die Ausfuhr auf 3,19 Mill. £ gestiegen.

Unter diesen Umständen hat der Eisenbahnbau auf Mauritius ein gutes, wenn auch kleines Arbeitsfeld. Zwei Hauptlinien laufen quer durch die Insel und um die Nordseite, und zahlreiche kleine Seitenlinien zweigen nach den verschiedenen Pflanzungen ab. Die Mittelbahn geht von der Hauptstadt Port Louis an der Nordwestküste über die Höhenstation Curepipe nach Mahébourg an der Südostküste; von ihr zweigt eine Linie nach Souillac an der Südküste ab. Die zweite Linie verbindet Port Louis mit Grand River auf der Ostseite der Insel. Im ganzen waren 1902 167 km Eisenbahnen in Betrieb, deren Hauptlinien die Normalspur von $4^3/_4$ Fuß (1,435 m) haben. Die Einnahmen der Bahnen beliefen sich 1899 auf 183 465 Rupies, die Betriebskosten auf 125 413 Rupies; 1900 auf 212 267 Rupies und 138 508 Rupies.

Dem hohen Kulturstand der Insel gemäß sind die Bahnen auf Mauritius, wie die auf Réunion, vielbeschäftigte Plantagen- und Industriebahnen, keine Erschließungsbahnen wie auf Madagaskar und dem festländischen tropischen Afrika.

Schlufs.

Wir haben die Rundtour um und durch die afrikanischen
Tropen beendet und alle tropisch-afrikanischen Eisenbahnen, soweit
sie ausgeführt oder im Bau sind, einer kurzen Betrachtung auf
die Ursache ihrer Erbauung, auf die Art ihrer Ausführung, die
Länge ihrer Erstreckung, die Kosten ihres Baues und ihres Betriebes, die wirtschaftliche Wirkung ihres Bestehens unterzogen.
Auch die Projekte haben wir der grofsen Mehrzahl nach kritisch
geprüft.

Für die gebauten und im Bau befindlichen Bahnen ergeben sich
aus den obigen Untersuchungen folgende Haupteigenschaften.
Entweder sind es — und das ist die Mehrzahl — kurze Schienenwege, die höchstens 400 km weit ins Land eindringen, um bereits
vorhandene Güter auszubeuten oder Stichproben auf die Nutzbarmachung des Landes zu machen (z. B. Senegambien, Sierra Leone,
Elfenbeinküste, Goldküste, Lagos, Angola, Deutsch-Südwestafrika,
Usambara, Französisch-Somaliland, Eritrea, Madagaskar, Réunion,
Mauritius), oder, wenn länger, sind es zum einen Teil Zugangs-
oder Verbindungslinien von schiffbaren Strecken eines oder mehrerer
Ströme resp. Seen (z. B. Französisch-Sudan, Französisch-Guinea,
Dahome, Kongo), zum anderen Teil Bahnen, die aufser einem dieser
angeführten Baugründe vor allem politische, nicht innerhalb des
Bahnbereiches liegende Ziele haben resp. hatten (Beirabahn, Ugandabahn, ägyptische Sudanbahn). Nur zwei tropisch-afrikanische Bahnlinien sind länger als 900 km (Ugandabahn und ägyptische Sudanbahn); von den übrigen sind 25 % 400—700 km lang und 75 %
kürzer als 400 km. Nur eine von allen diesen Bahnen (Mauritius)
hat Vollspur, 25 % haben die Kapspur (1,067 m), 50 % die Meterspur und 25 % die 75 cm- und 60 cm-Spur.

Von den fertigen Bahnlinien hat nur eine (Deutsch-
Südwestafrika) weniger als 40 000 Mark pro Kilometer gekostet,

aber ihre Rechnungen sind noch nicht abgeschlossen; von den übrigen stellt sich die Hälfte auf einen Kilometerpreis von 60—100 000 Mark (durchschnittlich 85 000 Mark), ein Viertel auf 100—150 000 Mark und ein Viertel auf 150—275 000 Mark. Ein Rentieren des Bahnunternehmens selbst, d. h. ein Übersteigen der Einnahmen über die Ausgaben (inklusive Verzinsung) hat, abgesehen von den kleinen Mauritiuslinien, nur die Kongobahn, und diese nur vermöge der Raubwirtschaft im Kongostaat, aufzuweisen, aber eine Vermehrung der Landesproduktion und des Exportes von Arbeitserzeugnissen der Eingeborenen (nicht bloſs Sammelgütern, wie Elfenbein und Kautschuk) zeigt sich seit Eröffnung von Bahnbetrieben fast in allen tropisch-afrikanischen Kolonien, deren Bahnlinien nicht länger als 500 km sind, also in der grossen Mehrzahl. Auch für die übrigen, mit längeren Bahnlinien ausgestatteten Kolonien ist natürlich die indirekte Wirkung auf die Landesentwicklung durch die in hohem Grad vermehrte Schnelligkeit, Bequemlichkeit und Sicherheit des Verkehrs und durch die in produktive Arbeit sich umsetzende Zeitersparnis von groſser Bedeutung, aber für die Rentabilität dieser Bahnen als eines „Geschäftes" erwächst daraus zunächst kein Vorteil.

Wo den Bahnen nicht durch eine rücksichtslose Monopolübung wie im Kongostaat grosse Frachtmengen zugeführt werden, da sind den tropisch-afrikanischen Eisenbahnen vermöge der hohen Bau-, Unterhaltungs- und Betriebskosten die Grenzen für die Transportmöglichkeit einheimischer, einen lohnenden Bahnbetrieb ermöglichender Massenprodukte ziemlich eng gezogen. Wählen wir als Beispiel die für den europäischen Markt mit am meisten in Betracht kommenden Massenprodukte, wie Erdnüsse, Palmkerne und Sesam, also Ölfrüchte. Diese haben in Hamburg einen Marktwert von 240—280 Mark pro Tonne; nehmen wir den Durchschnitt von 260 Mark an. Nun kostet eine Tonne Palmkerne beim eingeborenen Händler am Erzeugungsort ca. 150 Mark; kommt dazu eine Bahnfracht von 500 km à 10 Pfennig pro Tonne — ein Minimalsatz, den einzig die Senegalbahnen und die Ugandabahn probeweise noch ermäſsigt haben, während er bei allen anderen höher ist —, so erhöht sich der Preis um 50 Mark, und um weitere 30—40 Mark durch die Dampferfracht, stellt also die Kosten in toto auf 230—240 Mark. Rechnet man dazu die Spesen für Umladen, Lagern, Versicherung, Zoll, Zinsen und andere Ausgaben, so ergeben sich Gesamtkosten von mindestens 280 Mark für die Tonne, die nur 260 Mark Marktwert hat; und dabei hat der Hamburger Kaufmann noch keinen Pfennig Gewinn daraufgeschlagen! Die verhältnismäſsig geringwertigen Massen-

produkte dieser und verwandter Art, die doch allein einer Bahn
ausreichende Beschäftigung geben können, vermögen eben die
Frachtentarife, die auf den tropisch-afrikanischen Bahnen aus den
angeführten Gründen immer hoch sein werden, nur auf geringe
Entfernungen zu tragen, wenn sie auf dem Weltmarkt mit
billiger transportierten Produkten aus günstiger gelegenen und
billiger zugänglichen Produktionsgebieten konkurrieren wollen. In-
wieweit dieser Schwierigkeit durch Ermäſsigung des Einkaufspreises
solcher Eingebornenprodukte abgeholfen werden kann, werden wir
nachher kurz berühren. Die Eisenbahnfrage ist also auch hier in
letzter Linie nur eine Transportfrage, eine Tariffrage, die aber
hier mehr als anderswo gegen lange Transporte, gegen lange Bahnlinien entscheidet.

Man hat behauptet, 10 Pfennig pro Tonnenkilometer wäre der
Durchschnittstarif für Exportfrachten auf den tropisch-afrikanischen Bahnen. Das ist falsch. Weniger als 10 Pfennig
haben zwar zwei Bahnen für Massenexporte eingeführt: die Senegalbahn 8 Centimes und die Ugandabahn 5 $\frac{1}{2}$ Pfennig pro Tonnenkilometer. Erstere beschränkt diesen Mindesttarif aber auf Erdnüsse, und die Ugandabahn muſste einen so niedrigen Frachtsatz
zugestehen, weil sie sonst auf der 935 km langen Linie überhaupt keine billigen Massenprodukte aus Uganda und den Um-
ländern exportieren kann; mit 5 $\frac{1}{2}$ Pfennig Mindestsatz kostet die
Fracht immer noch 51,42 Mark pro Tonne. Die groſse Mehrzahl
der anderen Bahnen berechnet mehr als 10 Pfennig pro Tonnenkilometer bis 100 km Entfernung, und nur einige ermäſsigen den
Tarif unter 10 Pfennig bei gröſseren Entfernungen als 100 km.
Auf den Bahnen der deutschen Kolonien ist das Tarifminimum
sogar 20 Pfennig in Südwestafrika und 43 Pfennig in Ostafrika
(Usambarabahn).

Erkärlicherweise klagen die in den Kolonien arbeitenden
Pflanzer und Kaufleute bitter über die Höhe der Tarife. Aber
die Bahnverwaltungen und Bahngesellschaften sind übel dran. Schon
bei den jetzigen hohen Tarifen bringen sie die Einnahmen nicht
mit den hohen Unterhaltungs- und Betriebskosten ins Gleichgewicht,
und das Risiko, durch Tarifermäſsigung den Verkehr zu beleben
und zu vergröſsern, wollen sie in diesen Neuländern, wo noch so
viele andere Bedingungen für die Zunahme der Produktion und des
Handels zu schaffen und auszubilden sind, nicht tragen. Eine
Tarifermäſsigung wird sich fast nur auf die Exportfrachten zu

erstrecken brauchen, während die Importwaren recht wohl hohe
Tarife aushalten können.

Natürlich haben die Bahnen im Gegensatz zur Kolonie und
deren Bewohnern Interesse daran, daſs die Tarife möglichst l a n g e
auf einem hohen Niveau bleiben. Daher suchen sich die Bahngesellschaften in den Konzessionsverträgen möglichst lange Termine
für ihre hoch angesetzten Tarife zu sichern. Dafür ist der Kon-
zessionsentwurf der Bahn Dar es Salam—Mrogoro ein charak-
teristisches Beispiel. In § 3, Betriebsbestimmung 4, wird die
Festsetzung der Fahr- und Frachtpreise auf zehn Jahre der Konzessionsgesellschaft überlassen. In der Folgezeit soll der Reichskanzler wiederum von zehn zu zehn Jahren die Höchstsätze bestimmen dürfen, aber nie unter die Höchstsätze der meisten übrigen
Bahnen des tropischen Afrika heruntergehen dürfen. Das ist eine
bedenkliche Festlegung der Regierung auf einen Maximaltarif, und
die Dauer von zehn Jahren ist viel zu lang in unserer Zeit schneller
Veränderungen der Verkehrsgrundlagen und -entwicklung, namentlich in Neuländern. Drei Jahre erscheinen mir hierfür vollauf
genug. Die Regierung darf sich des Rechtes, in diesen öffentlichen
Angelegenheiten mitzureden, nicht so lange begeben; sonst könnte
eine von der Bahngesellschaft ausgeübte verkehrte Tarifpolitik
zum gröſsten Schaden der Kolonie ausschlagen.

Suchen wir nun aus diesen Beschränkungen praktische Gesichtspunkte für das Unternehmen von Bahnbauten im tropischen
Afrika, insbesondere in unseren dortigen Schutzgebieten, zu gewinnen, so haben wir z u e r s t der Frage nachzugehen: W o s o l l e n
i n T r o p i s c h - A f r i k a E i s e n b a h n e n g e b a u t w e r d e n? Die
Antwort muſs lauten:

1. Wo so groſse politische und strategische Interessen ins
Gewicht fallen, daſs die Kosten eines Bahnbaues gar nicht berück-
sichtigt werden dürfen; dabei können aber wirtschaftliche Gründe
sehr wohl mitsprechen (z. B. Ugandabahn, ägyptische Sudanbahn,
auch die Bahn in Deutsch-Südwestafrika nach ihrem ersten Anlaſs).

2. Wo Hindernisse in schiffbaren Wasserstraſsen umgangen
werden sollen (z. B. die Bahnen des französischen Sudan, am
Ober-Kongo, Schire, die Dongolabahn), oder wo vom Meer aus nicht
direkt zugängliche Wasserstraſsen zugänglich gemacht werden
sollen (z. B. die Bahnen in Französisch-Guinea, Dahome, Lagos,
Unter-Kongo, die deutsch-ostafrikanische Südbahn).

3. Wo man weiſs, was im Lande Wertvolles vorhanden ist,
und daſs sich damit eine Bahn bezahlt machen wird; also Aus-

beutungsbahnen nach ertragreichen Plantagengebieten, Goldfeldern, zivilisierten Kulturländern etc. (z. B. die Bahnen in der Goldküste-kolonie, am Kamerungebirge, nach den Otaviminen Südwestafrikas, die französische Abessinienbahn).

4. Wo Bahnen aufser Lokalverkehr im Lande einen vorhandenen lebhaften Transitverkehr bedeutender Handelswege übernehmen werden (z. B. die projektierte deutsche und die portugiesisch-englische Bahn zum Nyassasee).

5. Wo man erwarten kann, durch Bahnbauten die noch schlummernden Kräfte des Landes in solchem Maſse anzuregen und zur Entfaltung zu bringen, daſs die Bahn dabei auf ihre Kosten kommt; also Erschlieſsungsbahnen, die mit kurzen Stichbahnen an-zufangen haben und sich allmählich ausdehnen können bis an die Grenzen ihrer Rentabilitätsmöglichkeit (z. B. die Bahnen in Sierra Leone, Elfenbeinküste, Togo, Angola, die Victoria—Mundame-Bahn in Kamerun, die Beirabahn, die Ukamibahn, die Usambarabahn); letztere Kategorie ist naturgemäſs die häufigste.

Mit Ausnahme der unter 1. genannten, vorwiegend politischen Bahnen haben alle die aufgezählten Bahnen ziemlich enggezogene Ausdehnungsgrenzen, jenseits deren sie wegen der aus den mehr-fach genannten Gründen notwendigerweise hohen Tarife keine aus-reichenden Frachten mehr erhalten können. Nur bei einer Raub-wirtschaft, wie sie im Kongostaat herrscht, sind einer Bahn die Ausdehnungsgrenzen beträchtlich weiter gesteckt als den übrigen.

Die zweite wichtige Frage lautet: **Wie soll gebaut werden?** Antwort: Sehr solide, aber möglichst klein, weil der Verkehr ge-ring, der Boden und das Klima dem Bahnbau feindlich, die Arbeiter schlecht und teuer, die Bau- und Betriebskosten sehr hoch sind. Vollspur wäre Luxus und schädlich, weil es sich nie um europäische Verkehrsmengen handeln kann. Die Bahnen in Algier und Unter-ägypten sind (aufser den Industrie- und Plantagenbahnen in Mauritius) die einzigen afrikanischen mit Voll- oder Normalspur (1,435 m), aber diese sind aufsertropisch, und auch für sie ist diese Spurweite sehr überflüssig grofs. Besser mit einem Minimum von Spurweite anfangen, das bei lebhafter Entwicklung des Landes und Verkehres vergröfsert werden kann, als von vornherein einen zu grofsen Apparat ins Werk setzen, der niemals ausgenutzt werden kann.

Von der Normalspur ist man bei den späteren Bahnbauten auf die Meterspur (oder sogenannte Kapspur von 1,067 m, was im englischen Maſs mit $3^{1}/_{2}'$ fast identisch ist) herabgegangen, von der Meterspur auf die Schmalspur von 0,75 m. Neuerdings redet man sogar der Schmalspur von 0,60 m auch für längere Bahnlinien das Wort (Lappàrent, Rendel, Mackay, Koppel u. a.), aber die von diesen Verfechtern angeführten Vorteile stehen alle den Eigenschaften der Meterspur und der Normalspur gegenüber, nicht der 0,75 m-Spur, auf welche die von jenen Technikern angegebenen Vorzugsgründe ebensogut passen wie auf die 0,60 m-Spur, und die doch beträchtlich stärker und ladefähiger ist als die 0,60 m-Spur. Man nennt die Dardschilingbahn im Himalaya als vornehmlichstes Beispiel für die Leistungsfähigkeit der 0,60 m-Spur in den Tropen. Ich bin auf dieser Bahn gefahren und war allerdings über die enorme Anschmiegung der Bahntrace an das schwierige Gebirgsterrain erstaunt. Die Bahn hat ganz den Charakter einer Dampftrambahn, läuft weithin auf der Chaussee selbst und ist mitunter so steil, dafs die Maschine nur zwei der kleinen Wagen gleichzeitig fortschleppen kann, was aber bei dem geringen Verkehr keine Störungen verursacht. Da das Klima im Gebirge kühl ist, ist der Betrieb zumeist in den Händen von Europäern, wie auch die ganze Bahn lediglich dem Verkehr mit der europäischen Gesundheitsstation Dardschiling dient.

Für das tropische Neger-Afrika mit seinen klimatischen Extremen und deren technischen Folgen wäre das 60 cm-System viel zu wenig widerstandsfähig, wären die Anlage- und Betriebskosten im Verhältnis zur Leistungsfähigkeit der Bahn viel zu hoch, weil gute Arbeiter, namentlich für den Oberbau, sehr schwer und teuer zu beschaffen sind, weil die Abnutzung des beweglichen Materiales und des Bahnkörpers enorm grofs ist, die Kohlen sehr hohe Preise haben u. s. w. Dem Umfang des Verkehres selbst würde wohl die 60 cm-Spur in den meisten Fällen genügen, aber auch wenn der Verkehr die Bahn voll ausfüllte, würden aus den angeführten Gründen die hohen Betriebskosten eine so schmalspurige Bahnanlage nicht zum Rentieren kommen lassen. Die deutsch-südwestafrikanische Bahn, welche die 0,60 m-Spur hat, ist, wie wiederholt betont, nach Klima, Bodenbeschaffenheit, Bevölkerung, Wirtschaftsformen des Landes keine tropisch-afrikanische Bahn im Sinn der übrigen, aber auch sie wird sich wegen ihrer Kleinheit und Kostspieligkeit nie rentieren, selbst wenn sie voll beschäftigt sein wird. Die 60 cm-Spurbahn am Kamerunberg ist nur eine kleine Pflanzerbahn, und sonst gibt es im tropischen Afrika keine so kleinspurige Bahn, nachdem die Beirabahn vergröfsert worden ist.

Als das Minimum von Spurweite für die tropisch-afrikanischen Bahnen wird also die 0,75 m-Spur anzusehen sein. Gegenüber

der Meterspur braucht sie ein Viertel bis ein Drittel weniger Zeit zum
Ausbau und ist ein Viertel bis ein Drittel billiger, weil sie sich viel
mehr dem Gelände anschmiegt, Tunnels, tiefe Einschnitte und hohe
Dämme vermeidet, keine groſsen Brücken braucht, kleineres Fahr-
material hat u. s. w. Ihre Betriebskosten sind ca. ein Drittel geringer als die der Meterspurbahn, aber ihre Leistungsfähigkeit steht
der der letzteren weniger als ein Drittel nach. Auch Bernhard, der
Erbauer des ersten Teiles der Usambarabahn, hält die 0,75 m-Spur
für die richtigste für tropisch-afrikanische Bahnen, und die Kongobahn
liefert den besten Beweis, daſs eine gröſsere Spurweite nicht nötig
ist. Für die Togobahn hat man verständigerweise dieselbe Spurweite
in Aussicht genommen. Wenn die 0,75 m-Spurbahn in Sierra Leone
keinen Erfolg hat, so liegt das nicht an der Spurweite, wie im
betreffenden Kapitel zu lesen ist. Alle anderen englischen, französischen und portugiesischen Kolonien des tropischen Afrika haben
auf ihren Bahnen die Meter- oder die Kapspur und werden deshalb,
mit Ausnahme einiger weniger (z. B. Französisch-Guinea, Dahome,
Lagos), wahrscheinlich stets Zuschüsse dazu brauchen.

Wie jede Maschine so liefert auch eine Eisenbahn nur dann
wirtschaftlich befriedigende Resultate, wenn sie mit voller Kraft
arbeitet. Das kann in den tropisch-afrikanischen Neuländern eine
Bahn mit 0,75 m, aber nicht mit 1 m Spurweite. Zunächst also
keine breitere Spur als 75 cm, keine groſsen und prächtig einge-
richteten Wagen, keine schweren Maschinen, überhaupt nichts groſs
und kostbar, sondern alles haltbar und brauchbar; das Übrige,
Bessere, Schönere, Teuerere kann im Bedarfsfall später kommen.
Auch dürfen keinesfalls Experimente mit technischen Systemen
und Konstruktionen gemacht werden, die sich nicht schon anderswo
in den Tropen gründlich bewährt haben, z. B. mit Schwebebahnen.
Eine Schwebebahn ist viel schwächlicher als eine schmalspurige
Erdbahn und den tropischen Klimaeinflüssen durchaus nicht gewachsen. Während man in unseren Klimaten die Träger der
Schwebebahn einfach in den Boden stecken kann, müſsten sie
dort solide untermauert werden, da sie anderenfalls von den
tropischen Regenfluten unterspült werden. Auch können sie sich
nicht dem Terrain anschmiegen, wie die schmalspurigen Feldbahnen,
noch, wie diese, in ein gröſseres Kaliber umgewandelt werden,
falls es der Verkehr nötig machen sollte. Der Begründer der Kongobahn, Thys, sagt von der Neulandbahn mit besonderer Bezugnahme
auf die Kongobahn: „Die Spurweite muſs die möglichst kleinste
sein, die Konstruktion möglichst wenig Geld kosten. Es ist ein

Werkzeug zum Eindringen, es muſs darum dünn sein, fein wie ein Bohrer. Die Schiene stark, die Schwelle schwer, aber die Wagen leicht; kurz, ein guter, solider, dem Boden angeschmiegter ‚Schienen- pfad' (sentier de fer), kein Schienenweg.“ Da er die Kongobahn im Auge hat, meint auch er die 0,75 m-Spur, nicht die 0,60 m- Spur, die zu klein, und nicht die Meterspur, die zu groſs für das tropische Afrika ist.

Unsere dritte Frage ist: **Wer soll den Bahnbau unter- nehmen und die Mittel dazu hergeben?** Da gibt es viererlei **Möglichkeiten.** Entweder baut der Mutterstaat, oder die Kolonie, oder ein privater Unternehmer resp. Gesellschaft, oder eine Kombination dieser Faktoren.

Überblicken wir die tropisch-afrikanischen Bahnen, so sehen wir, daſs **vom Staat** nur fünf gebaut worden sind: von Frankreich die französische Sudanbahn, von England die ägyptische Sudanbahn und die Ugandabahn, vom Deutschen Reich die südwest- afrikanische Linie und der zweite Teil der Usambarabahn. Die Gründe für diese Staatsbahnbauten liegen nahe. Die französische Sudanbahn wurde zuerst als ein Mittel politischer Ausdehnung nach dem Sudan mit einer Abteilung des militärischen Ingenieur- korps unternommen; der Bau sollte schnell gehen, und die Kolonie hatte noch gar keine eigenen Mittel. Aber man machte böse Er- fahrungen mit dem Staatsunternehmen im tropischen Afrika. Die Bahn ist nach zwanzig Jahren noch nicht fertig und obendrein ungeheuer teuer geworden. Die beiden englischen Staatsbahnen, die Ugandabahn und die ägyptische Sudanbahn, sind ebenfalls hauptsächlich als politische und strategische Bahnen unternommen worden. Eine Ugandakolonie resp. -protektorat, das zum Bau hätte herangezogen werden können, gab es noch so gut wie nicht, aber die Kosten der ägyptischen Sudanbahn wurden dem ägyptischen Staat aufgebürdet. Der Bahnbau in Deutsch-Südwestafrika hatte gleichfalls einen politisch-militärischen Anlaſs, der nachträglich vom Reichstag gutgeheiſsen wurde, während der Bau des zweiten Teiles der Usambarabahn durch das Reich eine Hilfeleistung für ein notleidendes, keiner anderen Hilfe teilhaftiges Privatunter- nehmen war. In allen diesen Fällen führte also nur ein auſser- gewöhnlicher Zwang zum Bahnbau durch den Mutterstaat.

Der Grundsatz ist im allgemeinen richtig, daſs sich der Staat eigener Unternehmungen dieser Art enthalten soll, weil er mit dem groſsen Risiko so unsicherer Kapitalanlagen und unabsehbarer Zu- schüsse nicht seine heimischen Steuerzahler belasten darf. Jeder Miſs-

erfolg in solchen Staatsunternehmungen übt eine schlimme Wirkung
auf alle öffentlichen, die Kolonie angehenden Arbeiten aus, wie wir
das ja genugsam fühlen. Es bleibt also für alle ordentlichen
Fälle der Bahnbau durch die Kolonie oder durch einen Privatunternehmer resp. eine Gesellschaft.

Durch die Kolonie sind die Bahnen in den meisten englischen
Kolonien des tropischen Afrika und anfangs auch in den französischen gebaut worden. Baut eine Kolonie allein, so geschieht es
entweder in eigener Regie (wie in Sierra Leone, Goldküste, Lagos,
Eritrea), ohne Konzessionsgesellschaften heranzuziehen, oder mit
Gesellschaften (wie anfänglich in Französisch-Guinea, Elfenbeinküste,
Rhodesia). Wenn eine dieser englischen und französischen Kolonien
in eigener Regie oder mit Gesellschaften baut, so mufs sie, um
grofse Geldmittel zur Hand zu haben, eine Anleihe aufnehmen, für
welche ihre eigenen Einnahmen aus Zöllen, Steuern etc. Sicherheit geben. Sie holt sich aber das Geld nicht öffentlich auf dem
Geldmarkt gegen hohe Zinsen, sondern bei reichen heimatlichen
Staats- oder Verwaltungskassen (z. B. Altersrentenkasse) gegen
mäfsige Interessen.

Diese Art, Bahnbauten und andere öffentliche Arbeiten durch
die Kolonie zu unternehmen und auszuführen, hat indes immer
noch staatlichen Charakter; es haften auch ihr viele Mängel eines
Staatsbaues an: bureaukratische Behandlung, Langsamkeit, Kostspieligkeit u. a. m. Deshalb sind jetzt alle französischen Kolonien,
wie vorher die Belgier am Kongo, die Portugiesen in Angola und
wie neuerdings die Engländer am Schire, zum Bahnbau durch
Gesellschaften übergegangen. Eine Gesellschaft allein und ganz
auf eigenes Risiko bauen zu lassen ist unpraktisch; wenn ihr der
Atem ausgeht, mufs der Staat oder die Kolonie doch einspringen,
wie wir es bei der Usambarabahn erlebt haben. Auch ist bei der
Übernahme eines grofsen Risikos natürlich die Unternehmungslust
zu gering für die Wünsche und Hoffnungen einer Kolonie. Sogar
Indien, das eine grofse Kultur und reiche und kühne englische
Kapitalisten genug hat, erklärte nach zirka fünfzigjähriger Erfahrung, dafs es für seine Bahnbauten auf Privatunternehmer allein
nicht mehr rechnen könne. Man hat daher in den Kolonien die
Privatunternehmer durch gewisse Sicherstellungen herangezogen,
und zwar entweder durch Zinsgarantien resp. Jahressubventionen
oder durch Land- und Minenkonzessionen oder durch beides zusammen, je nach den örtlichen Verhältnissen.

Der erstere Fall, die Gewährung von Zinsgarantien oder

bestimmten Jahressubventionen an die Privatunternehmer resp.
Gesellschaften durch die Kolonie oder den Mutterstaat (wie letzteres
bei der Senegalbahn eingeführt ist und für die Togobahn geplant
wird), hat den Nachteil, dafs sich die Bahngesellschaft allzusehr
auf ihre sichere Garantie verläfst und das Werk lässig betreibt.
Die Kolonie kann unter diesen Umständen eventuell in ihren Fort-
schritten durch den Bahnbetrieb gehindert werden. Dafür ist
Algerien ein warnendes Beispiel. Dort, aufserhalb der Tropen, in
einem klimatisch milden, von Europäern besiedelten fruchtreichen
Land waren die Aussichten für Bahnen sicherlich günstig; aber
sie sind ganz unrentabel geblieben, nicht nur, weil man sie über-
flüssigerweise vollspurig gebaut hat (215 036 Frank pro Kilometer!),
sondern namentlich, weil sie 25 Mill. Frank jährliche Garantie-
zinsen von Frankreich bekommen, infolge deren die Gesellschaften
ruhig auf ihren hohen Tarifen sitzen bleiben, dem Verkehr nicht
aufhelfen, keine technischen Verbesserungen anbringen etc. Wenn
blofs Zinsgarantie oder blofs Jahressubvention gewährt wird,
dann sollte sie nur auf eine kurze Reihe von Jahren bewilligt,
aber hoch bemessen werden, um das Kapital anzulocken; 25—30
Jahre sind für diesen Zweck genügend. Die Gesellschaft wird sich
dann anstrengen, zur baldigen Rentabilität der Bahn nach besten
Kräften beizutragen. Es fragt sich nur, ob daraufhin die Gesellschaften das Risiko übernehmen wollen, und ob sich nicht
das Kapital zum gröfseren Schaden der Kolonie sehr spröde
verhält.

Deshalb ist es ein besserer Weg, wenn den Gesellschaften
anstatt Zinsgarantien Landkonzessionen gegeben werden, nach
dem sogenannten amerikanischen System. Landkonzessionen sind
eine bedenkliche Einrichtung, wenn grofse, zusammenhängende Areale
an Konzessionsgesellschaften vergeben werden, die sich verpflichten,
durch bedeutende Kapitalaufwendungen das Neuland nutzbar zu
machen und dadurch zur Entwicklung der ganzen Kolonie beizutragen. Es entsteht daraus leicht ein Staat im Staate, der eigen-
süchtige, den Interessen der Kolonie zuwiderlaufende Politik treibt,
oder eine blofse Bodenwucherei, wie sie jetzt in Deutsch-Südwestafrika zum Schaden der Landesbesiedelung von grofsen englischen
und deutsch-englischen Konzessionsgesellschaften betrieben wird.
Anders die Landkonzessionen, die den Eisenbahngesellschaften
für jedes fertiggestellte Kilometer Bahn einen an der Bahnlinie
selbst gelegenen Block Land als Eigentum überlassen, wobei keine
geschlossenen Landkomplexe entstehen dürfen, sondern regelmäfsig

zwischen zwei Blöcken Konzessionsland ein Block Regierungsland
liegen mufs.

Bahnbau mit Landkonzessionen dieser Art o h n e Zinsgarantien
ist im tropischen Afrika sehr erfolgreich durchgeführt worden im
Kongostaat (wo freilich noch Landkomplexe aufserhalb der Bahnlinie hinzukamen), auf den neuen Strecken der Kolonien Elfenbeinküste und Dahome und in Aussicht genommen für die Linien
Viktoria—Mundame und Porto Alexandre—Otavi. Das System hat
sehr viel für sich, weil der Staat oder die Kolonie kein direktes
Risiko übernimmt, und weil die Bahngesellschaft die Rentabilität
der Bahn dadurch zu beschleunigen sucht, dafs sie an der Nutzbarmachung und Verwertung ihres Konzessionslandes nach besten
Kräften mitarbeitet, was natürlich auch für die Entwicklung des
allerwärts dazwischengeschalteten Regierungslandes und für die
Entfaltung der produktiven Kräfte in der ganzen Kolonie von
grofsem Vorteil ist. Aber es ist selbstverständlich Voraussetzung,
dafs das konzessionierte Land wirklich nutzbar ist. In Nordamerika mufste das System bei den grofsen Überlandrouten unbe-
grenzten Erfolg haben, weil die Fruchtbarkeit des Bodens auf den
weitaus gröfsten Strecken ganz enorm ist, und weil der fort-
schreitenden Bahn ein Strom von weifsen, bodenbauenden und
industrietreibenden Einwanderern folgte. Auch am Kongo war
dieses System der Landkonzessionen ohne Zinsgarantien höchst
erfolgreich, weil die Bahngesellschaft die monopolistische Aus-
beutungspolitik des Staates auch in ihrem Konzessionsgebiet anwenden konnte, und weil fast der ganze Verkehr des riesigen
Kongostaates wie in einen Sammeltrichter in die Bahn einmündet, so
dafs sie auch ohne Landkonzessionen glänzende Geschäfte machen
mufste. Und weiter wird das System überall dort Erfolg haben,
wo reiche Minerallager eine europäische Minenindustrie entstehen
lassen, wie es in unseren Kolonien z. B. von Otavi und vielleicht
einmal von Irangi zu erhoffen ist.

In den genannten Fällen kommt die Wertsteigerung der den
Bahngesellschaften konzessionierten Ländereien ohne grofses Zutun
der Gesellschaften halb von selbst. Wo aber so günstige Bedingungen nicht gegeben sind, wie z. B. auf der geplanten Strecke
Viktoria—Mundame oder Dar es Salam—Mrogoro oder der projektierten Linie Kilwa—Wiedhafen, da mufs die Bahngesellschaft
ihrem Land erst durch weitere Kapitalaufwendungen und eine
kluge Bodenkultur- und Bevölkerungspolitik (Bodenmeliorationen
für Plantagenbau, Unterweisung der Eingeborenen in neuen

Kulturen, Herbeiziehung farbiger Einwanderer zur Ansiedelung etc.)
die Keime zur Entwicklung einpflanzen. Und in dieser schwierigen
Lage befindet sich die Mehrzahl der tropisch-afrikanischen Bahnen.

Deshalb stellt es sich als ein für beide Parteien, für die Gesellschaft wie für die Kolonie resp. Staat, vorteilhafteres Verfahren
heraus, wenn man für Bahnbauten Landkonzessionen mit
Zinsgarantien verbindet. Gewährt der Staat resp. die Kolonie
beides, so kann er die Garantiesumme natürlich viel niedriger bemessen, als wenn er bloſs Zinsgarantie gäbe, aber er wird dadurch
doch der Gesellschaft ein Minimum von Einnahmen sicherstellen
und daneben die Gesellschaft durch die Landkonzessionen, die
dann ebenfalls weniger umfänglich zu sein brauchen, immer noch
stark an der Entwicklung der Bahn und der Kolonie interessieren.
So verfahren jetzt die Franzosen in ihren Kolonien Guinea und
Elfenbeinküste, nachdem sie mit Bahnbau in eigener Regie schlechte
Erfahrungen gemacht haben; so gingen sie von Anbeginn in Dahome
und Madagaskar zu Wege. Von den englischen tropisch-afrikanischen Bahnen hat einzig die Beira-Linie diese Methode befolgt,
nur mit der Abweichung, daſs ihr anstatt Zinsen ein Anteil an
den Zolleinnahmen Beiras garantiert wurde, was aber einem Verzicht der Kolonie auf ihre, gerade aus den Wirkungen des Bahn-
betriebs zu erhoffende finanzielle Selbständigkeit gleichkommt
und in unseren Kolonien keinesfalls eingeführt werden darf.

Dieses System der Kombination von Landkonzession und Zinsgarantie ist recht eigentlich das der französischen Kolonialpraxis.
Seine Ergebnisse spornen zur Nachahmung an. Deutschland hat
sich denn auch bei der geplanten Mrogoro-Bahn richtigerweise die
Franzosen zum Muster genommen, und es ist sehr zu hoffen, daſs
da, wo bei uns das Kapital auf Landkonzessionen allein das
Risiko nicht übernehmen will, die Gewährung von Landkonzessionen
und Zinsgarantien unseren Kolonien zu weiteren Bahnbauten ver-
hilft. Nur sind wir leider für die Anwendung dieses Systemes in
viel schwierigerer Lage als die Franzosen. Die französischen
Kolonien des tropischen Westafrika verwalten sich selbst, sind
finanziell selbständig, haben ihren eigenen Etat, nehmen eigene
Anleihen auf, garantieren selbst die Zinsen für die Bahnen.
Unsere Kolonien hingegen sind unselbständig, haben keinen eigenen
Etat, die Zinsgarantie für Bahnen muſs das Reich bewilligen, aber
der Reichstag, der die Kolonialpolitik als Parteipolitik behandelt,
versagt seine Zustimmung. Wie diesem Übelstand abgeholfen

werden könnte, sei nachher kurz dargetan. Zunächst haben wir
noch die eine Frage zu beantworten:

Wie soll die Arbeit organisiert werden, um möglichst
schnell zur Vollendung des Werkes zu führen? Auch wenn der Staat
oder die Kolonie in eigener Regie mit ihren Beamten baut, werden
doch meist die einzelnen Bauarbeiten durch Submissionen ausgeführt (z. B. Französisch-Sudan, Goldküste, Lagos), denn der Staat
oder die Kolonie ist ein schlechter Unternehmer, der zu schwer-
fällig und unkaufmännisch arbeitet, wogegen er durch Submissions-
verträge die Unternehmer an die Erfüllung bestimmter Forderungen
und Termine binden und sich auf strenge Kontrolle beschränken
kann. Sind keine oder keine geeigneten Arbeitskräfte im Lande
selbst vorhanden, so müssen sie von auswärts importiert werden,
wie es bei den Bahnbauten in Lagos, der Goldküste, am Kongo,
in Uganda geschieht oder geschah. Das ist aufserordentlich
schwer und verteuert den Bahnbau bedeutend, aber es hat das
Gute, daſs die landesfremden Arbeiter fester in der Hand des An-
werbenden sind und stetiger bei der Arbeit bleiben als einheimische.
Darum führt es, falls es einheimische Arbeitskräfte genug im Lande
gibt, an besten zum Ziel, wenn man die Anwerbung der Arbeiter
und ihre Anhaltung zur übernommenen Arbeit durch Häuptlinge oder andere einfluſsreiche einheimische Personen besorgen
läfst, die dafür bezahlt werden und dafür sorgen müssen, daſs
bei den Auslöhnungen jedem Arbeiter seine richtige Bezahlung
zu teil wird; also im Sinne des holländischen Kultursystems, aber
hier in Anwendung auf öffentliche Arbeiten, nicht auf Produktenbau,
von dem nachher zu sprechen sein wird.

Daſs es in den meisten Kolonien ohne eine solche mit ange-
stammter oder erworbener Gewalt über die Eingeborenen ausge-
stattete Mittelsperson nur ungeheuer schwer oder gar nicht möglich
ist, die Bahnen mit einheimischen Arbeitskräften zu bauen, hat
sich erst recht da gezeigt, wo die Bahnen nicht vom Staat oder der
Kolonie, sondern von konzessionierten Gesellschaften gebaut werden,
die den Eingeborenen gegenüber keine staatliche Autorität besitzen.
Konzessionierte Gesellschaften sind zwar die beste Unter-
nehmerform für koloniale Bahnbauten wirtschaftlichen Charakters,
weil sie genau rechnen, billiger und stetiger als der Staat arbeiten
und zugleich grofses Interesse daran haben, schnell und gut zu
arbeiten, um keinen Reklamationen ausgesetzt zu sein, und weil
in Kolonien nichts so wertvoll ist wie starke Initiative, die indi-
viduelle Verantwortung und das Beispiel grofser privater Leistungs-

fähigkeit. Aber die konzessionierten Bahngesellschaften waren in
den meisten tropisch-afrikanischen Kolonien durch Arbeitermangel
und durch die Unmöglichkeit, ihrerseits die Eingeborenen zur
Arbeit heranzuziehen, in ihren Unternehmungen gelähmt. Darum
lag es nahe, daſs die K o l o n i e mit ihrer Autorität den konzessionierten Bahngesellschaften bei Heranziehung Eingeborener zum
Bahnbau B e i s t a n d l e i s t e t e.

Dies kann in zweierlei Gestalt geschehen. Entweder engagiert
der Staat resp. die Kolonie die eingeborenen Arbeiter und stellt sie
der Konzessionsgesellschaft zur Verfügung, die ihnen angemessene
Löhne zahlt, oder, was weit besser ist, die Kolonie läſst auf Kosten
der Konzessionsgesellschaft die E r d a r b e i t e n der Bahn durch die
Eingeborenen vermittels der Häuptlinge ausführen, welche dafür
wie die Arbeiter ordentlich bezahlt werden, und läſst dann die Gesellschaft für die Herstellung des Oberbaues und alles Weitere sorgen,
wozu keine groſsen Arbeitermengen mehr gebraucht werden. Die
Gesellschaft legt auf den fertig übernommenen Unterbau die
Schienen durch ihre Ingenieure und geübten Facharbeiter (meist
Griechen, Italiener, Malaien, Indier etc.), baut die Brücken und
Stationen und übernimmt schlieſslich den Betrieb der Bahn; alles
dies tut sie entweder selbst, was selten der Fall ist, oder wieder
durch Kontraktoren und Tochtergesellschaften; letztere werden
namentlich auch für die vielseitigen wirtschaftlichen Aufgaben in
der Nutzung des Konzessionslandes, der Minengerechtsame u. s. w.
gegründet.

Diese Methode ist in D a h o m e eingeführt worden und hat
sich vortrefflich bewährt. Die Kolonie Elfenbeinküste ist dem
Beispiel gefolgt. Die Methode ist einfach mustergültig. Doch
setzt sie voraus, daſs das Land wirklich arbeitsfähige Eingeborene
hat, und zwar in so groſser Zahl, daſs durch die Einstellung von
Tausenden von Männern für Bahnbau nicht die Feldbestellung
und die übrige Landeskultur empfindlich leiden. Die Methode wäre
nicht anwendbar gewesen im dünnbewohnten unteren Kongoland,
das von der Kongobahn durchschnitten wird, noch in Britisch-
Ostafrika bei der Ugandabahn, noch in Deutsch-Südwestafrika bei
der Windhoekbahn; aber sie ist anwendbar in Kamerun und in Deutsch-
Ostafrika. In Togo braucht die Bahngesellschaft wahrscheinlich
einen solchen Beistand der Staatsautorität nicht, weil es, wie
Sierra Leone, offenbar arbeitslustige Eingeborene in Fülle hat. Man
sieht hieran wieder, daſs auch das vollkommenste System nicht
überall am Platze ist. In Neuländern können eben noch weniger

als in Europa unverbrüchlich feste Regeln für alle öffentlichen
Bauten einer Kategorie, insbesondere für alle Bahnen, aufgestellt
werden. Die Entscheidung über die Bauweise muſs sich in den
tropisch-afrikanischen Kolonien wie in anderen nach der Art der
lokalen Verhältnisse richten; so viele Kolonien, so viele Methoden
des Bauverfahrens. Nur die Bautechnik hat in diesen Ländern
bestimmte Normen, wie wir oben gesehen haben: Spurweite nicht
unter 75 cm, feste Erdbahn, eiserne Schwellen, starke Schienen,
leichte Wagen u. s. w. Also sind in jedem Einzelfall die lokalen
Verhältnisse für die Arbeitsweise zu prüfen. Wo aber nach Prüfung
der Dinge die „Dahome-Methode" anwendbar ist, da gebührt ihr
der Vorrang vor jeder anderen.

Ohne die der Dahome-Methode eigentümliche Anwendung eines
gewissen auf die männlichen Eingeborenen ausgeübten Zwanges
zur Arbeit wird eine ersprieſsliche Mitarbeit der Kolonie an der
Herstellung des Bahnkörpers kaum möglich sein. In unseren Schutzgebieten werden wenigstens in Kamerun und in Deutsch-Ostafrika
schwerlich freiwillige Arbeiter in genügender Zahl sich einstellen
oder, wenn sie sich einfinden, zahlreich genug bei der Arbeit aushalten.
Tendenziöserweise hat man von verschiedenen Seiten diesen Zwang
der Männer zur Arbeit als Sklaverei charakterisiert, obwohl er mit
Sklaverei ebensowenig gemein hat wie unser heimischer Schul-
zwang, der Zwang zur Erfüllung des Militärdienstes u. s. w. Der
bezeichnete Arbeitszwang dient nicht individuellem Eigennutz bis
zur Vernichtung des Gezwungenen, wie in der Sklaverei, sondern
er dient der Schaffung und Erhaltung öffentlicher kultureller Einrichtungen, die der Gesamtheit zugute kommen und damit hauptsächlich dem Eingeborenen selbst. Auch hat der Eingeborene
diesen Arbeitszwang nicht gegen bloſse Lebensfristung zu erfüllen,
wie in der Sklaverei, sondern gegen reichliche bare Bezahlung,
die ihm persönlich zuteil wird und ihm ein Antrieb zur Kapitalbildung und somit zum wichtigsten wirtschaftlichen Fortschritt
werden soll.

Namentlich durch den letzteren Punkt, durch die Bezahlung
der Arbeit, unterscheidet sich diese Zwangsarbeit grundsätzlich
von jener, die von vielen Seiten als eine besondere Form der Besteuerung zur allgemeinen Hebung der Kulturverhältnisse empfohlen
wird. Ich bin sehr dafür, daſs der Zwang zur Arbeit auch auf
die Bodenbestellung der Eingeborenen angewandt werde, aber der
Eingeborene soll für die zwangsweise geleistete Arbeit ordentlich
bezahlt werden, und zwar bei der Bodenkultur, indem ihm die durch

Zwangsarbeit erzielten Produkte zu einem angemessenen Preis abgenommen werden, der im richtigen Verhältnis zum Weltmarktwert
steht, so daß sich ein Export auch auf mittlere Bahnentfernungen
noch lohnt; also in Anwendung eines den afrikanischen Verhältnissen angepaßten holländischen Kultursystems. Erst. dadurch,
daß die Zwangsarbeit bezahlt wird, wird dem Verfahren ein gut
Teil der Härte genommen, die doch einmal im Zwange liegt.

Natürlich wird man den Arbeitszwang der Männer nur so weit
auf die Bodenkulturen ausdehnen, wie man die Produkte zur Verwertung auf den Markt bringen kann, also wo leichte und billige
Verkehrsmittel vorhanden sind. Wo diese aber nicht vorhanden
sind, da gerade sollen ja zur Verkehrserleichterung Wege, Brücken,
Fähren, Unterkunftshäuser, Speicher etc. durch Zwangsarbeit von
den Eingeborenen gebaut und angelegt, zwangsweise Träger-
dienste für Karawanen oder Gestellung von Trag- und Zugtieren,
wo letztere überhaupt verwendbar sind, geleistet und soll schließlich in der oben gezeigten Weise an Eisenbahn- und Hafenbauten mitgearbeitet werden. Niemals aber darf der Arbeitszwang
privaten Interessen dienstbar gemacht, niemals der Eingeborne
zwangsweise an Pflanzer, Farmer, Transportgesellschaften u. s. w.
überwiesen werden. Das könnte gar zu leicht zu Mißbräuchen
wie im portugiesischen „Kontraktsystem" führen (siehe S. 72).

Man wende nicht ein, daß der Zwang zur bezahlten öffentlichen Arbeit auf dasselbe hinauskomme wie der Steuerzwang
zur unbezahlten Arbeit, da das dem Eingeborenen für seine
Arbeit gezahlte Geld doch wieder an die Steuereinnehmer zurück-
fließe. Der Einwand trifft nicht das Wesentliche der Sache, denn
erstens fließt nicht alles derartig erarbeitete Geld an die
Steuerkassen zurück, sondern es bleibt ein bei wachsenden Arbeitsleistungen auch immer größer werdender Teil im Besitz des Eingeborenen zurück als ein langsam zunehmendes Kapital, von dem
er seine mit dem Kapital wachsenden Bedürfnisse zu Gunsten
unseres Handels befriedigt, zweitens legt ein Positivist schärfster
Ausprägung, wie es der Neger ist, gerade darauf großen Wert,
daß ihm seine Arbeit unmittelbar bar bezahlt wird, und daß er
das Geld zu freier Verfügung in die Hand bekommt, und drittens
kann man die reichste Produktionsquelle des Landes, die Arbeitskräfte der Männer, lediglich durch direkten Zwang er-
schließen und nutzbar machen. Durch den indirekten Zwang
mittels Steuerauflegung und allmählicher Steuererhöhung wird
man nur eine immer größere Belastung der vielgeplagten Arbeits-

tiere dieser Länder, der Weiber, herbeiführen, also gerade das Gegenteil von dem, was doch schlieſslich jede wahre Zivilisation will: Schutz der Schwachen und Heranziehung der Starken.

Auch der Gedanke ist irrig, daſs man die Kaufkraft des Eingeborenen steigern könne, indem man ihn durch Steuerauflagen zur Arbeit zwingt, und daſs man erst Bedürfnisse im Neger erwecken müsse, um ihn zur Arbeit und zur Kapitalbildung zu veranlassen, mit der er die Bedürfnisse befriedigen kann. Umgekehrt verhält es sich richtig: erst muſs durch Arbeit, und zwar durch direkt im Interesse des Eingebornen erzwungene, wo sie nicht freiwillig geleistet wird, der Anfang zur Kapitalbildung gemacht werden, dann stellen sich mit dem Kapital die gröſseren Bedürfnisse und die Mittel zu deren Befriedigung ein. Steuerzwang mag ganz gut sein, wo auf andere Weise nichts mit dem Eingeborenen für den Nutzen der Gesamtheit zu machen und nichts von ihm zu holen ist; sonst empfiehlt sich überall bei der Negerbevölkerung unserer tropisch-afrikanischen Kolonien, vielleicht mit Ausnahme der arbeitswilligen Togoneger, der direkte, möglichst vermittels der Häuptlinge ausgeübte Arbeitszwang der Männer gegen Bezahlung.

Auf diesem Wege, und, wie mir scheint, in Ostafrika und Kamerun nur auf diesem Wege, können in unseren afrikanischen Kolonien die produktiven Arheitskräfte und die Produktionsergebnisse selbst so vermehrt und verbessert werden, daſs die Kolonien aufblühen und beträchtliche eigene Einnahmen erzielen, die ihnen eine eigene, unabhängige Haushaltung gestatten. Zu diesem Ende werden die Eisenbahnbauten, wenn zu ihrer Ausführung die Eingeborenen in der angeführten Weise nach der „Dahome-Methode" herangezogen werden, eines der wirksamsten Mittel sein, nicht nur durch ihre allgemeine „Erschlieſsungskraft". Die erschlieſsende Wirkung der Bahnen folgt nach, wenn erst die Eingeborenen durch ihre Mitarbeit am Bahnbau im obigen Sinne und durch den gleichzeitig und auf breiter Basis eingeführten Kulturzwang der angegebenen Art zur Arbeit und Kapitalbildung erzogen worden sind. Kann dann die Kolonie ihren Haushalt selbst führen, und werden ihr — was im Gang der Entwicklung selbst liegt — die zur Ausübung der Landeshoheit des Reiches erforderlichen Ausgaben (z. B. für die Schutztruppe und den Gouverneur) abgenommen, so wird sie mit ihrem eigenen Etat unabhängig vom Reichsetat und vom Bewilligungsrecht des Reichstages und wächst in das staatsrechtliche Verhältnis der englischen Kronkolonien zum Mutterland hinein, die ihre wirtschaftlichen Angelegenheiten selbst regeln, ohne dem Mutterstaat auf der Tasche zu liegen.

Mit einem solchen Maſs von Selbstverwaltung werden sich unsere Kolonien auch bald des Bureaukratismus und des bereits zu einem Einheitsbegriff gewordenen odiösen „Militarismus und Assessorismus" erwehren, die jetzt wie ein Alp auf den Kolonien liegen und alle wirtschaftliche Initiative lähmen. Dann wird auch die so oft geforderte Auffassung Platz greifen können, daſs Kolonien vor allem als ein Geschäft zu behandeln seien, wenn sie aufblühen und dem Mutterland etwas einbringen sollen, und wird diese Auffassung in die Praxis umgesetzt werden können; früher schwerlich. Eisenbahnen, in der oben bezeichneten Weise gebaut und betrieben, sind ein Geschäft und als solches nicht nur ein Antrieb und Vorbild, sondern auch selbst ein Hauptfaktor im geschäftlichen Wirtschaftsbetrieb der ganzen Kolonie. So wird das „Geschäft" zur Staatsmaxime.

Es heiſst: bei einem Geschäft muſs man kühn wagen und entschlossen zugreifen, um viel zu gewinnen. Das ist richtig, aber man muſs vor allem die Situation weit und klar übersehen, die Dinge, um die es sich bei dem Geschäft handelt, wirklich kennen und beim Wagen mit scharfem Blick wägen; dann pflegt es zu glücken. Anderenfalls ist das kühne Wagen nichts anderes als ein Börsenspiel, das in den meisten Fällen den Wagenden zu Grunde richtet. So auch beim Geschäft der Kolonialbahnen. Wagen wir, aber beobachten wir genau, wie es unsere Geschäftskonkurrenten in den englischen, französischen, portugiesischen und anderen Kolonien des tropischen Afrika treiben, und sehen wir in jedem Einzelfall scharf zu, ob auch wirklich etwas, wenn auch nur in verheiſsungsvollen Keimen, vorhanden ist, was den Einsatz lohnen kann. Das ist die wichtigste Vorfrage. Für die im vorliegenden Buch besonders namhaft gemachten Bahnprojekte auf deutschem Boden des tropischen Afrika, ¡vor allem für die ostafrikanische Südbahn und für die Togo-Eisenbahn, lautet die Antwort auf diese Frage: Ja!

Übersicht über die Eisenbahnen

Senegambieu mit maur. Schutzgebieten	400 000	1,25 Mill.	54 209 000 Frk.
Vormaliger französischer Sudan .	132 000	284 000	10 730 000
Französisch-Guinea	224 000	1,5 Mill.	14 275 000
Elfenbeinküste.	323 000	2,25 -	9 081 000
Dahome	152 000	1 -	15 750 000 -
Sierra Leone	71 900	127 000 (Küstengebiet)	501 000 £
Goldküste.	187 900	1,5 Mill.	1 269 000 -
Lagos	52 000	8	806 529
Togo	87 200	2	4 700 000 Mark
Kamerun }	493 600 (resp. 495 000)	3,5 -	14 245 000
Kongostaat	2 253 000	14	31 803 214 Frk.
Franz.-Kongo mit Tschadsee-Territorium	3 000 000	10	10 555 000 -
Angola	1 315 000	4,18 -	18 581 000 Mark
Deutsch-Südwestafrika	831 960 (resp. 835 100)	200 000	6 968 385
Rhodesia	750 000 Miles	500 000 ‘	
Britisch-Zentralafrika .	39 770 Miles	900 000	141 383 £
Portugiesisch-Ostafrika	768 700	800 000	22 759 000 Mark
Deutsch-Ostafrika } -	941 100 (resp. 995 000)	6,1 Mill.	11 430 540
Uganda . . . . und Britisch-Ostafrika .	150 000 Miles 280 000 -	3,8 - 2,5	2 884 000 9 327 000
Ägyptischer Sudan	—		
Französische Somaliküste .	120 000	200 000	5 929 000 Frk.
Eritrea	247 300	880 000	9 376 543 Lire
Madagaskar	591 900	2,25 Mill.	46 083 000 Frk.
Réunion	1 980	173 190	22 028 000
Mauritius	1 914	379,660	12 691 000 Mark

26 535 000 Frank (1901)	St. Louis—Dakar K. G. m. S.	264	1	80 000
3 627 000 - (1898)	Kayes—Tulimandio St.	(563)[2]	1	(94 800)[3]
9 780 000 - (1900)	Konakry—Kurussa K. G. m. Z. u. L.	(680)	1	(80 000)
8 075 000 - (1900)	Grand Bassam—Kong K. G. m. L. u. S.	(550)	1	(65 000)
10 480 000 - (1901)	Kotonu—Tschauru K. G. m. L. u. S.	(700)	1	(52 000)
304 000 £ (1901)	Freetown—Bô Kol. m. U.	220	0,76	76 500
868 000 - (1901)	Sekondi—Kumassi Kol. m. U.	(320)	1,067	(102 000)
831 257 - (1900/01)	Lagos—Ibadan Kol. m. U.	197	1 067	89 000
3 700 000 Mark (1901)	[Lome—Misahöhebezirk][1] K. G. m. Z.	[122]	[0,75]	—
5 886 000 - (1900)	Victoria—Meanja K. G.	(60)	0,60	
	[Victoria—Mundame] K. G. m. L.	[200]	[0,75?]	—
51 775 978 Frank (1900)	Matadi—Léopoldville K. G. m. L.	399	0,75	150 600
7 540 000 - (1900)	[Libreville—Wesso] K. G. m. L.	[900]		
15 875 000 Mark (1900)	Loanda—Ambaca K. G. m. Z.	363	1,05	275 400
	[Porto Alexandre—Humbe] K. G. m. L.	[200]	[1,067]	—
907 565 - (1900)	Swakopmund—Windhoek St.	382	0,60	(36 000)
	Beira—Salisbury K. G. m. L. u. S.	610	0,60	—
38 723 £ (1900/01)	Chiromo—Fort Johnston K. G.	(300)	1,067	—
17 509 000 Mark (1900)	[Porto Amelia—Porto Arroyo] K. G.	[800]	[1,067]	[51 000]
4 293 645 (1900)	[Kilwa Kissiwani—Wiedhafen] K. G.	[700]	[0,75]	[85 000]
	[Dar es Salam—Mrogoro] K. G. m. L. u. Z.	[230]	[1,067]	[72 000]
	Tanga—Korogwe St.	84	1	(79 000)
790 000 - (1900) 1 763 000 - (1900) }	Mombassa—Port Florence St.	935	1	(113 700)
	Wadi Halfa—Chartum St.	930	1,067	—
693 000 Frank (1900)	Djibuti—Adis Harar K. G. m. S.	(296)	1	(58 500)
2 745 470 Lire (1900)	Massaua—Asmara Kol. m. U.	(150)	1	(173 600)
8 975 000 Frank (1901)	Aniverano—Antananarivo K. G. m. Z. u. L.	(290)	1	(130 900)
17 461 000 - (1900)	St. Philippe—St. Benoît K. G. m. S.	156	1	217 600
11 769 800 Mark (1899)	Port Louis {—Mahébourg —Grand River} Kol. m. U.	167	1	—

Zinsgarantie. m. L. = mit Landkonzessionen. St. = Bau durch den Staat. Kol. = Bau durch die
[1] [ ] = projektiert. [2] ( ) = im Bau. [3] ( ) = Rechnung nicht abgeschlossen.

Nachtrag.

Der Abschnitt über die Eisenbahnen in Kamerun (S. 41 47) war bereits gedruckt, als bekannt wurde, daſs das dort genannte Kamerun-Eisenbahnsyndikat eine Gesellschaft gebildet hat, welcher vom Reich der Bau und Betrieb einer Eisenbahn mit Landkonzessionen an der Bahnlinie entlang und in den Bakossi- und Manengubabergen (50000 Hektar) konzessioniert worden ist, und daſs die Linie zunächst ca. 400 km weit nordwestwärts ins Land hineingeführt, später aber in der Richtung zum Tschadsee fortgesetzt werden soll. Der Bauplan deckt sich also im wesentlichen mit dem Adamauabahnprojekt, das ich S. 45, 46 dringend empfohlen habe. Die technische Expedition unter Beteiligung eines Regierungskommissars, der die Anwerbung von eingeborenen Arbeitern leiten soll, ist Mitte September nach Kamerun abgereist. Der Fortschritt ist für unsere Kolonie auf das freudigste zu begrüſsen.

ε

Lightning Source UK Ltd.
Milton Keynes UK
UKHW03f0833180318
319610UK00023BB/809/P